Alfred Tomatis · Klangwelt Mutterleib

Alfred Tomatis

Klangwelt Mutterleib

*Die Anfänge der Kommunikation
zwischen Mutter und Kind*

Kösel

Übersetzung aus dem Französischen: Ingrid Hampel, Würzburg
Die Originalausgabe erschien unter dem Titel
»Neuf mois au paradis. Histoires de la vie prénatale«
bei Editions Ergo-Press, Paris.

ISBN 3-466-34308-9

Copyright © by Alfred Tomatis, Paris.
© 1994 für die deutsche Ausgabe
by Kösel-Verlag GmbH & Co., München.
Printed in Germany. Alle Rechte vorbehalten.
Druck und Bindung: Kösel, Kempten.
Umschlag: Elisabeth Petersen, Glonn.
Umschlagmotiv: Nicholas Foster, Image Bank, München.

1 2 3 4 5 6 · 99 98 97 96 95 94

*Gedruckt auf umweltfreundlich hergestelltem Werkdruckpapier
(säurefrei und chlorfrei gebleicht)*

Inhalt

1 Kleine Nachtmusik 7
2 Quaken, Quieken und andere »Gesänge« 16
3 Die Entbindung – Mythos und Wirklichkeit . . 31
4 Das Leben ist eine lange, turbulente Geburt – genau wie der Tod 45
5 Die Mutter als Inbegriff des Glücks 64
6 Kleine Führung durch den Zoo des Lebens . . . 81
7 Bauzeit: neun Monate 95
8 Kind des Wassers, Kind der Luft 107
9 Ein Fax aus dem Uterus 117
10 Die »Tomatis-Babys« 132
11 In Vesoul kommen die Babys unter dem elektronischen Ohr zur Welt 138
12 Im Ozean des Mutterleibs 157
13 Der Kopf der Zelle 177
14 Ein schlechter Start 194
15 Wenn der Faden zerrissen ist 209
16 Verschiedene Frustrationen 217
17 Kinder auf Leasing 233
18 Perverse Liebe 243

1 Kleine Nachtmusik

Der Fetus hört[1]

Die Ansicht, daß das Ungeborene im Mutterleib hört, ist seit etwa zehn Jahren Allgemeingut. Es gibt unzählige Studien über »Die Gewöhnung des Ungeborenen an die Sprachsignale«, »Die Reaktivität des Neugeborenen auf die Stimme der Mutter« usw. In den Vereinigten Staaten hat Rita B. Eisenberg die Forschung in diesem Bereich sehr weit vorangetrieben, und es gibt weltweit eine steigende Zahl von Untersuchungen zur Aufnahmefähigkeit des Fetus und zum Verhalten von Feten bei akustischer Stimulation. Elektroenzephalogramme, evozierte Potentiale, Doppler- und Ultraschalluntersuchungen, Fetoskopien... Der Fetus wird heutzutage genauestens überwacht.
Ich entdecke in der Presse täglich aufs neue Artikel, in denen man über den Einfluß von Musik auf werdende Babys staunt. So schreibt ein Journalist im *Diari de Barcelona* (Oktober 1988), daß der Chefarzt der Abteilung für Gynäkologie und Geburtshilfe der Rotkreuzklinik von Madrid »motorische Reaktionen beim Hören von Symphonien von Strawinsky oder Wagner sowie eine offensichtliche Entspannung beim Hören von sanften Melodien wie gewissen Passagen von Beethoven« konstatierte. Das *Figaro Magazine* vom 22. September 1989 berichtet über ein neues Experiment an der Universitätsklinik von Amsterdam unter der Leitung von Dr. Heleen Loggers: Die Ärzte hatten festgestellt, daß eine zu hohe Sauerstoffaufnahme die Überlebenschancen von gewissen Frühgeborenen verringerte. Sie kamen auf die Idee, es einmal damit zu probieren, in den Brutkästen Musik abzuspielen. »Ergebnis: 20 % weniger Sauer-

stoffverbrauch bei den Säuglingen« und sofortiges gesundheitliches Wohlbefinden der Babys.
All das ist schön und gut, und ich freue mich darüber. Diese diversen Untersuchungen bestätigen nur, was ich mich schon vor mehr als vierzig Jahren darzulegen bemühte: Der Fetus hört, von seinen ersten Tagen an hat er eigene kognitive Fähigkeiten und seine eigene Psychologie. Ich möchte aber betonen: Als ich Mitte der 50er Jahre damit begann, mich für diese Phänomene zu interessieren, gab es nichts. Ich predigte in einer Wüste der Indifferenz und Feindseligkeit.
Doch die Zeiten haben sich geändert, und ein neues Glaubensbekenntnis ist an die Stelle der einstigen Ignoranz getreten: Der Fetus hört nur die tiefen Töne. Die Psychoanalytiker leiten aus dieser Behauptung die Gewißheit ab, daß er die Stimme des Vaters hören kann und so bereits in seinem intrauterinen Leben Zugang zur Sprache hat. Hinter dieser Argumentation verbirgt sich eine richtiggehende Zwangsvorstellung, die darauf abzielt, die Frauen ihrer Mutterschaft zu berauben, ihnen Stück für Stück jenes fabelhafte Vermögen wegzunehmen, dem der Mann nichts entgegenzusetzen hat. Nun läßt sich aber in der Gebärmutter, bis auf wenige Ausnahmen, auf die wir später noch zu sprechen kommen werden, einzig und allein die Stimme der Mutter wahrnehmen. Die Sprache ist dem Fetus völlig egal, er sucht in diesem Klangbrei, der ihn umgibt, nach der Liebe, Zuneigung und Emotion, die er braucht. Dies ist das Thema unseres Buches.
Auf jeden Fall ist es ein wirklicher Sieg, daß alle Wissenschaftler der Welt, die auf dem Gebiet der Neugeborenenforschung arbeiten, sich darin einig sind, daß der Fetus hört. Ich werde in diesem Buch von all den Schwierigkeiten erzählen, die ich überwinden mußte, um die Ärzteschaft zu sensibilisieren. Jetzt entdeckt also ein jeder jene wunderbare Dimension, die die intrauterine Kommunikation in dem Dialog zwischen Mutter und Kind darstellt. Der Weg ist frei dafür, die Erforschung dieses außergewöhnlichen Duetts fortzusetzen, die in der Stim-

me der Mutter enthaltenen Töne genauer zu analysieren, das große Spektrum ihrer klanglichen Äußerungen zu untersuchen und insbesondere die Auswirkungen dieser oder jener auf den Fetus einwirkenden akustischen Bandbreite zu erforschen. Dabei kommt es darauf an, genaueren Aufschluß darüber zu gewinnen, was das Kind aufnehmen und seinem Neuralsystem einprägen kann. Es handelt sich nicht um simple auditive Wahrnehmungen, sondern um Hören in einem viel weiteren Sinn. Der Embryo-Fetus beschränkt sich nicht darauf, passiv Töne zu empfangen; er eignet sich vielmehr Informationen als Erinnerungsbilder (engrammatisch) an, registriert Botschaften, analysiert Situationen, führt einen Dialog mit der Mutter. Aber auf diesem neuen Wegstück in der Erforschung des vorgeburtlichen Lebens stehe ich noch ziemlich allein da.

Niemand analysiert nämlich die Auswirkungen der mütterlichen Stimme im Uterus. Niemand interessiert sich für die Bedingungen ihrer Ausbreitung. Dr. Feijo zum Beispiel hat 1980 in einem Experiment, das heute als grundlegend angesehen wird, vor dem Bauch einer Schwangeren Auszüge aus *Peter und der Wolf* abgespielt, wobei er den Lautsprecher auf den Kopf des Fetus hin ausgerichtet hielt. Er hatte dieses Stück wegen seines großen Reichtums an tiefen Frequenzen ausgewählt. Er stellte typische Reaktionen des Fetus fest und ein Wiedererkennen dieser Klangsignale nach der Geburt, was sich in einer beruhigenden Wirkung äußerte.

Wenn man ein Mikrophon in einer schallisolierten Kabine plaziert und draußen soviel Lärm wie möglich macht, nimmt man hauptsächlich die tiefen Frequenzen auf. Die hohen Töne werden von den Wänden absorbiert. Das ist ein Grundgesetz der akustischen Physik. Diese Feststellung läßt aber keinerlei Schlußfolgerung auf das zu, was der Fetus im Bauch seiner Mutter wirklich hört und zu hören auswählt. Die Bauchwand ist ein phantastischer Schutzwall, ein Minimum von 110 Dezibel (das entspricht einem Lautsprecher, der mit voller Kraft Musik ausstrahlt) ist notwendig, um sie zu durchdringen! Und die ankommenden Töne sind sowohl der Intensität als auch der Qualität nach verändert.

Unter dem Vorwand, daß der Vater an der Geburt »teilnimmt«, sieht man heute Männer am Bauch ihrer Frau mit dem Fetus sprechen. Wahrscheinlich bilden sie sich ein, daß ihr Kind, wenn sie große Reden über die Republik schwingen, mit einer Kokarde auf dem Kopf geboren werden wird, völlig durchdrungen von den Prinzipien der Demokratie!

Um gehört zu werden, müßten sie brüllen, und man wird mir sicherlich zugestehen, daß die Nuancierung der Rede, die Sanftheit des Tons und die geistreiche Finesse dabei auf der Strecke bleiben würden.

Das Ohr kann dank eines seiner Teile, des Vestibulums, von den ersten Wochen des intrauterinen Lebens an Rhythmen wahrnehmen. Der in der väterlichen Stimme (oder in Feijos Experiment) vorhandene Rhythmus kann also sehr wohl mit seiner Kadenz und seiner Frequenz in den Uterus vordringen, unter der Voraussetzung, daß er den Hörkanal der Mutter (Trommelfell und Wirbelsäule) beschreitet, wie ich im weiteren noch ausführlicher darlegen werde. Doch Sprache und Sprachinhalt werden nicht wahrgenommen.

Im tiefen Dschungel

Das Ohr eines Erwachsenen würde in der intrauterinen Klangwelt nicht lange überleben. Stellen wir sie uns einmal kurz vor: Bei der Verdauung sitzt der Fetus in der ersten Reihe. Das Rumoren der Eingeweide und des Magens erfährt er wie ein permanentes Gewitter. Die Atmung erzeugt eine unaufhörliche Brandung, vergleichbar dem Auf und Ab des Meeres an einem Tag mit starkem Seegang. Über dem Fetus ertönt das Pochen des Herzens. Dazu kommen noch all die Geräusche, die durch die Bewegungen der Mutter ausgelöst werden: ihre Körperbewegungen, Reibebewegungen auf dem Uterus. Die Geräusche

von außen hingegen dringen aufgrund der Dicke der Gebärmutterwand nur stark gedämpft zu ihm vor.
Glücklicherweise sind all diese Frequenzen gleich geartet und setzen sich aus tiefen Tönen zusammen. Der heranwachsende Mensch (wie das Tierjunge) hat sich an diese aggressive Klangwelt angepaßt, indem es die tiefen Frequenzen aus der Wahrnehmung ausklammert. Es beginnt erst ab 2.000 Hertz zu hören. Das Gehirn schützt sich: Es bewirkt eine Ausblendung (Skotomisation) des Gehörs und verhindert so eine Schädigung. Ohne diese Voraussetzung wäre es vollkommen unerträglich, ja unmöglich, in einem Uterus zu leben. Diese Fähigkeit des Ohrs, sich gegenüber gewissen Frequenzen zu verschließen, ist ganz erstaunlich. Sie gehört allerdings zu seinen normalen Aktivitäten, denn es ist auch dafür geschaffen – leider oft zu seinem größten Unglück – nicht zu hören. Ich will dies an einem Beispiel erläutern.

Hypnose

Ich wurde einmal von Ingenieuren der französischen Elektrizitätswerke EDF gebeten, bei Arbeitern, die in grauenhafter akustischer Umgebung tätig waren, Gehöruntersuchungen vorzunehmen. An ihrem Arbeitsplatz befanden sich die Wechselstromgeneratoren, die den Strom für die Pariser Metro produzieren und dabei einen solchen Lärm verursachen, daß man den Eindruck hat, das Gehirn werde einem in Scheiben geschnitten. Doch was mich am meisten erstaunte, als ich dorthin kam, war ein Mann, der mitten in diesem ohrenbetäubenden Lärm seelenruhig an einem Tisch saß und einen Brief schrieb. Ich schloß daraus, daß er stocktaub sein müsse, und nahm ihn mir auf der Stelle zur Untersuchung vor. Da zeigte sich eine Überraschung: Er hörte alle Frequenzen ganz normal außer der, die dem Maschinenlärm entsprach. Er hatte einen Ausfall bei 2.000 Hertz. Ich fragte mich, ob nicht sein Gehirn diese Wahrnehmung ausgeschaltet hatte, damit er in Ruhe leben konnte. Solche Situationen sind nicht selten. Jemand, der in der Nähe einer Eisenbahnstrecke oder über der Metro wohnt, hört kaum einmal das Fahren des Zuges oder der Bahn. Eine Art zerebraler Uhr schaltet das Geräusch in dem Augenblick aus. Was so jemanden am meisten überrascht, ist, wenn der Zug einmal nicht fährt!

Durch Professor Chantrier, einen in Kanada lebenden Psychoanalytiker, der sich stark mit Hypnose beschäftigte, kam ich in dieser Sache einen Schritt weiter. Dieser schweigsame und verschlossene Kauz war selbst Schüler und Klient von Freud gewesen – der große Wiener Meister hatte ihn also höchstpersönlich analysiert. Mit der Praxis der Hypnose knüpfte er im übrigen an die »Prähistorie« der Psychoanalyse an, denn Freud selbst hatte sich unter Anleitung von Professor Charcot in Paris dieser Technik gewidmet. Dieser unvergleichliche Professor Chantrier also wußte die Hypnose mit Augenmaß und Sachverstand zu handhaben. Ich erzählte ihm von meiner Erfahrung bei den EDF-Arbeitern und fragte ihn, ob er glaube, daß man unter Hypnose die Wahrnehmung von gewissen Frequenzen beeinflussen könne, und natürlich, ob man diese künstlichen Ausblendungen oder Skotome nach Belieben wieder aufheben könne. Wir machten uns an die Arbeit, und die ersten Hypothesen bestätigten sich. Was war das Ziel dieses Experiments? Wenn ein Mann aufgrund von Beziehungsschwierigkeiten pathologische Taubheit für die Stimme seiner Frau entwickelt, könnte ich ihn durch Hypnose dazu bringen, sie wieder zu hören… Einmal davon abgesehen, daß ich ihm damit vielleicht einen Bärendienst erweisen würde! Leider konnte ich meine Recherchen nicht zu Ende führen, da Professor Chantrier in seinem hohen Alter in andere Welten entschwand. Ich konnte also zu meinem großen Bedauern nicht erproben, ob man in Fällen von offenkundig psychopathologisch bedingter Taubheit das Gehör wiederherstellen kann. Dies bleibt also ein Bereich, den es noch zu erforschen gilt.

Früher hatte die Medizin die Vorstellung von einer großen Passivität der Hörvorgänge: Der von außen kommende Laut dringe auf das Ohr ein, und die Information »steige« sodann ins Gehirn. Heute wissen wir, daß die Nervenfasern, die den umgekehrten Weg beschreiten (vom Gehirn zum Ohr), weit zahlreicher sind. Es besteht ein Verhältnis von zehn zu eins! Anders ausgedrückt: Wir hören, was wir hören wollen.
Das Gehirn bestimmt die Funktion. Es öffnet, verschließt und schaltet aus, wie es ihm gefällt. Um überleben zu können, hat der Fetus die Wahrnehmung der tiefen Töne ausgeblendet, wodurch er die aggressive Klangwelt, in der er sich befindet, entschärft und sein Gehör befreit. Diesem Selektionsmechanismus liegt etwas Absichtsvolles zugrunde.

Die schwangere Sängerin

Wie hört der Fetus die Stimme seiner Mutter? Auf welchem Weg gelangen die Töne zu ihm? Von außen? Wie wir gerade gesehen haben, ist dies unmöglich. Über das Herz? Die Eingeweide? Kaum denkbar angesichts der Beschaffenheit der inneren Organe. Der einzige vorstellbare Weg sind die Knochen, genauer gesagt, die Wirbelsäule, diese vibrierende Brücke zwischen Kehlkopf und Becken.
Während der Schwangerschaft verstärkt die Frau ihre Vertikalität. Ihr Bauch wächst nach vorne, weshalb die Wirbelsäule sich stärker aufrichten muß – es sei denn, die Frau ist depressiv. Diese neue Haltung vergrößert die Resonanzfähigkeit des Körpers. Die Stimme der Mutter verändert sich, sie wird schöner, wärmer. Wenn große Sängerinnen schwanger sind, verfügen sie in vollstem Umfang über ihr Organ. Der Bauch wird so schwer, daß er das Zwerchfell nach unten schiebt und die Stimme um weitere Harmonien bereichert. Die Wirbelsäule reagiert wie die Sehne eines Bogens auf die Vibrationen des Kehlkopfes, und das Becken wird zu einem riesigen Resonanzkörper. Jüngste klinische Expe-

rimente, deren Erwähnung und Widerhall der Leser in diesem Buch immer wieder finden wird, haben diese Ausbreitung der mütterlichen Stimme bestätigt, über die sich eine entscheidende psychologische Beziehung knüpft oder auch nicht.

Wenn der Vater nach einer Möglichkeit sucht, sich an sein noch ungeborenes Kind zu richten, so kann er dies nur auf dem Weg über die Mutter tun. Vom Trommelfell seiner Frau ausgehend folgt seine Stimme ihrem Knochensystem und wird von dem Kind als eine Modulation aus Kadenz und Rhythmus aufgenommen. Die Vaterschaft besteht in dieser Lebensphase aus einer Übernahme der Verantwortung des Mannes für das Mutter-Kind-Paar. Doch seine Stimme, aus der die tiefen Töne ausgefiltert und getilgt sind, ist vom Fetus nicht als solche zu erkennen.

Seit einigen Jahren interessieren sich gewisse Psychologen und Mediziner für »die vorgeburtliche Aneignung der Charakteristika der mütterlichen Stimme« (Lecanuet, Granier-Deferre, Busnel) und die »Reaktivität des weniger als zwei Stunden alten Neugeborenen auf die mütterliche Stimme« (Querleu, Lefebvre, Crépin u.a.). Diese Autoren haben ihre Befunde als große Neuigkeit präsentiert und »eine intensivere Reaktion auf die Stimme der Mutter als auf die fremder Frauen bei Neugeborenen, die die Stimme der Mutter noch nie zuvor außerhalb des Uterus gehört hatten« herausgestellt.

Diese »Entdeckung«, die voll und ganz den Tatsachen entspricht, ist allerdings schon fünfzig Jahre alt. Wir haben sie einem Arzt zu verdanken, der zu Beginn des Jahrhunderts die Säuglingsneurologie begründete: André-Thomas. Ich hatte das Glück, einer seiner Schüler zu sein, nicht, weil ich schon so alt bin, sondern weil dieser berühmte Pädiater das stolze Alter von hundert Jahren erreichte! Er ging noch Jahre nach seiner Pensionierung im Hôpital Trousseau seinen Aktivitäten nach (in der Abteilung von Professor Sorrel).

André-Thomas hatte festgestellt, daß ein Neugeborenes, wenn seine Mutter es bei seinem Vornamen ruft, reagiert, indem es sich in die Richtung neigt, aus der ihre Stimme kommt. Das funktioniert nur mit der Mutter. Das »Zeichen des Vornamens« (»signe du prénom«) – so nannte er dieses Experiment – war für André-Thomas der Beweis dafür, daß im Uterus etwas stattfinden muß.

André-Thomas hat auch festgestellt, daß ein gerade aus dem Bauch seiner Mutter gekommener Säugling während der ersten zehn Lebenstage in der Lage ist zu sitzen, manchmal sogar zu stehen, wenn man ihm nur ein wenig dabei behilflich ist. Nach zehn Tagen verliert das Neugeborene diese Fähigkeiten wieder. Auf die Gründe dafür werden wir später noch eingehen.

Es machte richtig Spaß, André-Thomas dabei zuzusehen, wie er einen Säugling untersuchte. Mit unendlicher Anmut und Sanftheit verstand er, eine entspannte Atmosphäre zu schaffen und das Kind in alle Richtungen zu drehen und zu wenden, ohne daß es sich gestört oder verängstigt gefühlt hätte. Man hatte den Eindruck, es leiste seinen Anweisungen willig Folge.

Diesem großen Wissenschaftler verdanken wir die Grundlagen der Neugeborenenneurologie, doch man setzte alles daran, diese Entdeckung wieder zu vergessen, und die als »revolutionär« präsentierten Experimente nehmen nie Bezug auf dieses denkwürdige »Zeichen des Vornamens«. So weit geht die Hybris der Menschen…

---

[1] Das Französische unterscheidet *entendre* ›hören, akustisch wahrnehmen‹ und *écouter* ›zuhören, bewußt aufnehmen‹ (vgl. engl. *to hear* und *to listen*), eine Unterscheidung, die das Deutsche so nicht kennt. In Anlehnung an das bereits in deutscher Übersetzung vorliegende frühere Werk von A. Tomatis *Der Klang des Lebens* (Reinbek: Rowohlt 1987) wird im folgenden das in einem weiteren Sinn zu verstehende *écouter* mit ›horchen‹ wiedergegeben.

2 Quaken, Quieken und andere »Gesänge«

V.E. Negus verdanken wir eine umfangreiche Abhandlung über den Kehlkopf, die seit 1929 als Standardwerk gilt und bisher von niemandem wirklich in den Schatten gestellt wurde. *The Mecanisms of the Larynx* ist ein dichter, sehr wissenschaftlicher Text, der ausschließlich dem Stimmapparat gewidmet ist. Doch an zwei oder drei Stellen verläßt der Wissenschaftler den engen thematischen Rahmen, ohne sich allerdings weiter zu vertiefen. Diese Geschichten weckten sofort mein Interesse, als ich unmittelbar nach dem Krieg auf sie stieß.

Negus erwähnt, daß, wenn die Weibchen einer nicht singenden Vogelart die Eier von Singvögeln ausbrüten, diese Jungen mit größter Wahrscheinlichkeit stumm bleiben. Ich fand das verblüffend. Der Autor erwähnt diesen Umstand nur nebenbei und zieht keinerlei Schlußfolgerungen daraus, so daß die Neugier des Lesers unbefriedigt bleibt.

Ein wenig weiter und scheinbar ohne Zusammenhang zu der vorherigen Geschichte spricht Negus von einem noch verblüffenderen Phänomen. Wenn ein Singvogelweibchen die Eier einer anderen Singvogelart ausbrütet, kommen die Jungen unter Umständen durcheinander und übernehmen den Gesang ihrer Leihmutter.

Die Schlußfolgerung liegt auf der Hand: Es kommt zu einer deutlichen Prägung des Vögelchens im Ei durch die Adoptivmutter. Das ließ mich nicht los, und ich fragte mich, wie man diesen Umstand möglicherweise auf die Beziehungen von Mutter und Kind im Mutterleib übertragen könnte. Warum sollte die Botschaft nicht durchdringen? Zunächst galt es, die von Negus aufgestellten

Behauptungen zu bestätigen. Ich machte mich also daran, meine HNO-Praxis in ein Labor umzuwandeln, genauer gesagt, in die Zweigstelle eines normannischen Bauernhofs, denn ich beabsichtigte, dort soviel verschiedenes Federvieh wie nur möglich einzuquartieren. Doch die Jahre gingen ins Land, ohne daß ich mein Projekt verwirklicht hätte.

Schweinchen und Schulversager

Glücklicherweise erschienen in der Zwischenzeit die Arbeiten von Konrad Lorenz, was mir diesen Versuch ersparte, für den ich im übrigen weder die Mittel noch die Befähigung besessen hätte, da ich kein ausgebildeter Zoologe bin.
Die Arbeiten dieses großen Wissenschaftlers sind schon legendär geworden. Man erinnert sich an jene packenden Bilder (Wildentenstudie 1941), wo zu sehen war, wie junge Entchen im Gänsemarsch hinter ihrer Mutter herwatschelten und dann plötzlich aus der Schlange ausscherten, um sich dem Gesicht von Lorenz zuzuwenden und dem Klang seiner Stimme zu folgen. Die Entenküken erkannten den, der mit ihnen gesprochen hatte, als sie noch im Ei waren. Damit bewies der Forscher, wie sich die Stimme in ganz besonderer Weise in das Gedächtnis eines im Ei befindlichen werdenden Lebewesens einprägt.
Etliche Jahre später hatte ich die Gelegenheit, mich an ein analoges Experiment mit Säugetieren zu machen. Im Rahmen der Doktorarbeit eines Studenten, hatten wir Aufnahmen der Stimmen von Säuen gemacht, die gerade geworfen hatten. In einem Raum mischten wir dann mehrere Würfe von Ferkeln, die wir von ihren Müttern getrennt hatten, bunt durcheinander und spielten nacheinander die aufgenommenen Stimmen der Muttertiere ab. Die Jungen täuschten sich nie, und nur die liefen zu dem Lautsprecher hin, die jeweils die Stimme ihrer Mutter erkannten. Das gleiche Experiment mit Zicklein führte zu vergleichbaren Ergebnissen.

Ich war damals mit anderen Dingen beschäftigt, die mich eine Zeitlang davon abbrachten, über Vogelbrut nachzudenken. Durch das Aufdecken des Zusammenhangs zwischen Hören und Lautproduktion (wobei letztere durch ersteres bestimmt wird) hatte ich den Beweis erbringen können, daß die Menschen in den verschiedenen Ecken der Welt nicht gleich hören. Es gibt in den einzelnen Ländern Unterschiede, die durch die akustische Dynamik der Umgebung bedingt sind. Ein Chinese hört nicht so wie ein Afrikaner. Dies ist eine Ursache für die große Bandbreite an menschlichen Sprachen.

Dieses Gesetz konnte auch die Hindernisse erklären, auf die jemand in seiner Muttersprache trifft. Ein Kind mit Schulschwierigkeiten zum Beispiel befindet sich, was seine eigene Sprache anbelangt, in derselben Situation wie ein Ausländer, denn es nimmt sie wahr mit einem Ohr, das durch die auditiven Störungen, die auf der Ebene des Horchens erkennbar werden, deformiert ist. Ich habe mich also gefragt, warum man Franzosen nicht beibringen sollte, »französisch« zu hören, wo man doch auch Fremdsprachen unterrichtet. Mit dieser Methode, für die ich ein unter dem Namen »elektronisches Ohr« bekannt gewordenes künstliches Ohr geschaffen hatte, gelang es mir schnell, zahlreiche Erfolge zu erzielen, vor allem bei Legasthenikern und schulisch zurückgebliebenen Kindern. Doch bei einer gewissen Zahl von Fällen scheiterte ich. Immerhin lag die Mißerfolgsquote bei nahezu 40 %.

Eine Maschine zur Reise in die Vergangenheit

Die Technik zur Behandlung eines Kindes mit Schwierigkeiten beim Erlernen seiner eigenen Sprache bestand darin, ihm wieder zu den Horchfähigkeiten zu verhelfen, über die es mit fünf oder sieben Jahren verfügt hatte, die es aber dann wegen eines später auftretenden Problems verlor. Es konnte also auf dem richtigen Fuß einen neuen Start machen, oder besser gesagt, mit

dem richtigen Ohr. Aber mit dieser Methode erfaßte ich noch nicht die Möglichkeit, daß ein Problem vielleicht schon vor diesem Alter seine Entwicklung blockiert hatte.
Ich befaßte mich also damit herauszufinden, wie ein Kind mit vier Jahren, dann mit drei Jahren usw. hört. Aber da stieß ich auf eine neue Schwierigkeit: Die Hörkurve eines sehr kleinen Kindes ließ sich (zur damaligen Zeit) nicht so leicht feststellen. Seine Antworten sind ungenau, und die mir zur Verfügung stehenden Techniken boten mir keinerlei Hilfe. Also packte ich das Problem von hinten an. Wenn es auch schwierig war herauszufinden, wie das Kind hörte, so konnte ich doch zumindest feststellen, wie es sprach. Ich hatte schon vor einiger Zeit ein Gesetz formuliert (das schließlich als der Tomatis-Effekt bekannt wurde), das besagt, daß die Stimme nur das reproduziert, was das Ohr wahrzunehmen imstande ist. Durch Sprachanalyse konnte ich also Rückschlüsse ziehen auf die Wahrnehmungsfähigkeit des Ohrs.
Die Maschine zur Reise in die Vergangenheit funktionierte bestens: zwei Jahre, ein Jahr, der erste Schrei... Bis ich schließlich bei der Geburt angelangt war. Doch da schien ich vor einem unüberwindlichen Hindernis zu stehen. Wie sollte ich auch nur das kleinste Blubbern untersuchen? Konnte das Kind im Mutterleib überhaupt hören? Nach einigem Nachsinnen wurde mir die Vorstellung vorgeburtlichen Hörens zur Gewißheit. Mir fielen wieder die Geschichten mit den frisch geschlüpften Entchen ein, und ich vertiefte mich in die damals vorhandene medizinische Fachliteratur, um eine Antwort auf diese recht ungewöhnliche Frage zu finden. Niemand hatte sich je mit diesem Problem befaßt. Es gab nichts, oder fast nichts. Man erwähnte die Beobachtungen von A. Peiper (1924), der als Reaktion auf intensive klangliche Stimulation bei einem Fetus Bewegungsveränderungen festgestellt hatte, ich fand einen Artikel von 1927, in dem zwei Forscher (H.S. und H.B. Forbes) darlegen, daß der Fetus durch motorische Veränderungen auf Klänge reagiert, einen anderen von Sontag und Wallace (1935),

der mehr oder weniger dasselbe besagt, und einen vierten (1947) von demselben Sontag und J. Bernard, der von fetalen Reaktionen auf unterschiedliche Tonhöhen spricht. Mit einem Wort, es gab praktisch nichts, und mir schien, daß die ganze Arbeit noch zu leisten war.

Ein Aquarium als Uterus

Für mich hatte ein phantastisches Abenteuer begonnen. Denn eines war mir klar: Der Fetus hört. Nur den Beweis dafür galt es noch zu erbringen. Ich beschaffte mir also das Beste, was der Markt damals (1950 – 1955) an Tonköpfen, Aufnahmegeräten, Frequenzanalysatoren usw. zu bieten hatte, und begann damit, in der Klinik Frauen, die damit einverstanden waren, Mikrophone auf den Bauch zu legen. Ich erhielt verschiedene, leicht identifizierbare Organgeräusche, die ich in meinem Labor untersuchen wollte. Dort hatte ich einen behelfsmäßigen Apparat konstruiert, der die Form und die akustischen Gegebenheiten des Bauchs einer Schwangeren simulieren sollte. Was wurde aus der Sprache auf dem Weg durch dieses unablässige Rumoren? Welche Ereignisse der mütterlichen Sprache konnten es durchdringen? In einer Art großem Aquarium, dessen Wände mit Stoff überzogen waren und das mir als Uterusersatz diente, hatte ich einen mit einem Tonbandgerät verbundenen Sender installiert, der die vorab gesammelten Geräusche produzierte, sowie einen mit einem Frequenzanalysator verbundenen Empfänger. Dieser Apparat sollte mir Antwort auf meine Fragen geben.

Nach und nach filterte ich alle Organgeräusche aus (das Pochen des Herzens, die Verdauungs- und Atmungsgeräusche) und brachte so die Stimme der Mutter zum Vorschein. Diese filterte ich auf dieselbe Art und Weise und erhielt schließlich kaum wahrnehmbare Modulationen, denen ich meine ganze Aufmerksamkeit schenkte, denn ihr Vorhandensein bestätigte die unglaubliche Ausstrahlungskraft der hohen Frequenzen.

Ich hatte also bewiesen, daß die hohen Töne am besten durchdringen. Diese Entdeckung habe ich eigentlich einem Laborfehler zu verdanken, denn mein Analysator filterte einen Großteil der Bässe aus. Dieser Analysefehler – den ich erst Jahre später bemerkte – sollte sich als glücklicher Zufall erweisen, denn er lenkte meine ganze Aufmerksamkeit auf die »gefilterten Töne«, wie ich sie nannte, insbesondere auf die von der mütterlichen Stimme produzierten. Ich konnte auf Anhieb nachweisen, daß der Fetus die hohen Töne hört, und ich schleppte Kilometer von Bandaufnahmen in meine Praxis in der Absicht, sie im elektronischen Ohr einzusetzen, um zu sehen, was passierte.

Ein Vater fällt in Ohnmacht

Einige Jahre vorher hatte ich gleich zweimal Gelegenheit dazu gehabt, einem leitenden Angestellten von Shell unter die Arme zu greifen: Zunächst ermöglichte ich ihm, englisch zu sprechen, und dann half ich ihm, den richtigen Ton mit den Beschäftigten seiner Firma zu finden. Dieser Mann, der eine sehr ausgeprägte soziale Ader hatte, war von der Firmenleitung damit beauftragt worden, den Arbeitern eine gewisse Nachricht zu überbringen. Shell verfolgte eine sehr fortschrittliche Aktien- und Teilhaberpolitik. Die Arbeitsbedingungen waren außergewöhnlich gut, doch galt es die Arbeiter noch davon zu überzeugen und ihnen diese innovative Politik zu erläutern. Unser Mann glaubte, daß dies angesichts der guten Argumente ein Leichtes sein müsse. Doch als er die Dinge darlegte, zeigte sich sein Publikum sichtlich gelangweilt, einige verließen sogar vor Ende der Versammlung den Saal. Mit einem Wort, er ging allen auf die Nerven.
Ich kannte die Arbeiter, zu denen er sprach, alle gut, denn ich hatte im Auftrag von Shell ihre Hörkurven untersucht. Da sie bei großem Lärm arbeiteten, waren sie für höhere Frequenzen taub geworden. Nun redete aber unser Mann im wahrsten Sinn des Wortes in den höchsten Tönen. Er bewegte sich also nicht

in der Bandbreite seiner Zuhörer. Alles, was er sagte, ging über ihre Köpfe hinweg. Er hätte genausogut chinesisch sprechen können! Ich brachte ihm also bei, Wörter mit tiefer Sonorität zu verwenden, woraufhin er seine Überzeugungsfähigkeit so steigerte, daß die Shell AG ihn in ihren verschiedenen Niederlassungen mit einer noch wichtigeren Aufgabe betraute.
Dieser Mann interessierte sich für meine Arbeit und besuchte mich oft in meinem Labor. Er wußte von meiner Forschung über die klangliche Umgebung vor der Geburt. Ich machte Fortschritte darin und interessierte mich für die »akustische Geburt«, d.h. den Moment, in dem das Kind vom intrauterinen Hören, bei dem das Ohr in Flüssigkeit getaucht ist, zum Hören an der Luft unmittelbar nach der Entbindung übergeht.
Ich wollte ihm an einem konkreten Beispiel demonstrieren, zu welchen Ergebnissen ich gekommen war. Wir hatten die Stimme seiner Frau aufgenommen und hörten sie jetzt in gefilterter Form, so, wie ein Fetus sie hören würde. Wir unterhielten uns gerade in aller Seelenruhe, als plötzlich hinter uns eine Kinderstimme ertönte. Sie kam von seiner Tochter, der wir einen Kopfhörer aufgesetzt hatten, damit sie das Experiment ebenfalls verfolgen konnte, bevor sie zu ihrer Sitzung im Zentrum ging. Wir hatten sie völlig vergessen.
»Ich sehe zwei Engel, ich sehe zwei Engel«, sagte sie immer wieder.
Sollten wir das Band anhalten? Das Kind machte keinen traumatisierten Eindruck. Ich beschloß also, das Band weiterlaufen zu lassen. Der verblüffte Vater bat sie um eine Erklärung, wobei er so laut sprach, daß sie ihn trotz des Kopfhörers hören konnte.
»Ja«, präzisierte sie, »ich sehe zwei weiße Engel«.
Allgemeines Entsetzen. Das Band lief weiter und näherte sich seinem Ende: der »akustischen Geburt«.
»Ich sehe Mama, ich sehe Mama«, rief die Kleine auf einmal.
Als Chirurg war ich so einiges gewöhnt, ich behielt also die Fassung, doch der gute Mann war völlig durcheinander.
»Du siehst Mama? Du siehst Mama?« stammelte er. »Wie denn?«

Das hätte er besser nicht gesagt, aber nun war es einmal geschehen. Und das Kind, das neunjährige Mädchen, das hier saß und noch gar nicht wußte, was eine Entbindung war, legte sich hin und nahm die Position einer Gebärenden ein, mit gespreizten Beinen, um vorzuführen, wie sie ihre Mama »sah«. Das war ein phänomenales Erlebnis. Als das Band abgelaufen war, stand die Kleine völlig unbekümmert auf und ging zu ihrer Sitzung mit dem elektronischen Ohr – die sicherlich erheblich ruhiger verlief. Ihr Vater hingegen war der Ohnmacht nahe. Er mußte sich hinsetzen. Er war völlig verstört und konnte seine Emotionen nur mit Mühe bezwingen – verständlicherweise. So entdeckte ich die unglaubliche Kraft der gefilterten Töne.

Ein Kind, das noch nicht geboren ist

Dieses Erlebnis hatte meine Neugier geweckt. Was konnte ich daraus schließen? Ich sprach mit verschiedenen Leuten darüber, ohne eine Antwort zu bekommen. Meine Ausbildung als Chirurg gab mir keinerlei Aufschluß. Die Analytiker, die ich kannte, blieben skeptisch und konnten mir auch keine plausible Erklärung liefern. Ich war ratlos und wußte nicht, wie ich meine Aufnahmen von gefilterten Stimmen einsetzen sollte. Eines Abends lernte ich bei einem Essen einen Assistenten der damals schon sehr namhaften Psychoanalytikerin Françoise Dolto kennen. Ich erzählte ihm von meinem Abenteuer, und er zeigte sich sehr interessiert.

Einige Tage später kam ein tobendes elfjähriges Kind zu mir in die Praxis, gefolgt von eben jenem Assistenten, der ebenfalls hereinplatzte wie ein Stier in die Arena. Bevor er noch versuchte, das Kind zu beruhigen, rief er mir zu: »Françoise Dolto kommt auch. Sie wird gleich da sein.«

Sie erschien, genauso aufgeregt wie die anderen beiden, und sagte nach ein paar Höflichkeitsfloskeln: »Ich bringe Ihnen hier ein schizophrenes Kind.«

»Ich kenne diese Krankheit nicht«, gab ich zur Antwort.
»Es ist ein Kind, das noch nicht geboren ist.«
Dieser Satz machte »klick« in meinem Kopf, da er mich an meine Geschichten mit der akustischen Geburt erinnerte.
Wir kamen überein, das Experiment zu wiederholen, von dem sie schon gehört hatte. Ich bat sie um acht Tage Zeit, um die Stimme der Mutter zu präparieren.
Schließlich trafen wir uns zwei Wochen später in dem kleinen Labor wieder, zu dem ich meine Teeküche umfunktioniert hatte. Die Analytikerin, ihr Assistent, die Mutter und der kleine Junge waren da. Das Kind war wirklich unerträglich. Es war nicht zu beruhigen, pausenlos in Bewegung, unfähig stillzusitzen, und es machte alles kaputt, was ihm in die Quere kam. Es war unmöglich, ihm einen Kopfhörer aufzusetzen. Ich beschloß, einen Richtlautsprecher zu verwenden, dessen Position ich nach Bedarf verändern würde. Ich hatte allerdings leichtes Spiel. Kaum hatte ich auf den Startknopf gedrückt, blieb der Junge stehen, dann ging er ganz ruhig zur Tür und schaltete das Licht aus. Die Kontrollämpchen meiner Apparatur verbreiteten gerade soviel Licht, daß wir ihn beobachten konnten.
Er tastete sich an uns vorbei zu seiner Mutter, setzte sich auf ihren Schoß, nahm ihre Arme und legte sie um sich herum, wobei er sich zusammenrollte wie ein Fetus. Völlig verdutzt verharrten wir reglos und hielten sogar den Atem an, während vom Band weiterhin die gefilterte Stimme der Mutter kam, so, wie sie im Uterus zu hören wäre. Als die Aufnahme zu Ende war, stand er auf wie ein Großer und ging erneut zum Lichtschalter, um das Licht wieder anzuknipsen.

Eine verborgene Tür

Der erste Teil des Experiments war damit abgeschlossen. Wir kamen überein, uns nach Ablauf einer Woche wieder zu treffen, um die akustische Geburt durchzuführen. An dem vereinbarten

Tag setzten wir uns in meinem Büro zusammen, um zu hören, wie das Kind reagiert hatte.

»Es ist das erste Mal, daß er mich berührt, ja, ich habe fast den Eindruck, daß er mich zum ersten Mal sieht!« erzählte die Mutter. »Er streichelt mich, sucht immerzu den Kontakt zu mir. Wo er doch sonst immer so abweisend war.«

Im Labor verhielt sich der Junge zunächst genauso wie beim letzten Mal: Sobald das Band lief, schaltete er das Licht aus und setzte sich bei seiner Mutter auf den Schoß. Ich steuerte auf die akustische Geburt zu. Die Filter wurden schwächer und ließen immer mehr tiefe Töne durch. Da begann der Junge zu lallen wie ein Säugling. Als das Band abgelaufen war, stand er auf, ging zum Lichtschalter, knipste das Licht wieder an und kehrte zu seiner Mutter zurück. Es war Winter, und sie hatte ihren Mantel nicht ausgezogen, lediglich aufgeschlagen. Der Junge knöpfte ihn wieder zu.

Wir sahen uns sprachlos an, und keiner wußte so recht, was er tun sollte. Schließlich versuchten wir, unsere Gedanken auszutauschen. Françoise Dolto erklärte, daß das Kind gerade eine phantastische symbolische Geste gemacht hatte, denn indem es den Mantel der Mutter zuknöpfte, brachte es zum Ausdruck, daß es sie verlassen hatte. Es machte die Öffnung hinter sich zu. Ich fand das alles höchst erstaunlich, denn ich kannte mich in diesem Bereich überhaupt nicht aus.

Auf einmal stellten wir fest, daß das Kind verschwunden war. Was für eine Katastrophe! Unterstützt von meinen Mitarbeitern durchsuchten wir die große Wohnung, in der das Zentrum untergebracht war, bis in die entlegensten Winkel. Vergebens. Keiner hatte den Jungen gesehen, er konnte sich also nicht hier versteckt halten. Da sagte die Mutter mit dem für alle Mütter so charakteristischen Instinkt: »Ich werde draußen nachsehen.«

Und tatsächlich stand der Junge draußen auf der Straße und wartete seelenruhig vor dem Eingang. Durch die Pforte hatte er nun aber nicht hinausgehen können, da hätte ihn jemand bemerkt. Nun schloß aber direkt an das Labor ein kleiner holzverkleideter Gang an. Darin war eine verschalte, praktisch unsichtbare Tür, die über die Lieferantentreppe zum Innenhof führte. Wie zum Teufel hatte er diesen Ausgang entdecken können, den wir aus ästhetischen Gründen so gut versteckt hatten? Warum war er dort hinausgegangen? Ein Rätsel. Diese Kinder haben mich immer wieder überrascht durch ihre außergewöhnlichen Antennen, die ihnen ermöglichen, die Wirklichkeit mit großem Feingefühl wahrzunehmen. Der Junge hatte einen anderen Ausgang gewählt als seine Mutter, und das ist kein Zufall.

Nach diesem Erlebnis hatte ich keinen regelmäßigen Kontakt mehr zu Françoise Dolto oder ihrem Schüler. Warum? Ich muß gestehen, daß mir ihr Verhalten nicht ganz einsichtig war. Ich war bereit, diese Entdeckung zu teilen, und ich brauchte Unterstützung, um die Konsequenzen daraus in den Griff zu bekommen. Sie brachten vor, das Kind habe »versucht, sich selbst zu zerstören«, weil es sich kratzte. Eine im Vergleich zu gewissen dramatischen Auswirkungen einer Psychoanalyse eher geringfügige Reaktion. Ich muß gestehen, daß ich ihre Reaktion nicht so recht verstanden habe. Als Chirurg war ich daran gewöhnt, unverzüglich zu behandeln. Ich hatte gelernt, daß die Medizin so schnell wie möglich Linderung verschaffen muß. Die unmittelbare Wirkung des elektronischen Ohrs, die meine Kollegen offensichtlich schockiert hatte, bereitete mir deshalb kein Kopfzerbrechen. In der Folgezeit hatte ich noch des öfteren Gelegenheit, Analytiker zu theoretischen Problemen zu befragen, doch diese Treffen brachten mir nie die Elemente, die ich brauchte, um die Wirkungen, die wir beobachtet hatten, zu analysieren und zu interpretieren. Wahrscheinlich betrachteten sie unser Eindringen in ihre Domäne durch das Ohr als eine unerträgliche Dreistigkeit. Der Dialog brach also ab, und ich unternahm keine ernsthaften Versuche mehr, ihn wieder aufzunehmen.

Ich bin allein

Das Mißtrauen der Psychoanalytiker mir gegenüber geht auf diese Zeit zurück. Sie sind der Ansicht, daß meine Methode »zu schnell« verfährt und »die analytische Dimension verleugnet«. Ich aber halte ihnen entgegen, daß das elektronische Ohr es ganz im Gegenteil möglich macht, die Analyse weiterzutreiben. Die Psychoanalytiker (insbesondere Rank) machen im Augenblick des Austritts aus dem Uterus halt. Wir gehen weiter, in das intrauterine Leben hinein bis zurück zum Augenblick der Befruchtung und der Empfängnis. Die im Verlauf von Sitzungen gemachten Zeichnungen, auf die wir später noch ausführlicher zu sprechen kommen werden, legen Zeugnis ab von sehr weit zurückliegenden Begebenheiten, von »Erinnerungen« an das Passieren des Eileiters, an die Befruchtung des Eis…
Die Psychoanalytiker verfochten damals die Meinung, daß der Geruchssinn der erste vom Fetus entwickelte Sinn sei. Es stimmt, daß es manchmal genügt, einem Säugling ein von dem Geruch seiner Mutter durchtränktes Wäschestück zu geben, um ihn zu beruhigen. Der Geruchssinn ist in der Tierwelt von großer Wichtigkeit. Beim Menschen ist er nur ansatzweise vorhanden. Verglichen mit der Stimme der Mutter spielt er nur eine geringe Rolle. Ich hatte entdeckt, was die mütterliche Stimme und die gefilterten Töne zu bewirken vermochten. Ich hatte sehr schnell Gelegenheit, ihre Wirkung auf Kinder, Erwachsene und sogar den einen oder anderen Patienten zu beobachten. Ich hatte ein außergewöhnliches Erinnerungsvermögen festgestellt, dessen Werdegang ich erforschen wollte.
Die in den Körper engrammierten Erinnerungen, die traumatischen Ereignisse können bei entsprechender Stimulierung in einem Teil des Hörapparats wieder aufsteigen: im Vestibulum. Im Innenohr gibt es nämlich zwei Elemente: einerseits die Schnecke (Cochlea), die die Klänge analysiert, und andererseits das Vestibulum, dessen Aufgabe darin besteht, die Informationen im Körper zu verteilen und sicherzustellen, daß sie gut

weitergeleitet werden. Im allgemeinen wird die Rolle des Vestibulums heruntergespielt und auf die Funktion der Gleichgewichtskontrolle reduziert. Wenn nun aber gewisse Klänge einwirken, dann mobilisieren und aktivieren sie all die vom Vestibulum gesteuerten Phänomene. Das geht so weit, daß ein Erwachsener, wenn man ihn einer sehr starken auditiven Stimulation durch gefilterte Töne aussetzt, unverzüglich die Fetalposition einnimmt.

Ich verfügte nur über begrenzte Möglichkeiten, solche Kinder zu behandeln, aber ich mußte mich schnell umstellen, denn immer mehr Eltern kamen in meine Praxis, die durch die allgemeinen Gerüchte von den mit meiner Methode erzielten Ergebnissen gehört hatten. Ich konnte meine ersten Erfolge verzeichnen. Manche Autisten, die ich mit dem elektronischen Ohr behandelte, kamen aus ihrem Loch hervor und wachten auf. Ich war darüber mehr als zufrieden. Leider war die Mißerfolgsrate aber relativ hoch, so sehr bleibt uns diese Welt aus einem Wust von Sprachlosigkeit und Schweigen noch verschlossen. Was mich aber am meisten erstaunte, waren die Indifferenz und die mangelnde Neugierde meiner Kollegen gegenüber meinen Recherchen. Inzwischen hat sich hier allerdings einiges getan.

Der Prophet gilt nichts im eigenen Land

Viel schlimmer waren allerdings meine Auseinandersetzungen mit den Medizinern. Ich befragte die Mütter über die psychologischen Umstände ihrer Schwangerschaft, stellte ihnen Fragen darüber, wie sie die Entbindung erlebt hatten. Ich interessierte mich für ihre klangliche Umgebung während jener Zeit, für die Tonlage ihrer Stimme, ihre Art, mit dem Kind zu sprechen. Das war unüblich und schockierte viele meiner Kollegen. Solche Fragen aus dem Mund eines HNO-Arztes konnten ungewöhnlich oder gar suspekt erscheinen. Die Reaktionen blieben nicht aus. Die Ärztekammer lud mich auf Drängen meiner liebenswürdigen Kollegen zweimal vor und versuchte, mäßigend einzuwirken.

Mich ließ das ziemlich kalt. Ich war von dem, was ich tat, so überzeugt, daß ich eher auf den Scheiterhaufen gestiegen wäre, als daß ich meine Ideen aufgegeben hätte. Meine Auseinandersetzungen mit der Ärzteschaft gehen auf jene Zeit zurück. Ich hatte mit meinen Kollegen ein mehr oder weniger gespanntes Verhältnis, je nach ihrer Fähigkeit, die von mir vorgebrachten Ideen zu »verdauen«. Ich galt als Sonderling. Manchmal waren die mir zugedachten Bezeichnungen noch unangenehmer. Die HNO-Ärzte konnten sich nicht damit anfreunden, daß ich einem Organ eine immer wichtigere Rolle zuschrieb, dem Ohr nämlich, das für manche von ihnen lediglich dazu taugte, das Gleichgewicht sicherzustellen und ... sich zu entzünden.

Das Ohr ist nicht nur dazu da zu hören: Das Gehör führt ins Reich der Psyche. Die beiden Ohren sind nicht identisch: nur das rechte ist zielgerichtet. Der Fetus hört im Dunkel des Mutterleibs die Stimme seiner Mutter. Jede dieser Entdeckungen brachte mir Artikel in der Presse ein und eine übermäßige Werbung, die meine Kollegen schockierte. Damals erwartete man von den Ärzten äußerste Zurückhaltung. Wenn ich heute sehe, wie sich meine Kollegen die Titelseiten der Zeitungen streitig machen, wenn wieder einmal ein neuer Impfstoff oder eine neue Befruchtungstechnik gefunden wurde, dann sage ich mir, daß die Zeiten sich wirklich geändert haben.

Die unablässigen Angriffe durch die Vertreter der sogenannten Schulmedizin zielten darauf ab, mich an den Rand zu stellen, indem ich in die Schublade der Verfechter einer alternativen Therapieform gesteckt wurde. Sanfte Medizin, Naturheilkunde usw. – all diese Bezeichnungen sind eine Quelle von Mißverständnissen. Für mich gibt es nur eine einzige Medizin. Sie verfolgt *ein* Ideal: die Gesundheit. Die Wege dorthin können unterschiedlich sein, doch das Ziel bleibt dasselbe.

Ich habe die Rolle der Ärztekammer nie in Frage gestellt. Jedesmal, wenn ich vorgeladen war, erklärte ich die Dinge mit größter

Aufrichtigkeit. Diese Institution stellt eine Notwendigkeit dar. Es ist jedoch bedauerlich, daß sie bei ihrer Beschlußfindung nicht über mehr Zeit, Freiheit und Sachverstand verfügt. Übrigens habe ich ihren langjährigen Präsidenten, Professor Lortat-Jacob, immer geschätzt. Anläßlich des Erscheinens eines meiner Bücher schrieb er mir einen Brief, der folgenden Satz enthielt: »Ich wünsche Ihnen, daß Sie nicht ablassen von Ihrer Forschungsarbeit zum Wohle des Kindes und der Menschheit.« Meine Kollegen nahmen mir gegenüber also eine abwartende Haltung ein, vermischt mit Neugierde, Zweifel und Spott. Da veröffentlichte 1961/62 ein Nordamerikaner namens L. Salk hintereinander zwei Studien: »Die Wirkung des Klangs des Herzschlags auf das Verhalten des Neugeborenen. Auswirkungen auf die mentale Gesundheit« und »Der Herzschlag der Mutter als Imprinting-Stimulus«. In ersterer legt er dar, daß eine Frau, die aufgrund einer negativen psychologischen Konstellation mit dem Vater des Kindes eine komplizierte Schwangerschaft durchlebt, mit großer Wahrscheinlichkeit ein Kind zur Welt bringen wird, das verschiedenste neurovegetative, ja sogar psychische Störungen aufweist. In letzterer führt er aus, daß das Kind einer psychisch kranken Mutter höchstwahrscheinlich ebenfalls psychisch krank sein wird. Diese Studien bestätigten meine Forschungsarbeiten zur Existenz eines psychischen Lebens im Uterus. Eines schönen Tages kam zu meiner Überraschung Françoise Dolto auf mich zu und gratulierte mir. Der Prophet gilt nichts im eigenen Land! Daß ein Amerikaner (acht bis zehn Jahre nach mir!) so etwas veröffentlichte, verlieh den Arbeiten einen Nimbus, den man einem obskuren französischen Forscher verweigert hatte. Trotzdem zeigte sich die Psychoanalytikergemeinde, die nichts Eiligeres zu tun hatte, als die Konsequenzen einer solchen Entdeckung wieder zu vergessen, davon nicht sonderlich beeindruckt. Mir verschaffte dies zumindest wieder für einige Zeit eine himmlische Ruhe.

3 Die Entbindung – Mythos und Wirklichkeit

Rabelais erzählt im sechsten Kapitel von *Das höchst schauderhafte Leben des Gargantua, Vater des Pantagruel,* das mit »Auf was seltsame Art Gargantua geboren ward« überschrieben ist, mit größter Detailfreude die höchst sonderbare öffentliche Niederkunft der Gurgelmilte (zitiert nach François Rabelais, *Gargantua und Pantagruel,* 1. Bd., S. 26ff., Verlag Georg Müller: München und Leipzig 1911).

»Alsbald«, so schreibt er in seiner altertümlichen Diktion, »erschienen Hebammen haufenweis von allen Enden; die befühlten sie zu unterst und fanden ein Geschling von ziemlich argem Geschmacke, dachten es wär das Kind: allein es war das Fundament das ihr entging durch die Erweichung des graden Darmes (welchen ihr den Mastdarm nennt), weil sie zu viele Kutteln gessen, wie wir zuvor berichtet haben. Da macht' ihr eine alte Vettel aus der Gevatterschaft (...) ein so entsetzlich Restrinctif, welches ihr alle Carunkeln im Leib dermasen zusammenschnürt' und räutelt', daß ihr sie mit genauer Noth mit den Zähnen hättet erlockern mögen: was schauderhaft zu denken ist: (...) Durch diesen Unfall öffneten sich die Cotyledones der Gebärmutter oberwärts, durch welche das Kind kopfüber hupft' in die hohle Ader, dann durch das Zwergfell weiter kroch bis über die Achseln, (wo sich gedachte Ader in zwey teilt,) und seine Straß zur linken nehmend, endlich durchs linke Ohr zu Tage kam.«

Nach der Darstellung dieser etwas ungewöhnlichen Geburt kommt Rabelais weiter unten mit dem für ihn so typischen Humor sogleich jeglichem Protest zuvor, indem er schreibt:

»Ich sag euch daß bey Gott kein Ding unmöglich ist. Und wenn er wollt so brächten von Stund an die Weiber ihre Kinder also durchs Ohr zur Welt!« Der Schriftsteller läßt seinen Helden durch das Ohr geboren werden, um die Macht der Sprache zu symbolisieren. Übrigens präzisiert er: »Sobald es geboren war schrie es nicht, wie die andern Kinder, mi mi mi! sondern *mit lauter Stimm* [Hervorhebung von mir]: zu trinken! zu trinken! zu trinken! gleich als ob es die ganze Welt zu trinken ermahnt', so hell auf, daß es die ganze Gegend (...) vernahm.«

Rabelais war Arzt. Einflußreiche Herren seiner Zeit hatten ihm ermöglicht, seine Studien in Freiheit zu betreiben, allen Anfeindungen der Kirche zum Trotz, die seinen Freund Etienne Dolé schon auf dem Scheiterhaufen hatten enden lassen. Beide waren Neuerer. Um Hospize und Hospitäler erbauen zu können, brauchte Rabelais Geld. Er verfaßte deshalb in Form von Almanachen (den Fortsetzungsromanen der damaligen Zeit) ein urwüchsiges, kultiviertes Werk voller Philosophie.

Nach damaliger Vorstellung nahm alles Physiologische seinen Weg über die Adern. Deshalb läßt Rabelais Gargantua durch die »hohle Ader« und schließlich das linke Ohr zur Welt kommen.

Zwischen dem Vestibulum (einem Teil des Innenohrs) und der Gallenblase besteht eine enge Beziehung. Die Seekrankheit hängt zum Beispiel mit einer Dysfunktion des Innenohrs aufgrund ungenügender Regulation des Steigbügels, eines der Muskeln des Mittelohrs, zusammen. Wenn die Flüssigkeiten im Inneren des Hörapparats (die sog. Endolymphe) unzureichend stabilisiert sind, kann es zu einer bestimmten Störung der Gallenblase kommen: der Dyskinesie. Das Unwohlsein hört auf, wenn das Spiel des Steigbügels reguliert wird. Übrigens werden das Trommelfell und die Gallenblase von ein und demselben Nerv (dem Vagus oder Nervus pneumogastricus) angeregt. Zu Rabelais' Zeiten wußte die Medizin davon noch nichts, doch sie hatte bereits eine Verbindung zwischen all diesen Elementen hergestellt. Gargantuas Geburt durch das Ohr zeugt von beachtlicher Vorstellungskraft.

Entbindung im Scheinwerferlicht

Die Geburtshilfe hat schon eine eigenartige Geschichte! Vor fünfzig Jahren noch brachten die Frauen ihre Kinder zu Hause zur Welt. Männer hatten in dem Zimmer nichts zu suchen: Die Autorität der Hebamme war unangetastet, und nur in schwierigen Fällen ließ sie den Arzt rufen. Inzwischen haben die Ärzte das Heft in die Hand genommen und die Hebammen zu Assistenzfiguren degradiert. Heute ist eine Entbindung ein chirurgischer Akt, während man früher Geburtshelfer sein und einen Kaiserschnitt ausführen konnte, ohne Chirurg sein zu müssen. Die Entbindung ist zu einer Angelegenheit für Spezialisten und einem hochtechnisierten Ereignis geworden. Die Männer haben Einzug in den Kreißsaal gehalten. Die Ehemänner nehmen an der Entbindung teil, ausgerüstet mit Fotoapparaten und Camcordern.

Daß eine Entbindung unter den bestmöglichen Sicherheitsbedingungen stattfindet, ist eine Notwendigkeit. Daß man eine Epiduralanästhesie verabreicht, um einer Frau zu helfen, einen unerträglichen Schmerz zu überwinden, einen Kaiserschnitt durchführt, wenn das Kind auf vaginalem Wege nicht geboren werden kann, Zange oder Saugglocke einsetzt – wer sollte etwas dagegen haben? Der Medizin ist es gelungen, die prä- und postnatale Kindersterblichkeit beträchtlich zu senken, die in den letzten beiden Jahrhunderten bis hin in die nicht allzu ferne Vergangenheit als Geißel der Menschheit angesehen werden konnte. Der Kaiserschnitt war zwar schon seit den Römern bekannt, doch die hygienischen Bedingungen und der medizinische Schutz waren mit den heutigen nicht vergleichbar.

In vielen Krankenhäusern wird die Epiduralanästhesie heute routinemäßig verabreicht. Bei mehr als 30 % der Frauen wird ein Kaiserschnitt durchgeführt (in Deutschland ca. 15 %), obwohl dies bei weniger als 10 % wirklich notwendig wäre. Die Epiduralanästhesie (eine örtliche Betäubung) reduziert die Kommunikation zwischen Mutter und Kind ausgerechnet im

Augenblick jenes großartigen Liebesduetts, das der Geburtsakt sein sollte. Sie schwächt das Bewußtsein von jenem einzigartigen Kontakt ab. Laufen wir nicht Gefahr, eine fundamentale Beziehung in ihrer Ursprünglichkeit zu verlieren, wenn wir dieses Verfahren routinemäßig anwenden?

Gebärpositionen

Im Lauf der Geschichte der Medizin wurden die Frauen immer wieder Opfer schlechter Bedingungen bei der Entbindung. Die Ärzte zwangen ihnen abwegige Gebärpositionen auf. Legt man zum Beispiel eine Frau flach auf den Rücken, so stößt der Kopf des Fetus gegen Kreuzbein und Steißbein, und die Frau muß grauenhafte Qualen erdulden. Das Kind drückt so gut es kann, doch es befindet sich nicht in der Austrittsachse.
Glücklicherweise hat die Geburtshilfe große Fortschritte gemacht. Früher war es üblich, die Frauen acht bis zehn Tage lang im Wochenbett festzuhalten, sie durften nicht aufstehen. Man hatte Angst vor einer Phlebitis (Venenentzündung) in den unteren Gliedmaßen, die durch Loslösung eines Blutpfropfens aus den Venen zu einer lebensgefährlichen Embolie, insbesondere im Bereich der Lunge, hätte führen können. Inzwischen wissen wir, daß die Gefahr von Venen- oder Gefäßkomplikationen nicht verringert wird, wenn die Frau lange Zeit im Bett bleibt. Ganz im Gegenteil! Heute werden die Frauen veranlaßt, sehr bald nach der Entbindung aufzustehen, um einer Embolie vorzubeugen. Man kehrt zu den ursprünglichen Verhaltensweisen zurück.
Die Frau nimmt ihre natürliche Gebärhaltung ein: Ähnlich wie die Tiere legt sie sich auf die Seite, wobei sie ihre Wirbelsäule ein wenig krümmt, was die Austreibung erleichtert. Eines aber hat die Natur sehr ungerecht eingerichtet: Die Tierfeten finden im allgemeinen einen sehr weiten Geburtskanal vor, doch bei der Frau kann der Kopf des Babys das Becken nur mit knapper

Not passieren. Der berühmte »Geburtsschmerz« geht zum Großteil auf diese mechanische Ursache zurück und wurde durch die jahrelang aufgezwungenen ungünstigen Gebärpositionen noch verstärkt. Vielen Ärzten war dies bewußt, weshalb sie die Frauen sich leicht aufsetzen ließen. Heute hat man große Fortschritte gemacht. Die Frau nimmt meist die sogenannte gynäkologische Position ein und läßt das Kind ganz natürlich austreten.

»Unter Schmerzen sollst du Kinder gebären«

Die Frauen sind einem derartigen Druck ausgesetzt, daß die Entbindung für sie gleichbedeutend mit einem Drama geworden ist. Wer kennt nicht den berühmten Satz aus der Bibel: »Unter Schmerzen sollst du Kinder gebären«? Wörtlich genommen, ist er zweifellos dazu angetan, Schrecken einzujagen, und er bringt die Frau in eine wenig beneidenswerte Lage. Nun liest aber kaum einer die Bibel mit ausreichender Aufmerksamkeit. Der wahre Sinngehalt dieses Satzes ist ein viel tieferer. Er projiziert die Mutter-Kind-Beziehung in das Werden und erklärt den wahren Schmerz der Mütter, nämlich den, ihre Kinder zu verlieren, wenn sie ihnen erlauben, groß zu werden. Der *infans* (Der noch nicht sprechen kann) bemächtigt sich der Sprache, wird zum Mann, verläßt seine Mutter um einer anderen Frau, der Gesellschaft, einer Karriere willen. Daraus ist der Schmerz der Frauen gemacht. Denn – und davon sprechen sie nur zu selten – die Zahl derer, die ohne unerträgliche Schmerzen gebiert, ist beträchtlich.
Fragen wir die Frauen! Viele wollen ihr Kind so natürlich wie möglich zur Welt bringen, wenn ihr Gesundheitszustand es erlaubt und die nötige Sicherheit gewährleistet ist. Ich erinnere mich an eine Frau, die bei jeder ihrer Entbindungen (sie hat vier Kinder) vergeblich darauf wartete, leiden zu müssen: Das Kind war jedesmal schneller als der Geburtsschmerz!

Wenn der Geburtstermin erreicht ist, fühlen sich die werdenden Mütter bereit und erwarten das Ereignis in einer Mischung aus Besorgnis und Freude – von Ängsten geplagt. Es kommt natürlich während der letzten Kontraktionen zu einem Moment intensiver Beteiligung. Aber kann man das als Schmerz bezeichnen? Meine Großmutter, die 24 Kinder zur Welt gebracht hat, erzählte mir, daß sie, als es beim sechsten so weit war, gerade beim Wäschewaschen war, und es ihr plötzlich so komisch an den Beinen herunterlief. Sie brachte das Kind ohne irgendwelche Hilfe zur Welt und kehrte dann wieder an ihren Waschtrog zurück.

Planung

Manche Krankenhäuser bieten heute an, die Geburt nach Belieben einzuleiten, natürlich im Rahmen des ungefähren Geburtstermins. Was steckt dahinter? Bessere Organisation der Bettenbelegung, der Dienstpläne des Krankenhauspersonals? Höhere Rentabilität? Manchmal höre ich Sätze wie:»Auf acht oder zehn Tage kommt es nicht an.« Doch! Es gibt einen Reifungsprozeß, den es zu respektieren gilt, in aller Bescheidenheit, denn wir wissen zu wenig darüber. Es wird allgemein angenommen, daß das Kind, wenn es sich bereit fühlt, auf die mütterlichen Hormone einwirkt und bei ihr die Gebärbereitschaft auslöst. Der Mutter wird eine Information übermittelt, wahrscheinlich über die Hirnanhangdrüse (Hypophyse), welche den abschließenden Prozeß auslöst.

Eine Frühgeburt zu sein, ist gar nicht lustig: Diese Kinder brauchen vielfältige Pflege, und ihre Zahl ist ohnehin schon groß genug, als daß man noch mit dem Feuer spielen und sie künstlich vergrößern sollte. Allerdings ist ein übertragenes Kind in einer noch schwierigeren Lage, denn es lebt in sensorischer Reizarmut in einem erschöpften uterinen Klima zu einer Zeit, wo sein Gehirn zu seiner weiteren Entwicklung bereits der

unterschiedlichsten Reize bedarf. Damit sind große Risiken verbunden.
Man kann sich über solche Absurditäten nur wundern. Wie sollte man den Geburtstermin auf die Stunde genau vorhersagen können? Das ist unmöglich. Die Frau kann sich psychisch vorbereiten, und dies vollzieht sich mit Mechanismen und Hormonen, die uns nach wie vor unbekannt sind. Man muß diesen Prozeß respektieren, bis es so weit ist. Ganz allgemein läßt sich sagen, daß Tag und Stunde der Geburt (glücklicherweise!) ungewiß bleiben.

Die Haptonomie, Variante von Colin-Maillard

Eine neue Richtung, die bei gewissen neuerungssüchtigen Psychologen en vogue ist, gibt vor, »dem Baby den Weg ins Geborenwerden zu öffnen«, es zu »leiten«, es »in seinem Sein und bei seinem Sprung (der Geburt) zu bestärken«, und zwar durch eine ganz spezielle Massagetechnik, die unter dem Namen »Haptonomie« bekannt ist. F. Veldman, ihr Begründer, behauptet, daß durch Massage des Bauchs der Schwangeren ein Kontakt zum Fetus hergestellt werden kann. Der Uterus der Frauen entspannt sich und wird tatsächlich geschmeidiger. Der Fetus läßt sich so sehr schön betasten, ähnlich wie ein Gegenstand in einer Plastiktüte. Ein Psychoanalytiker erklärt: »Wenn eine Schwangere solchermaßen entspannt ist, ist es möglich, ihren Uterus in die Hand zu nehmen, nicht nur mit den Fingerspitzen, sondern mit den ganzen Händen, wie einen Ballon, und so Kontakt mit dem Kind aufzunehmen.« Wir kommen nicht umhin, ziemlich beeindruckende Reaktionen auf die fachmännischen Berührungen zu konstatieren: Kriechbewegungen im Uterus und plötzliche Lageveränderungen des noch Ungeborenen.
Es handelt sich um Gruppensitzungen, in denen eine Frau nach der anderen an die Reihe kommt, sich vom Professor »strei-

cheln« zu lassen. Dieser legt Wert auf die Feststellung, daß das mit Erotik nichts zu tun hat, und daß sein Streicheln nur dazu dient, ein »Gefühl von Zuneigung und Zärtlichkeit« zu vermitteln, um die »pränatale affektive Bindung« herzustellen. So fühle sich das Baby von seiner Umgebung stärker akzeptiert. Es erlange bereits eine gewisse Autonomie. Der Vater wird ermuntert, selbst diese extrauterinen Massagen durchzuführen, um seine Präsenz und seine Liebe zu dem Kind spürbar zu machen. Er wird sogar angehalten, dabei zu sprechen. Kein Zweifel: Der Fetus wird ihn erkennen.

Catherine Dolto, Ärztin und begeisterte Verfechterin der Haptonomie, schreibt: »Endlich und zum ersten Mal haben die Väter einen echten Platz.« Und der Meister fügt hinzu: »Der Vater wird feststellen, daß es relativ einfach ist, genau wie die Mutter mit dem Kind im Uterus zu kommunizieren, indem er mit ihm spielt und zusammen mit der Mutter eine heitere affektive Dreiheit bildet.« F. Veldman erläutert, welche Wirkung Berührungen auf den Fetus haben: »Durch die Bauchdecke hindurch gelangt er zur Begegnung mit den Händen seines Vaters und seiner Mutter.« Die Eltern werden außerdem zu richtiggehenden Lotsen des künftigen Neugeborenen, indem sie ihm »den Weg, dem es folgen muß« weisen – dank »adäquater Eutonisierung der Dammuskulatur« und der »haptonomischen Führung«.

In den Niederlanden erhalten alle angehenden Allgemeinmediziner ein Jahr »haptonomische« Ausbildung, und einige spezialisieren sich sogar in »Haptopsychotherapie«. Die französischen Psychologen sind, wie wir oben gesehen haben, des Lobes voll: Die Haptonomie ist »eine Ästhetik«, »eine globale Prophylaxe«, »eine medizinische Praxis, die das Freudsche bzw. Lacansche ›Es‹ miteinbezieht«. Potzblitz!

Braucht das Kind wirklich eine Streckenmarkierung, um seinen Weg aus der Gebärmutter zu finden? Natürlich kann man ihm gegen Ende der Schwangerschaft helfen, zum Beispiel um eine Steißlage zu vermeiden. Die Frauen haben seit jeher die richtigen Bewegungen gefunden, um dies zu bewerkstelligen, und mit auf den Bauch gelegten Händen verstehen sie es, den Auftakt zu einem Dialog mit ihrem Fetus zu geben. In der Regel, und wenn die Kommunikation zwischen Mutter und Kind gut ist, findet das Kind im Mutterleib spontan seine Position. Gegen Ende der Schwangerschaft spürt man, wie es sich dreht, und sein Kopf sinkt in den von den mütterlichen Beckenknochen gebildeten Beckeneingang, wo es mit nahendem Geburtstermin starke Klänge und maximale Vibration sucht.

»Wir haben schon erlebt, daß der Uterus sich zusammenzog und seine Form veränderte, während das Kind sich hinabsenkte, als ob es in den Geburtskanal eintreten wollte«, erzählt der bereits erwähnte Psychologe. Geht das nicht zu weit? Weiß man denn bei diesen »Liebkosungen«, wo genau die Nabelschnur liegt? Wird sie nicht die Bewegungen des Fetus behindern und ihm eine unglückliche Lage aufzwingen? Die Haptonomie veranlaßt den Vater dazu, sein werdendes Kind mit eigenen Händen zu ertasten. Warum sollten sich nicht auch noch der Bruder und andere Familienmitglieder daran beteiligen? Hinter diesen infantilen Praktiken verbirgt sich meiner Ansicht nach ein neuer Versuch, die Frau ihrer Mutterschaft zu berauben.
Die Männer bleiben Zuschauer bei der Verwandlung ihrer Frau zur Mutter, doch sie möchten bei diesem großartigen Abenteuer auch eine Rolle spielen. Betrachten wir aber einmal die Dinge so, wie sie sind: Was haben sie denn schon getan, als bei der Zeugung eine schöne Nacht zu verbringen? Die Väter tun geradezu so, als hätten sie diesen Fetus, diesen künftigen Säugling gemacht. Im Grunde beanspruchen sie die Verfügungsgewalt über einen Nachkommen. Einige Psychoanalytiker behaupten, das Kind erkenne die Stimme des Vaters schon im Mutterleib, andere wiederum schlagen den Weg der Haptonomie ein und veranlassen sie, den Bauch ihrer Frau durchzukneten, als ob er ihnen gehörte.
Überlassen wir doch die Mutterschaft den Frauen, und helfen wir den Vätern, die echten Wege ihrer Vaterschaft zu finden. Sie werden sie finden, indem sie, wie ich weiter unten noch

ausführen werde, von der Empfängnis an die Verantwortung für das Mutter-Kind-Paar übernehmen. Der Vater, der seine Frau in ihrer Schwangerschaft begleitet, macht seinem Kind das schönste Geschenk: Er ermöglicht ihm, im Mutterleib seinen Wunsch zu werden zu entwickeln.

Den Bauch einer Schwangeren zu bearbeiten, ist ein krankhaftes Vergnügen, das lediglich einen männlichen Besitzwahn zum Ausdruck bringt. Wie soll man sich im übrigen vorstellen, daß das Kind darin einen Akt der Zuneigung sieht, daß es darin eine Möglichkeit findet, mit einer ihm fremden Welt zu kommunizieren? Der Fetus ist nicht dazu da, durchgeknetet zu werden. Lassen wir ihn doch in Frieden! Wird er ein schöneres Kind, weil die ganze Familie den Uterus der Mutter massiert hat? Stellen diese Manipulationen nicht vielmehr eine ungeheuerliche, unkontrollierbare Quelle der Angst für ihn dar? Eine regelrechte Aggression? Ein Ereignis, zu dessen Deutung ihm die Mittel fehlen?

Sind die Frauen Sirenen?

Das Krankenhaus von Pithiviers ist für seine Methode der »Wassergeburt« berühmt geworden. Die Frauen werden von einem Arzt oder einer Hebamme in Gummistiefeln an den Schultern gehalten und liegen in einem Wasserbassin, in dem auch der Vater herumplanscht. Das Kind wechselt aus dem Uterus in diese andere flüssige Umgebung über, an die man es sich eine Weile gewöhnen läßt, bevor man es herausnimmt und auf den Bauch der immer noch zur Hälfte im Wasser befindlichen Mutter legt und die Nabelschnur durchtrennt.

Dieses Experiment hat etwas Antiphysiologisches, das mich immer schon empört hat. Man muß immer mit einem Unfall rechnen, beispielsweise ist es jederzeit möglich, daß das Neugeborene Wasser inhaliert. Die Geburt besteht darin, daß das Kind aus dem Fruchtwasser an die Luft gelangt. Was hat es zu gewin-

nen durch diese zusätzlichen Minuten in einem Bassin? Die Frau ist wahrscheinlich entspannter, ihr Körper ist leichter – doch auch andere Entspannungsmethoden führen zu solchen Ergebnissen. Heute ist es übrigens ruhiger geworden um Pithiviers. Michel Odent, der Begründer dieser Wassermethode, hat sich in eine andere gynäkologische Revolution gestürzt: die Hausgeburt. Die Japaner hatten die Wasserbecken von Pithiviers finanziert, dieses neue Experiment wird nun von den Engländern unterstützt.
In Presse und Fernsehen sehe ich Berichte über immer originellere Geburtsmethoden. Die Zeitschrift *VSD* informiert über die neueste Marotte: Geburten im Meereswasser an gewissen Stränden warmer Regionen. So werden die Mütter zu wunderbaren Versuchskaninchen für Experimente oder Phantastereien. Es hat aber auch zu allen Zeiten Ärzte gegeben, die vernünftige Entbindungen durchführen, weil sie den Frauen größten Respekt entgegenbringen. – Als junger Arzt hatte ich das Glück, in einer Frauenklinik in Neuilly zu arbeiten, die von einem solchen Arzt geleitet wurde, Professor Vaudescale, einem großen Gynäkologen. Er ließ die Frauen eine gute Gebärposition einnehmen, die eine sanfte Geburt ermöglichte. Ohne Ultraschalluntersuchung (die es damals noch nicht gab) vermochte er das Geschlecht des Kindes zu bestimmen, indem er seinen Herzrhythmus abhörte. Ich habe kein einziges Mal erlebt, daß er sich getäuscht hätte. Mit der Bevölkerungsexplosion (dem berühmten Baby-Boom) entwickelten sich die Kliniken zu wahren Industriebetrieben. Unsere Ausstattung reichte nicht aus, um alle Frauen aufzunehmen. Manche bekamen ihre Kinder auf dem Gang. Zu jener Zeit wurde das System immer unmenschlicher.
Eines Tages bekam ich in meiner Praxis Besuch von einem Chirurgen, der gerade von einer Indienreise zurückgekehrt war. Dort hatte eine ganz besondere traditionelle Gebärmethode sein Interesse geweckt. Wir haben uns lange darüber unterhalten, und ich glaube behaupten zu können, daß er sich aufgrund meines freundschaftlichen Drängens entschloß, ein Buch zu

veröffentlichen, in dem er beschrieb, was er gesehen hatte, und vorschlug, es auch im Westen anzuwenden. Dies war die Geburtsstunde der berühmten Leboyerschen Methode. Wodurch zeichnet sie sich aus? Die Ankunft des Kindes vollzieht sich unter größter Behutsamkeit (keine aggressive Beleuchtung, keine zu lauten Geräusche usw.), die Mutter wird bestens vorbereitet, die Umgebung und die Bedingungen der Geburt werden wohl bedacht. Bei Leboyer fand ich dieselbe Geisteshaltung wieder wie bei Vaudescale, die von einer einzigen Sorge geprägt war: die Frau zu respektieren und das Kind liebevoll zu empfangen.

Ein Teufelskreis

Wenn der Geburtstermin herannaht, kümmern sich die Gynäkologen ganz besonders um ihre Patientin, denn sie wissen, daß die Angst der werdenden Mutter in dieser Phase beträchtlich zunimmt. Angst ist ein undefinierbares Gefühl, eine nicht zu fassende Empfindung. Wir brauchen sie, um aktiv werden zu können. Doch wenn das Ergebnis unserer Handlung nicht zufriedenstellend ist, nimmt die Angst zu, sie zieht das Subjekt in eine teuflische Spirale und bremst das weitere Handeln. Der Motor kommt ins Stottern. Ein bißchen Angst motiviert, zuviel Angst lähmt. Sie ist ein sehr ambivalenter »Affekt«: gleichzeitig Mobilisierung der Kräfte, Warnsignal und gefährlicher Auslöser einer Blockade, die alle Energie raubt.
Die Frauen haben oft Angst vor der Geburt, weil man ihnen einen Haufen Horrorgeschichten darüber erzählt hat. Sie werden panisch bei dem Gedanken, unter Schmerzen gebären zu müssen. Was bei der Geburt eine tatsächliche Schwierigkeit darstellt, und die sollte man nicht verschweigen, ist der sehr enge Muttermund. Aber die werdenden Mütter sind auch oft müde und leicht ermüdbar, weil sie wegen ihres Zustands aufgehört haben zu arbeiten und ihren Tätigkeiten im Haushalt

nachzugehen, die Lust auf Gespräche verloren haben und oft nur noch einen Wunsch empfinden, nämlich im Bett zu liegen und gar nichts mehr zu tun. Manchmal gibt es natürlich medizinische Gründe, die eine Frau dazu zwingen können, das Bett zu hüten und sich nicht mehr zu bewegen. Aber ist es nicht seltsam, daß sich die Frauen in einem Augenblick, in dem sie eine kolossale Energie bräuchten, um sich auf das große bevorstehende Ereignis vorzubereiten, in einen Zustand der Reizarmut versetzen? Je mehr sie sich zurückziehen, desto größer wird der Streß.

Die Angst bewältigen

Es kann natürlich nicht die Rede davon sein, sie einen 500-Meter- Lauf machen oder ihre Wohnung streichen zu lassen, doch um eine leichte Depression oder ein Gefühl allgemeiner Kraftlosigkeit zu überwinden, muß man das Bewußtsein stimulieren und in die Lage versetzen, ein höheres Niveau zu erreichen, das die Körperbeherrschung fördert und die Schwierigkeiten relativiert. Ein guter Spannungszustand im Großhirn verbessert das Allgemeinbefinden und schafft mehr Möglichkeiten für Aktivität. Sind dadurch Streß und Ängste wie weggeblasen? Nein, aber es ist so hilfreich, daß dann ein kleiner Anstoß im richtigen Moment genügt, und die werdende Mutter sich noch mehr entspannt, als sie es sonst tun würde. Im Grunde genommen geht es darum, die wahre und tiefe Intelligenz des körperlichen Instinkts heranzuziehen. In den letzten hundert Jahren wurden beträchtliche Fortschritte bei der Geburtsvorbereitung gemacht. Heute legt man den Frauen nahe, schwimmen zu gehen, die Atmung zu erlernen, Entspannungsübungen zu machen und vieles mehr.
Ich persönlich rate den Frauen, sich mit Energie »aufzuladen«, indem sie in richtiger Sitzhaltung, auf einem Stuhl oder in einem Sessel, klassische Musik hören. Die Frauen, die nicht wis-

sen, wie die »Geburtsvorbereitung unter dem elektronischen Ohr« wirkt, werden mit Interesse die Darstellung der neuen Ergebnisse lesen, die wir heute dank des Vermögens des Ohrs erzielen. Das Ohr ist für das Hirn ein richtiger Dynamo, es ermöglicht eine Verstärkung des Bewußtseins und eine Wiederherstellung der Ruhe.

Niemand kann die Angst vollkommen ausschalten, doch durch diese psychologische und sensorische Öffnung relativieren sich die mit der Entbindung verbundenen Probleme und lösen sich zum Großteil in nichts auf. Die Körperbeherrschung folgt auf die Verstärkung des Bewußtseins, und mit ihr kommt eine größere Entspannung, die Muskeln lockern sich... Dies alles wirkt sich positiv auf die Entbindung aus.

Wenn man die Großhirnrinde (den Kortex) auf diese Weise stark auflädt, verbessern sich die Steuerungsfunktionen der tiefer gelegenen Region des Hypothalamus. Man darf nicht vergessen, daß Streß das Gehirn desorganisiert und jeglicher Energie beraubt. Dank der auditiven Stimulierung durch das elektronische Ohr nehmen das Bewußtsein, die Wachsamkeit und die Aufmerksamkeit zu. Die Ängste verringern sich, die Niederkunft wird wie eine Befreiung herbeigesehnt, und die Frau entwickelt eine Art heiterer Gelassenheit, die auch nach der Entbindung noch anhält.

4 Das Leben ist eine lange, turbulente Geburt – genau wie der Tod

Die Vorstellung, daß eine Schwangere mit ihrem Fetus sprechen kann, mag überraschen. Dennoch tun es alle Mütter, denn sie haben zu allen Zeiten gewußt, daß sich zwischen ihnen und jenem kleinen Wesen, das in ihnen heranwächst, ein phantastischer Dialog entspinnen kann. Was am meisten überrascht, ist, daß die Wissenschaft sich gegenüber solchen Phänomenen so ziert. Die Bibel hingegen begrüßt eindeutig diese Kommunikation zwischen einer Mutter und ihrem werdenden Kind. So ist in einem Psalm von David zu lesen: »Denn du selbst brachtest meine Nieren hervor; Du hieltest mich abgeschirmt im Leibe meiner Mutter, (...) Mein Gebein war nicht vor dir verborgen, Als ich insgeheim gemacht wurde, Als ich in den untersten Teilen der Erde gewirkt wurde. Deine Augen sahen selbst den Embryo von mir, Und in dein Buch waren alle seine Teile eingeschrieben Hinsichtlich der Tage, da sie gebildet wurden Und unter ihnen noch nicht einer da war« (Psalm 139, 13-16). In der Antike war dieser so bemerkenswerte Dialog, diese unbeschreibliche unsichtbare Verquickung des Universums mit einem im Mutterleib zusammengerollten Fetus etwas ganz und gar Selbstverständliches. Es wird sogar berichtet, daß die Chinesen vor mehr als tausend Jahren vorgeburtliche Kliniken eingerichtet hatten, in denen alles getan wurde, damit die werdenden Mütter die Zeit des Wartens in heiterer Gelassenheit verbringen konnten.
Es ist schwer, solche Phänomene zu messen. Der Computer, der dazu in der Lage wäre, sie zu reproduzieren und auf dem Bildschirm nachzuprüfen, muß noch erfunden werden. Die Medi-

zin hat Angst davor, sich auf ein Gebiet zu begeben, das sie nur schlecht beherrscht. Doch die Schwangere braucht dieses Arsenal von Beweisen gar nicht. Ihre Schwangerschaft verbindet sie mit einem schöpferischen Universum, in dem sie sich entfaltet und mit dem sie spontan kommuniziert.

Mich hat schon immer verwundert, wie hermetisch die Entdeckungen der Medizin und der Zoologie voneinander getrennt gehalten werden. Ich verstehe, daß man sich dagegen verwehrt, den Menschen als einen besseren Affen zu betrachten. Doch obwohl die Durchdringung mit Geist unsere Entwicklung unvergleichlich macht, haben wir einiges mit der Tierwelt gemeinsam, insbesondere mit den Primaten. Wie sie sind wir Anthropoide, mit ähnlichen physiologischen Elementen. In einem der folgenden Kapitel werde ich in gedrängter Form die verschiedenen Etappen der Entwicklung der Lebewesen nachzeichnen. Der Leser wird feststellen, daß von den ersten Lebewesen, den sogenannten primitiven Fischen, bis hin zu uns eine tatsächliche Kontinuität besteht, auch wenn man den Darwinismus beiseite läßt.

Von Konrad Lorenz haben wir gelernt, daß die Kommunikation im Ei kein Märchen ist. Wir wissen seit langem, daß das Ohr bei den Tieren wie ein Radargerät arbeitet, es ist eine Energiezentrale und ein Dynamo, der die neurologische Dynamik aufrechterhält. Von ihm hängt ein Großteil des Nervenpotentials ab. Doch die Übertragung dieser Entdeckungen auf den Menschen scheint in den Bereich der Science-fiction zu gehören.

Die Kinder der Psychoanalyse

Die Psychoanalyse ist heute aus der Humanpsychologie nicht mehr wegzudenken. Doch Freud hat sich vor allem für das fünfjährige Kind interessiert, wenn er auch völlig neue Erkenntnisse über die Sexualität in den ersten Lebensjahren formulierte. Eigentlich aber war es seine Schülerin Melanie Klein, die die kindliche Psyche erforschte – bevor sie von Anna Freud, der Tochter des Wiener Meisters, ins Abseits gedrängt wurde. Die beiden Frauen haßten sich so sehr, daß Melanie Klein Österreich verlassen mußte. Sie ging nach England. Freud jedenfalls konnte sie nicht in seiner Nähe ertragen, und ihr brillanter Geist irritierte ihn. Er gab dem unerbittlichen Drängen seiner Tochter nach. Als auch er (wegen des Krieges) nach England ging, kam es, wie Ernest Jones berichtet, zu einem dramatischen Wiedersehen. Jones, dieser große Analytiker, bewunderte die Arbeiten von Melanie Klein sehr. Er versuchte, den »Meister« ihr gegenüber wieder gewogen zu stimmen, doch all sein Mühen war vergebens. Freud ließ nicht ab, sie zu vernichten. Wir haben diese Vorgänge in einem schönen Buch mit dem Titel *Envie et gratitude* (»Neid und Dankbarkeit«) zusammengestellt. Anna Freud trat dann mit der Analyse der Tiefenpsychologie des Kindes die Nachfolge ihres Vaters an – eingehender als er, allerdings mit weniger Genialität und Fingerspitzengefühl.

Ein anderer hochbegabter Schüler Freuds, Otto Rank, interessierte sich ebenfalls für die Welt der Kindheit. Diesem Analytiker widerfuhr ein noch grausameres Schicksal als Melanie Klein: Vom Begründer der Psychoanalyse abgelehnt, mußte er das Ende seiner Tage in einer psychiatrischen Klinik zubringen. Rank hatte die Nachforschungen noch weiter getrieben, da er annahm, daß der Ursprung der Schwierigkeiten des Kindes im Augenblick der Geburt zu suchen sei, welcher als traumatisch erlebt werde. Es galt nun nur noch den Muttermund zu überwinden, um zu ergründen, was sich vor der Geburt und während des intrauterinen Lebens ereignet. Die Welt, die man dort vorfindet, enthält den Schlüssel zur weiteren psychischen Entwicklung. Das zumindest bemühe ich mich in aller Bescheidenheit seit 1953 darzulegen.

Ich halte nicht allzuviel von dieser traumatisierenden Sichtweise der Geburt. Die Entbindung ist nach wie vor das schönste Liebesduett, das es zwischen zwei Menschen geben kann, ein außergewöhnlicher Augenblick, dem nichts gleichkommt. Natürlich ist dieser Akt mit Schmerz verbunden, doch auch mit jener Freude, die eine Frau zur Mutter macht und ihr eine Erfüllung ohne gleichen bringt. Man kann nicht oft genug wiederholen, daß die Entbindung eine wunderbare Begegnung zweier Körper sein kann, ein phantastischer Koitus. Kein Mann könnte einer Frau eine solche Befriedigung verschaffen, keine Beziehung könnte sie mehr beglücken.

Der erste Schrei

Über den Schrei des Kindes bei der Geburt ist viel diskutiert worden. Ist es ein Siegesgebrüll? Ein Verzweiflungsschrei? Werden wir es je wissen? Das Neugeborene wurde im Mutterleib über die Nabelschnur mit Sauerstoff versorgt. Jäh entfaltet es seine Lunge mit ihren 400 Millionen Lungenbläschen (Alveolen). Was für ein Schock! Was für eine Durchflutung! Man stelle sich diese seltsame Empfindung vor: Luft dringt in den Körper ein, und man wird mit Gewalt nach unten gedrückt. Was empfindet man? Freude? Ein befreiendes Gefühl? Schmerz? Wie sollen wir uns daran erinnern? Die Versuche, diesen »Urschrei« wiederzufinden, erscheinen lächerlich im Vergleich zu dem ursprünglichen Erlebnis. Andererseits kann es, wenn die Geburt unter schlechten Bedingungen abläuft, zu einer Prägung kommen, die zum Beispiel in bestimmten immer wiederkehrenden Träumen oder gewissen Phobien ihren Ausdruck findet. Eine falsche Lage der Nabelschnur während der Geburt führt zu dem unangenehmen Gefühl zu ersticken oder stranguliert zu werden, das das Kind lange nicht verlieren wird, manchmal sein Leben lang nicht.
Die Geburt, der Augenblick der Austreibung, scheint mir keine besondere Quelle von Traumata zu sein, doch die Art und Weise, wie das Neugeborene empfangen wird, kann ein Kind zutiefst prägen. Im Mutterleib lebte es wie ein König in seinem Palast, wie ein Glückspilz in einem Kokon. Ganz plötzlich platzt sein Universum, erweitert sich, bekommt völlig neue Dimen-

sionen. Es kann die Grenzen nicht mehr wahrnehmen, die Wände nicht mehr berühren. In diesem Augenblick kann Angst aufkommen, wenn die Umgebung ihm nicht dieses Gefühl der Sicherheit wiedergibt, das es auf einmal verloren hat.
Früher ließen die Hebammen das Baby sich allmählich an die Luft gewöhnen. Wenn die Lunge nach einigen Minuten zu arbeiten begann, schrumpfte die Nabelschnur zusammen, erschlaffte und hörte von selbst auf zu pulsieren. Dann erst setzte die Hebamme die Klammer und wartete die Nachgeburt ab. Heute wird die Nabelschnur oft sofort durchtrennt. Das ist ein wenig brutal. Das Kind hat sich noch nicht umgestellt und kann sich nur mit Mühe an die Funktionsweise der Lunge gewöhnen. Ich bin der Ansicht, daß es besser ist, den Prozeß sich allmählich vollziehen zu lassen, um einen sanften Übergang zur Lungenatmung zu gewährleisten.

Jähe Trennung

Das gerade geborene Kind will seine Mutter bei sich spüren. Plötzlich wird es von ihr abgeschnitten, wo es doch neun Monate lang nichts anderes als jene physische und psychische Verbindung mit seinem »Schöpfer« kannte. Es vermag seine Mutter nach der Geburt nicht zu sehen, doch es hört sie sprechen, es erkennt sie durch die Berührung, den Geruch... mit all seinen Antennen und Sinnen. Die Nabelschnur ist sehr stark. Ein Schnitt mit der Schere genügt nicht, sie zu durchtrennen. Sie verwandelt sich in ein Gefühlsband, das zwar unsichtbar, aber von kraftvoller Präsenz ist. Im übrigen schläft ein Baby viel ruhiger ein, wenn es die Mutter in seiner Nähe spürt. Aus diesem Grund brauchen Frühgeborene und Babys, deren Gesundheitszustand aus medizinischen Gründen eine vorübergehende Isolierung erfordert, eine besondere Betreuung, auf die ich später noch zurückkommen werde. Diese Überlegungen des gesunden Menschenverstands sind auch der Ausgangspunkt neuerer Experimente, in denen das Baby stundenlang unbekleidet auf dem nackten Bauch seiner Mutter liegen bleibt. Man kann alles übertreiben. Wir müssen Geduld haben. Mit der Zeit wird sich schon die goldene Mitte finden.

Im Krankenhaus wird die Trennung oft damit begründet, daß man Mutter und Kind Zeit zur Erholung geben will. Oft haben die Ärzte guten Grund, darauf zu bestehen, doch wenn diese Methode generell angewandt wird, müssen allzu viele Neugeborene Gefühle des Verlassenseins und Angstkrisen durchleben. Das Nervensystem bildet sich schrittweise aus: An der Peripherie nehmen die Sinneszellen zunächst an Ort und Stelle Erinnerungsbilder (Engramme) auf und bilden so das »archaische Gedächtnis«, ohne den Kortex zu mobilisieren. Wenn dieser dann berieselt wird, wird das, was bisher in den Sinneszentren gespeichert war, vom System entfaltet. Die Information breitet sich langsam aber sicher aus. So wird jede Anhäufung von schmerzlich erfahrenen Ereignissen auf das Gehirn des Neugeborenen projiziert. Das kann schlimme Folgen haben. Wird ein Kind jäh von dieser sprudelnden Quelle der Erinnerung, welche seine Mutter für ihn ist, getrennt, so fühlt es sich völlig verlassen. In einer solchen Lage fällt das Überleben schwer. Auf seiten der Mutter vollzieht sich ein Bruch in der Dynamik und Kraft ihrer Liebe. Dieses Wesen, das sie nun neun Monate lang in sich getragen hat, für viele Stunden verschwinden zu sehen, bedeutet eine harte Prüfung für sie.

Von ihren Müttern getrennt und in einem Raum zusammengelegt, schreien sich die Babys die Seele aus dem Leib und hindern sich gegenseitig am Schlafen. Nach einer Schnelldiagnose werden manche routinemäßig in einen Brutkasten gesteckt, und die Mutter darf sie nicht besuchen. Andere werden bestrahlt, damit sie sich aufwärmen, und tragen möglicherweise schwere Sehschäden davon. Wie wir schon sagten, kennt das Neugeborene von der Welt nur die Beziehung zu seiner Mutter. Wenn diese es zu verlassen scheint, was bleibt ihm dann noch? Wie könnte es den Kontakt zu ihr wiederherstellen? Es

sperrt sich, verschließt sich einer feindlich gewordenen Umwelt. Die psychischen Konsequenzen sind katastrophal. Später werden wir noch sehen, daß sie unter gewissen Ausnahmebedingungen die Ursache von Autismus sind.
Natürlich gibt es Fälle, wo eine Trennung unumgänglich ist. Dazu gehören die Frühgeborenen. Sie werden in Inkubatoren gelegt und leben dort völlig isoliert von der Außenwelt. Seit langem schon raten wir dazu, sie wenigstens mit der Stimme ihrer Mutter in Kontakt zu bringen, die sie über kleine Lautsprecher und über zwei oder drei am Kopf befestigte Vibratoren empfangen, wobei der Klang mit Hilfe des elektronischen Ohrs über die Knochenleitung vermittelt wird. Damit befinden sie sich wieder in der intrauterinen Horchsituation, die sie gerade verlassen haben. Die Wirkung ist unmittelbar: Die Kinder scheinen sich zu erholen, aber vor allem werden sie lebendiger und die neurovegetativen Regulationen normalisieren sich.

Türkische Drillinge in Bayern

Eine Abteilung der Münchener Universitätsklinik, die sich auf die Behandlung von Frühgeborenen in akuter Notsituation (mit weniger als einem Kilo Geburtsgewicht) spezialisiert hat, wendet unsere Techniken der auditiven Stimulierung an. Aufgrund der neuen Befruchtungsmethoden und der Zunahme der Hormonbehandlungen kommt es immer häufiger zu Mehrlingsgeburten. So hatte ich Gelegenheit, die Entwicklung von frühgeborenen Drillingen (drei türkischen Kindern) zu beobachten. Das erste erhielt keinerlei auditive Stimulierung, das zweite bekam unter dem elektronischen Ohr und unter intrauterinen Hörbedingungen Musik von Mozart zugespielt, und das dritte vernahm unter denselben Bedingungen wie das zweite die gefilterte Stimme seiner Mutter.
Das erste schlug sich mehr schlecht als recht durch und konnte die postnatale Notsituation nicht überwinden. Beim zweiten

erhöhte sich der Puls und pendelte sich zwischen 120 und 140 ein. Doch man sah, daß sein Tonus gut war, es war sehr stimuliert und zeigte schon große Lebenslust. Das dritte Kind war geradezu euphorisch. Mit seinen sechseinhalb Monaten pränatalen Lebens und einem Gewicht von nur 750 Gramm versuchte es schon, sich aufzurichten, und lächelte, wenn es die Stimme seiner Mutter vernahm. Sein Puls betrug 160 und war regelmäßig. Unter diesem großartigen Impuls fand es die Lebenslust wieder, die es im Mutterleib gekannt hatte.

Dieses Experiment beweist, daß wir den Frühgeborenen, die von den Ärzten vollkommen isoliert werden, ganz entscheidend helfen können, um ihnen eine Überlebenschance zu geben. Die Mutter kann nicht unbegrenzt bei ihnen bleiben. Manchmal muß sie selbst das Bett hüten, oder sie darf dieses von der Welt abgeschiedene Kind aus Gründen der Hygiene nur in größeren Abständen besuchen.

Würde man diese kleinen Wesen in der Stimme ihrer Mutter wiegen, in der Form, wie sie sie in ihrem uterinen Paradies kannten, bevor sie vorzeitig daraus vertrieben wurden, dann hätten sie weiterhin das Gefühl, von einer schützenden Muschel umgeben zu sein in diesem Behältnis, das an den Bauch der Mutter erinnert. Die vitale Beziehung, die für eine gute Entfaltung unerläßlich ist, wäre auf diese Weise weitgehend sichergestellt.

Das Krankenhauspersonal weiß die Kontrollgeräte und die verschiedenen Infusions- und Beatmungsapparaturen, die die Frühgeborenen nötig haben, bestens zu bedienen. Wenn ein elektronisches Ohr hinzukäme, würde dies wohl kaum mehr Schwierigkeiten machen.

In weniger komplizierten Fällen bleibt die Mutter in der Klinik und kann ihr Kind jederzeit in seinem Inkubator sehen. Doch für ihre Stimme bilden die Schutzscheiben ein unüberwindliches Hindernis. Trotzdem weiß das Kind, daß sie da ist. Es spürt ihre Anwesenheit mit Hilfe von Antennen, die es mit ihr verbinden, und über die wir noch gar nichts wissen. Doch manche

Frühgeborene müssen sehr lange in Behandlung bleiben. In solchen Fällen stellt das elektronische Ohr einen Ersatz dar, indem es permanent die mütterliche Botschaft unter intrauterinen Hörbedingungen ausstrahlt. Für das Frühgeborene ist sie genauso wichtig wie die Nahrung.

Ganz ohne Zweifel entgeht den Frühgeborenen die Möglichkeit, einen der intensivsten Augenblicke ihres vorgeburtlichen Lebens zu erfahren, nämlich den der letzten Monate der pränatalen Erkundung, in denen der ganze sensorische und neurologische Apparat das Menschenjunge vorbereitet. Manche können diesen Mangel nie mehr ausgleichen, diese dramatisch erlebte Isolation. Sie haben während ihres ganzen Lebens mit großen psychischen Problemen zu kämpfen. Diejenigen aber, denen es gelingt, dieses Hindernis zu überwinden, entwickeln eine phänomenale Lebenslust.

Ein eherner Schutzschild

Die Psyche des ungeborenen Kindes ist bereits stark entwickelt und deshalb um so einflußreicher, weil sein Gehirn noch ganz neu ist. Die Eindrücke, die es erhält, werden so viel intensiver aufgenommen. Es befindet sich im Einklang mit der psychischen Befindlichkeit der Mutter und reagiert in Analogie zu ihren Einstellungen und Empfindungen, obwohl zwischen ihnen keine direkte neurologische Verbindung besteht.

Die Nabelschnur wächst nämlich nicht aus der Mutter heraus, wie man es sich naiverweise oft vorstellt. Wenn das befruchtete Ei im Uterus ankommt, nistet es sich selbst in der Gebärmutterwand ein und baut sich sehr bald ein Fundament: die Plazenta (Mutterkuchen). Daraus wächst die Nabelschnur hervor wie der Stamm eines Baumes, dessen Wurzeln im Erdboden verankert sind. Zwischen Fetus und Mutter besteht dieselbe Beziehung wie zwischen Samenkorn und Erde. Es sind zwei eigenständige Elemente.

Wie die Wurzeln sich aus den Erdsäften nähren, beziehen die Zotten der sich herausbildenden Plazenta ihre Nahrung aus der Gebärmutterschleimhaut, die jetzt sehr stark durchblutet ist. Aber sie nehmen nicht alles auf. Sie wählen die für die Entwicklung des Kindes unerläßlichen Stoffe aus, verleiben sich gewisse Mineralsalze ein, weisen andere von sich und sondern toxische Stoffe aus.

Die Plazenta stellt einen mächtigen Schutzwall dar, ein Konzentrat aus Stoffen, aus denen sich der Keimling ganz unbesorgt Hormone, Wirkstoffe und Bausteine für sein Wachstum herauspicken kann. Diese großartige »Stoffwechselfabrik« schützt das Kind. Doch in gewissen Fällen kann dieser Schutz gegenüber besonders starken Viren versagen. In der Vergangenheit galt dies insbesondere für die Syphilis, heute gilt es für Aids: 30 % der Kinder HIV-positiver Frauen sind ebenfalls HIV-positiv.

Die Medizin kommt auch andernorts auf die erstaunlichen Fähigkeiten dieser lebenden Masse zurück, die die Plazenta darstellt. Die Injektion von Plazentaextrakten kann bei Revitalisierungs-, Regenerations- und Verjüngungskuren sehr wirksam sein. Andererseits kann eine falsch placierte oder nur schlecht mit dem Uterus verbundene Plazenta wegen ungenügender Durchblutung zu einer Mangelversorgung des Kindes führen. Die Plazenta kann eine zu geringe Durchlässigkeit aufweisen, den Ansatz einer Verkalkung, die die Blutzirkulation blockiert und die Zotten lahmlegt. Der Austausch kann sich dann nicht mehr ungestört vollziehen. Diese Plazentainsuffizienzen können schwerwiegende Folgen haben und sogar zum Absterben des Fetus führen.

Der Mutterkuchen, dieser Implantationssockel, diese regelrechte Scheidelinie, bewirkt im übrigen auf ganz erstaunliche Weise Wachstum, Erneuerung und Dynamisierung, denn er macht es einem kleinen Ei möglich, zum Embryo zu werden, dann zum Fetus, und diesem genügend Energie zu verleihen für seinen endgültigen Absprung.

In der Medizin wird immer ernsthafter daran gedacht, Plazentaextrakte einzusetzen zur Revitalisierung und im Kampf gegen Erschöpfung und die Folgen des Alterns. Vor noch 45 Jahren wäre es unvorstellbar gewesen, daß man eines Tages den Nährstoffreichtum der Plazenta würde nutzen können.
Die Plazenta ist eine erstaunliche Energiequelle. Im Zusammenhang mit dem embryo-fetalen Wachstum wird sie im Lauf der Monate immer reichhaltiger. Wenn dieser Prozeß mit der Geburt zum Abschluß kommt, hat sie ihre Reserven noch längst nicht erschöpft. Vielleicht enthält sie in diesem Augenblick ein Höchstmaß eines hormonellen vitamin- und immunstoffreichen Ferments, das wir uns eines Tages nutzbar machen werden.
In der Ontogenese (Entwicklungsgeschichte) der Organe, steht für uns das Primat des Ohres, genauer gesagt des Vestibulums, gegenüber den anderen Sinnesorganen außer Zweifel. Deshalb ist es auch das erste Opfer der intrauterinen Angriffe auf den Fetus. Wie schon gesagt, können die meisten Erkrankungen der Mutter diesen mächtigen Schutzwall, den der uterine »Schild« darstellt, nicht passieren. Das Kind befindet sich in Sicherheit und kann sich normal entwickeln. Doch gewisse Giftstoffe (wie das Nikotin) und gewisse Infekte (wie der Rötelnvirus) können ihn trotz alledem durchdringen. Wenn die Mutter von einem hartnäckigen Virus attackiert wird, kann dies schwerwiegende Konsequenzen für die Entwicklung der Sinnesapparate und das Gehirn des werdenden Kindes haben.
Die Gebärmutterwand kann dem Eindringen mancher Medikamente, deren Nebenwirkungen wir nicht im Griff haben, manchmal nur schlecht standhalten. Nur zu gut sind die Kontroversen in Erinnerung, die gewisse Medikamente auslösten, die unter dem Verdacht standen, die Entwicklung von bestimmten Organen oder Körperteilen zu beeinträchtigen. Andere schädigten sogar die Gene oder Chromosomen des Kindes. Bis vor nicht allzu langer Zeit stand die Wissenschaft solch dramatischen Situationen völlig hilflos gegenüber. Heute macht

die Fetalchirurgie neue Hoffnung und eröffnet sehr ermutigende Perspektiven.

Das Vermächtnis der Angst

Eine ganze Generation von Geburtshelfern ging davon aus, daß schwanger zu sein der Normalzustand der Frau sei. Heute würde eine solche Einstellung Stürme des Protests auslösen. Ein Kind zu erwarten, wird nur allzu oft als Last empfunden. Manchmal frage ich mich, ob in unserer Gesellschaft Kinder überhaupt noch einen Platz haben. Sie werden gleichgesetzt mit einer Beschneidung der Freiheit, einer Durchkreuzung der Karrierepläne oder Vereitelung von Urlaubsprojekten. Im Zeitalter der Sozialversicherung und des Wohngeldes scheint eine Familie zu gründen schwieriger zu sein, als auf dem Mond zu landen. Wer, so frage ich mich, hat den Frauen ihren Wunsch, Mutter zu werden, geraubt? Vielleicht die Männer, die es ihnen ausgetrieben haben, sich zum »Schöpfer« zu erheben und die schönste aller Fähigkeiten zu verwirklichen: Leben zu schenken.
Die psychische Situation, in der die Schwangerschaft stattfindet, ist von großer Bedeutung für das Mutter-Kind-Paar. Deswegen fragen wir bei unseren Gesprächen mit den Müttern immer, ob das Kind erwünscht war, ob der Vater auch dafür war, ob die Umgebung es positiv aufgenommen hat. Vielleicht wurde das Kind das Opfer eines Abtreibungsversuchs, vielleicht mußte die Mutter schwierige Zeiten durchstehen (Scheidung, Trennung...), oder sie war entsetzt, als das Kind sich ankündigte.
Bei den schlimmsten Fällen versuchen wir, die pathologischen Begebenheiten, die für angeborene Behinderungen verantwortlich sind, herauszufinden. Die Frauen machen sich große Sorgen wegen kleiner »Unfälle«, zu denen es während der Schwangerschaft gekommen war: Sie sind die Treppe hinuntergefallen, hatten einen Sturz beim Skilaufen... Im allgemeinen fügen solche »Bagatellen« dem Kind keinen Schaden zu, aber sie steigern

die Angst der Mutter. Manche anderen Ereignisse können der Schwangeren sehr nahegehen, zum Beispiel der Verlust eines Elternteils oder eines lieben Freundes. Solch eine Erfahrung kann zu einem ganz besonders starken Angstauslöser werden. Nichtsdestotrotz wird die Mutter nach der Niederkunft wieder zur Normalität zurückkehren. Dank ihrer Aktivitäten, ihres Mannes, ihrer Umgebung und ihrer Lebenskraft kommen die Dinge wieder ins Lot. Der Säugling hingegen wird diese Angst, die er mit seiner Mutter geteilt und von ihr als Erbe mitbekommen hat, weiter in sich tragen, wenn man ihm nicht hilft, sie auszulöschen. Sie kann in ihm wachsen und ihn während seines ganzen Lebens begleiten. Sie ist die Wurzel von Schulschwierigkeiten, und vielleicht wird sie ihn richtig krank machen.

Die Großmütter mischen mit

Vor noch vierzig Jahren wäre niemand auf die Idee gekommen, daß ein Kind schon im Mutterleib psychische Probleme haben kann. Heute scheint sich alle Welt dafür zu interessieren.
Der Fetus paßt sich den Rhythmen, Intonationen und Stimmungen seiner Mutter an. Er schwingt mit ihr mit und teilt ihre Probleme. Wenn sie psychisch krank ist, kann das Kind sehr leicht zum nächsten Opfer dieser Krankheit werden. Der amerikanische Psychiater L. Salk sprach bereits 1960 davon, und ich selbst konnte dieses Phänomen schon in zahlreichen Fällen beobachten.
Nichts ist »löslicher« und leichter »übertragbar« als die Angst. Sie kriecht in die Stimme der Mutter, in ihre Art, mit anderen umzugehen, in ihre Weise, mit dem Neugeborenen zu kommunizieren oder die Kommunikation zu verweigern. Die Angst nimmt vielleicht hormonelle Wege, die wir noch nicht kennen. Ihre Prägung ist beträchtlich. Eine Frau, die während der Schwangerschaft psychisch gestört ist, macht ihr Baby zu einem Satelliten der Angst, der losgelöst im Raum schwebt, ohne Be-

zugspunkt und ohne Hoffnung auf Rückkehr. Nach der Entbindung normalisiert sich ihr Leben wieder, sie nimmt ihre Beschäftigungen wieder auf, die ihr ein Gefühl der Sicherheit verleihen, und überwindet ihre Depression. Woran aber soll sich das Baby festhalten? Es kann nichts tun, ist ohne Gleichgewicht und voller Verzweiflung, die es zeit seines Lebens wie ein Schatten begleiten wird. Und wenn es ein Mädchen ist, wird sein Kind eines Tages unter genauso katastrophalen psychischen Bedingungen geboren werden.

Diese »psychische Vererbung« kann sehr weit gehen, sich über drei Generationen hinweg fortpflanzen und sich dabei verschlimmern. So wird bei einem starken Psychotiker die Mutter unglückliche Erfahrungen mit der eigenen Mutter gemacht haben, welche ihrerseits bereits gewisse Anomalien gehabt haben wird. Der Enkel oder die Enkelin bezahlen also die Rechnung. Wie sollten sie sich im übrigen dagegen schützen?

Wenn ein Kind mit psychischen Schwierigkeiten zu uns kommt, verlangen wir immer die Mitwirkung der Mutter (oder auch des Vaters). Die mütterliche Stimme wird mittels unserer Apparate gefiltert und so wiedergegeben, wie sie im Uterus zu vernehmen wäre. Das Ziel ist, eine Kommunikation wiederherzustellen, die in den Widrigkeiten des Lebens verlorengegangen ist. Die Mütter nehmen bereitwillig an diesem Experiment teil. Doch wenn ich sie – vor etwa dreißig Jahren – darum bat, die Großmutter mitzubringen, war das Protestgeschrei groß!

Die Großmütter sind im übrigen gerne bereit, ihre Stimme zur Verfügung zu stellen. Sie wissen, daß sie der Ausgangspunkt des Systems und der Beziehungsschwierigkeiten des Kindes sind. Die klinischen Ergebnisse haben gezeigt, daß ich recht hatte. Muß man in der Entstehungsgeschichte psychischer Störungen noch weiter zurückgehen? Ich glaube, daß der Zähler nach drei Generationen wieder auf null steht, denn die vierte kommt im allgemeinen recht gut davon.

Licht und Dunkel

Unser intrauterines Leben werden wir nie vergessen, und besonders der Augenblick, in dem wir auf die andere Seite wechselten, hinterläßt tiefe Spuren in uns. Immer wiederkehrende Träume sind ein Zeichen dafür, und solche Träume kennt ein jeder von uns. Bis zum Alter von drei Jahren erzählen viele Kinder, daß sie das Gefühl haben, nachts aus einem Tunnel herauszukommen oder auf eine leuchtende Öffnung zuzugleiten. Sie landen auf Sand oder auf Erdboden (immer ist es etwas Trockenes) und entdecken ein Tier oder einen Menschen, der sie erwartet. Dies sind sehr positive Geburtsträume, in denen immer das Thema des Fallens vorkommt und die Eindrücke und Positionen wiedergeben, die während der Geburt erlebt wurden. Sie sind völlig angstfrei. Diese Kinder hatten ganz offensichtlich Lust, geboren zu werden.
Doch der Traum kann zum Alptraum werden. Das Kind fällt in ein schwarzes Loch, das gar kein Ende nehmen will und immer düsterer wird. Es läuft eine endlos lange, sich in der Finsternis verlierende Treppe hinab, während seine Angst immer größer wird und es das Gleichgewicht verliert. Unten, auf einer meist flüssigen Fläche (zum Beispiel einem mit schwarzem Wasser gefüllten Becken, manchmal auch auf einer steinharten Fläche) wird es von einem seltsamen Tier (das oft als Dinosaurier oder Schlange beschrieben wird) erwartet.
Die meisten Kinder wachen vor dem Fall auf... man findet sie dann manchmal am Fuß ihres Bettes wieder. Das ist nicht weiter schlimm. Doch manchmal geht die Sache wirklich schlecht aus. Manche Kinder erleben ihre Selbstvernichtung: Sie ertrinken in der Flüssigkeit oder werden auf einem Felsen zerschmettert. All diese Träume bedeuten dasselbe: zurückgehen, wieder im Uterus sein, in die flüssige Umgebung zurückkehren, in der man sich wohl fühlte, diesen seltsamen Tempel wieder aufsuchen, der vielleicht feindlich, aber vertraut ist.

Wir sind alle gespalten: Einerseits sind wir froh, da zu sein, unter den Menschen, andererseits aber sehnen wir uns nach jener Zeit zurück, in der wir beschützt vor der Welt im Bauch der Mutter lebten. In einer Art Schizophrenie haben wir Heimweh nach jenem verlorenen Paradies, das sich uns so scharf ins Gedächtnis eingeprägt hat.

Der Mensch ist dazu verdammt, sein Leben lang geboren zu werden, denn er verliert nie dieses mehr oder weniger angenehme Gefühl, aus einer Enge hervorzutreten. Das Kind verläßt den Uterus, dann seine Wiege, sein Zimmer, das Haus seiner Eltern, manchmal sogar das Land, in dem es geboren wurde. Immer wieder vollzieht sich eine Geburt, bis hin zum letzten Dahinscheiden...

Die große Reise

In der Literatur finden sich zahllose Zeugnisse von Männern und Frauen, die eine sogenannte Todeserfahrung gemacht haben. Diese Fälle werden sich in Zukunft noch häufen, denn die Medizin hat so große Fortschritte gemacht, daß jemand, den man früher schon längst aufgegeben hätte, heute oft noch gerettet werden kann. Die Beschreibungen ähneln sich. Die »Opfer« (oder vielmehr die Glückspilze, denn sie hatten das Glück, eine solche Erfahrung machen zu können) erzählen, daß sie das Gefühl hatten, einen Tunnel zu durchqueren. Schleimige Wände engten sie ein, das Leben schien wie im Zeitraffer noch einmal vor ihnen abzulaufen, sie hätten keinerlei Angst gehabt und seien schließlich in Licht gebadet aus dem Tunnel herausgekommen, als ob der Tod die wahre Geburt sei.

Mich selbst hat man auch schon einmal totgesagt. Das ist jetzt zwanzig Jahre her. Damals wußte ich noch nichts von diesen Phänomenen, die heute Thema ernsthafter Studien sind. Ich war nach einem langen Arbeitstag erschöpft von Paris nach Madrid aufgebrochen. Über der spanischen Hauptstadt mußten wir kreisen, weil das Flugzeug wegen eines Streiks des Bodenpersonals keine Landeerlaubnis bekam. Plötzlich fühlte ich mich wie betäubt. Herzinfarkt. Mein Herz schlug nicht mehr. Ich war in einem fürchterlichen Zustand. Es gab einen Arzt an Bord, einen Südamerikaner. Er stellte den Totenschein aus und bat um Landeerlaubnis.

Die Polizisten, die meinen Zustand überprüft hatten, ließen mich freundlicherweise allein in einem Zimmer zurück. Einige Stunden später kam ich wieder zu mir, als wenn nichts gewesen wäre, aber ich hatte das seltsame Gefühl, als sei da ein Loch in meinem Leben, ein Bruch von mehreren Stunden. Ich erholte mich schnell wieder und konnte zwei Tage lang ohne besondere Ermüdungserscheinungen völlig problemlos im Madrider Zentrum Behandlungen durchführen. Hin und wieder hatte ich den Eindruck, durch irgend etwas hindurchgegangen zu sein, ein seltsames, aber intensives Gefühl, das mich nicht mehr losließ. Im Anschluß daran war ich in Freiburg, wo andere Arbeit auf mich wartete. Da brach ich plötzlich zusammen. Ich schlief acht oder zehn Stunden lang wie erschlagen und war acht Monate lang völlig erschöpft, so daß ich keinen Fuß vor die Tür setzen konnte, außer um einmal kurz frische Luft zu schnappen.

Während dieses Gangs durch den Tod hatte ich Zeit genug gehabt, mein ganzes Leben noch einmal zu durchleben. Ich spürte sehr wohl eine Unterbrechung des Rhythmus, einen Einschnitt, aber ich verstand, daß das Leben stärker ist als alles andere, und daß es unser individuelles Erleben relativiert, indem es uns hinausstößt und Übergänge erzwingt. Dank dieser Todeserfahrung weiß ich nun, daß man das Leben loslassen muß, um zu leben.

Zeit zum Leben

Es ist sehr schwer zu bestimmen, wann der Tod einsetzt. Die allgemeine Lebenserwartung nimmt zu, und die Medizin kann Kranke retten, die man gestern noch zu Grabe getragen hätte. Reisen in die Todeszone werden immer häufiger werden. Wir verlieren uns in Spekulationen vor dieser geheimnisvollen Tür. Was erwartet uns, wenn sie sich eines Tages, an unserem Lebensabend, für uns öffnet?
Nachdem ich diese Erfahrung gemacht hatte, bin ich noch vielen Männern und Frauen begegnet, die wie ich die Möglichkeit gehabt hatten, vor der Zeit einen Blick durch den Türspalt zu tun. Uns alle hat dieses Abenteuer verändert. Wie sollte es auch anders sein? Aus meinen Gesprächen mit ihnen habe ich die feste Überzeugung gewonnen, daß das Hinübergehen nicht schlimm ist und man überhaupt keine Angst vor dem Tod zu haben braucht. Je älter jemand wird, desto sicherer ist er sich dessen, denn seltsamerweise fürchten wir den Tod am meisten, solange wir Kinder sind. Natürlich besteht kein Anlaß, sich zu beeilen. Wir haben Zeit! Unser ganzes Leben ist ein immer wieder neues Geborenwerden. Es gibt Zwischenfälle und Brüche, aber die Lebensdynamik läßt uns Schwellen überschreiten und treibt uns dazu weiterzugehen.
Als Menschen hoffen wir, so lange wie möglich auf dieser Welt zu bleiben. Die Medizin hat die Grenzen des menschlichen Lebens hinausgeschoben. Nach Meinung gewisser Forscher läßt unser »Programm« zu, daß wir etwa ein Alter von 120 Jahren erreichen. Vielleicht werden die Weiterentwicklung der Vorsorgemaßnahmen und die Fortschritte in der Genforschung uns eines Tages so weit bringen. Aber lohnt es sich denn, 120 Jahre lang wiederkäuend auf einer Wiese zu stehen? Konrad Lorenz hätte gerne dieses kanonische Alter erreicht. Als er gefragt wurde, warum, antwortete er: »Aus Neugierde.« Wie schade für ihn (und für uns!): Er ist mit 86 Jahren gestorben. Ich fand seine Antwort großartig. Es lohnt sich zu leben, wenn man so kreativ

und den Mitmenschen gegenüber so aufgeschlossen ist wie er. Ein Gehirn hört nie auf zu arbeiten, vorausgesetzt, daß es Nahrung in Form von Gedanken erhält und die Gesellschaft die Alten nicht zwangsweise aufs Abstellgleis schiebt, nur weil sie ein bestimmtes Alter erreicht haben.

Wir verwechseln Lebensdauer und Lebensqualität. Was heißt es schon, lange oder kurz zu leben? Es kann sein, daß ein Säugling in wenigen Tagen mehr aufnimmt, als wir es in unserem ganzen Leben tun. Was ist das schon, angesichts der Ewigkeit? Sophokles schrieb seinen *König Ödipus* mit 80 Jahren, Einstein erhielt schon mit 20 den Nobelpreis, und Mozart ist im Alter von 36 Jahren gestorben... Ich bin immer wieder erstaunt, wie wenig hohes Alter mit Weisheit oder Charakterstärke zu tun hat. Die von uns so bewunderten Philosophen der Antike lebten zu einer Zeit, als die Menschen im Durchschnitt keine fünfzig Jahre alt wurden. Hat das zwanzigste Jahrhundert mit seiner erhöhten Lebenserwartung mehr literarische oder philosophische Meisterwerke und größeren wissenschaftlichen Fortschritt hervorgebracht?

5 Die Mutter als Inbegriff des Glücks

Das Paradox des Aspirins

Eines Tages habe ich festgestellt, daß die Stimme der Mutter, wenn man sie so filtert, daß nur die hohen Töne passieren können, die erstaunliche Fähigkeit besitzt, im Zuhörer Empfindungen wieder aufleben zu lassen, die bis in sein intrauterines Leben zurückreichen. Ich habe diese Entdeckung schon sehr früh gemacht und war völlig überwältigt von den unerwarteten Ergebnissen, so daß ich mich fragte, was ich damit anfangen sollte, denn ich hatte keinerlei theoretisches Gerüst, um dieses Phänomen zu erklären. Dann habe ich mir gesagt, daß wir schließlich auch das Aspirin schon seit geraumer Zeit mit Erfolg einsetzen, ohne wirklich zu wissen, wie dieses Medikament wirkt. Muß die Theorie die klinischen Ergebnisse bremsen, wenn diese offensichtlich sind, keine Risiken bergen und wir die Nebenwirkungen im Griff haben? Hat man das Recht, die Menschen leiden zu lassen unter dem Vorwand, daß die Medizin die Mechanismen einer Therapie noch nicht voll und ganz verstanden hat? Ich hatte zeit meines Lebens das Glück, praktische Ergebnisse zu erzielen, die dermaßen eindrucksvoll waren, daß ich es mir erlauben konnte, die theoretische Untermauerung auf morgen zu verschieben.

Die anderen HNO-Ärzte – wie im übrigen die ganze Ärzteschaft – hielten diese Geschichte des Hörens unter intrauterinen Bedingungen für eine Spinnerei. Ich habe mich darüber hinweggesetzt. Heute erkennen die Psychologen allgemein an, daß der Fetus hört, doch sie gestehen ihm nur die tiefen Frequenzen zu. Das vorliegende Buch entlarvt diese neue Art von Vorurteilen. Bestimmt werden sie sich von dem Tag an, an dem sie feststellen, daß das werdende Kind nur für die hohen Frequenzen empfänglich ist – so, wie es sie durch die Stimme seiner Mutter vernimmt –, für die psychologischen und physiologischen Mechanismen des Ohres interessieren. Um nun aber diesen komplexen Apparat richtig zu verstehen, muß man ihn in seiner doppelten Entwicklung sehen: der geschichtlichen und der individuellen. Man muß sich in das Dunkel der Zeiten und das Dunkel des Uterus begeben. Weiter unten werde ich den Leser dazu einladen, mich in dieser doppelten Odyssee zu begleiten. Leider ist festzustellen, daß für den Großteil der Ärzteschaft die Mechanismen des Hörens böhmische Dörfer sind. Sie bleiben einer mechanistischen und organizistischen Sichtweise der mit dem menschlichen Gehör in Verbindung stehenden Phänomene verhaftet. Wie entschlüsselt das Ohr die akustischen Schwingungen? Wie konnte es zur ersten Adresse für die Aufnahme der Sprache werden, jener so komplexen und feinen Laute?

Durch eingehende Überlegung und aufgrund gewisser klinischer Ergebnisse im Zusammenhang mit schweren Erkrankungen des Hörapparats (wie dem Ménièreschen Drehschwindel) glaube ich gewisse Entdeckungen gemacht zu haben, die beweisen, daß die traditionelle Sichtweise in einer Sackgasse angelangt ist. Ich habe dies in meinem 1989 veröffentlichten Werk *Vertiges* (Ergo-Press) ausführlich dargelegt. Heute bin ich davon überzeugt, daß Klang immer eine Angelegenheit der Knochenleitung ist, für die nur das Innenohr empfänglich ist. Das Mittelohr (das aus einer kleinen knöchernen Brücke gebildet wird) hat lediglich die Aufgabe, den umgebenden Knochen im Einklang mit dem Rest der Knochenleitung schwingen zu lassen.

Couch oder Maschine?

Als ich mit meiner »intrauterinen« Behandlungsmethode begann, waren die Psychoanalytiker völlig perplex, wie schnell tief vergrabene Erinnerungen bis hin zum embryonalen Leben zum Vorschein kamen. Ich glaube auch, daß sie erschrocken waren – und dieses Wort ist nicht übertrieben – über die Wirkung der mütterlichen Stimme. Sie hatten keine Ahnung davon, was für eine starke Prägung (Imprinting) sie darstellt. »Das geht zu schnell«, haben sie mir gesagt.

Was sie auch sehr verwunderte, war, daß diese Ergebnisse mittels einer ganz gewöhnlichen Maschine zu erzielen waren. Sie fanden immer, daß damit die Rolle des Psychologen in Frage gestellt werde und der analytische Kontakt verlorengehe. Es war aber nie meine Absicht, den Therapeuten durch eine Maschine zu ersetzen. Solcherlei Anmaßung liegt mir fern. Die Verwendung des elektronischen Ohrs vergrößert sogar den menschlichen Handlungsspielraum, da es dem Therapeuten erlaubt, nicht nur ein paar wenige, sondern eine Vielzahl von Patienten zu behandeln.

Ich vergleiche unsere Rolle oft mit der des ärztlichen Geburtshelfers. Wenn alles gut geht, gibt es keinen Grund einzugreifen. Wir sind nur für den Fall da, daß es Komplikationen gibt. Der Gynäkologe im Kreißsaal überprüft, ob die Lage des Kindes richtig ist, ob der Kopf in einer Achse mit dem Muttermund liegt, ob die Schulter sich richtig entwickelt... Und unsere Therapeuten beobachten bei der »akustischen Geburt« genauso aufmerksam den Übergang vom intrauterinen Hören zum Hören in Luft. Sie fungieren als therapeutische Führer, die genau wissen, was dieser »heikle« Übergang mit seiner Vielzahl an Erinnerungen und besonderen Empfindungen bedeutet.

Eine Reise in die Vergangenheit

Im Lauf der Therapie unter dem elektronischen Ohr sind die Klienten über manche ihrer Reaktionen höchst erstaunt. Wir bitten sie im übrigen, diese in einem kleinen Logbuch zu notieren, das sie während ihrer ganzen »Reise« begleitet. Manchmal glauben sie sich auf dem Grund eines Schachtes, aus dem es kein Entrinnen gibt, manchmal haben sie den Eindruck, im Wasser zu leben, oder sie möchten am liebsten in einer Höhle leben, sich beruflich verändern oder einfach nur das Zimmer verlassen, in dem sie sich gerade befinden... All das kann in gewisser Weise schockierend wirken. In diesen Augenblicken steht der Psychologe den Klienten zur Seite und versichert ihnen, daß solche Empfindungen ganz normal sind und daher kommen, daß man frühere Lebensabschnitte noch einmal durchlebt. Dies wirkt sehr beruhigend, und die Klienten werden noch gelassener, wenn sie feststellen, daß die seltsamen Eindrücke nur vorübergehend sind.

Ich muß zugeben, daß am Anfang, als ich mit diesen Phänomenen noch nicht genügend vertraut und meine elektronische Apparatur noch nicht schnell genug war, meine Patienten manchmal zu lange in Angst schwebten. Heute wird der ganze Weg in wenigen Sitzungen zurückgelegt, und die Etappen, die zur Beherrschung der Empfindungen führen, sind schnell durchlaufen. Man braucht nur wenige Stunden und wenige Sitzungen, um die Angst zu zerstreuen.

Wir kennen den Ablauf nun besser, wir wissen, in welchem Augenblick der Patient den Wunsch, geboren zu werden, das heißt herauszukommen und zum normalen Hören überzugehen, zeigt. Jeder Psychologe, der sich für diese Methode interessiert, wird genauso schnell vorankommen wie wir. Wir sind auch keine Wunderheiler. Mit dem elektronischen Ohr hat man ein sehr effektives Mittel zur Verfügung, um eine Beziehung zu Mutter oder Vater zu knüpfen oder jedes beliebige andere Problem zu lösen, das mit einer schmerzhaften Erfahrung verbunden ist.

Man muß nicht mehr etliche Tage – oft sogar Jahre – damit verbringen, über ein unmöglich aufzuarbeitendes System zu sprechen. Auf einer Couch sein Leben erzählen – warum nicht? Interpretationssysteme zu entwickeln – das kann interessant sein. Aber die sensumotorischen Prozesse aufzuspüren, die die Wurzel eines Verhaltens oder einer Erkrankung darstellen, das ist viel effizienter.
Wenn man die entsprechend den intrauterinen Verhältnissen gefilterte Stimme seiner Mutter vernimmt, durchlebt man, unabhängig vom eigenen Alter, erneut einen fetalen Zustand. Dieses Wiederaufleben löst ein Erinnern alter, sehr gut bewahrter Engramme aus, denn wir verlieren keine unserer im pränatalen Alter gemachten Empfindungen oder Erfahrungen.

Auf dem Weg in die Hitparade

Eine Mutter hat das Bedürfnis, intensiv mit dem Wesen, das sie in sich trägt, zu kommunizieren; dazu braucht sie keine theoretischen Kenntnisse über die Bedeutung der auditiven Stimulation im Uterus. Eine Frau, die ihre Schwangerschaft akzeptiert, hat im allgemeinen eine gute Körperhaltung, denn der Uterus, der nach vorne wächst, veranlaßt sie, sich stärker aufzurichten; das fördert die Übertragung der mütterlichen Stimme zum Baby. Ob sie nun sitzt oder steht, nimmt die werdende Mutter spontan die aufrechte Haltung der Opernsänger, der Schauspieler und all derer ein, die die Stimme zu ihrem Handwerkszeug gemacht haben. Aber wenn sie – abgesehen von Fällen, in denen der Arzt wegen Komplikationen Bettruhe verordnet hat – die meiste Zeit auf dem Sofa herumliegt oder sich ins Bett verkriecht, kommt die Nachricht nicht so gut an, und die Informationen sind verfälscht.
Sollte man also noch einen Schritt weitergehen, wie es bestimmte im Krankenhaus von Pithiviers – der berühmten Klinik für perinatales Experimentieren – praktizierte Methoden nahelegen, und

die werdenden Mütter dazu anregen, sich einer intensiven und umfassenden Schulung im Singen spezieller Lieder zu unterziehen? Als die Psychologenwelt vor einigen Jahren den Einfluß der mütterlichen Singstimme entdeckte, interessierte man sich für die Arbeiten der ehemaligen Sängerin Marie-Laure Aucher, der Begründerin der *Association Française de Psychophonie* (AFP). Da diesen Spezialisten aufgefallen war, daß singende Mütter im allgemeinen aufgewecktere Kinder zur Welt bringen, entwickelten sie eine Methode, die eine richtige Gesangsausbildung für die Mütter vorsieht, die ihnen ein ganzes Repertoire von Liedern für die Zeit der Schwangerschaft und die ersten Monate nach der Entbindung zur Verfügung stellt. Marie-Laure Aucher empfiehlt gewisse »auf den jeweiligen Schwangerschaftsmonat abgestimmte Sprüche, die mit lauter, schöner Stimme rezitiert werden« und behauptet, man könne damit »geheime, tief empfundene Wahrnehmungen auslösen« und »eine sehr starke Kommunikation zwischen den beiden Wesen herstellen«.
Zunächst schöpfte die »Psychophonistin« das klassische Repertoire der »traditionellen Lieder, die die Jahrhunderte überdauert haben, und mit denen das Kind in den ersten Lebensjahren seine innere Bühne bevölkern wird«, aus. Als sie schließlich feststellte, daß die Eltern oft keine Ahnung von der Sprache ihres Babys hatten, hat sie ihnen ihre eigene geliehen, denn sie »schrieb eine Reihe von Stücken, in denen das Kind mit seiner Mutter spricht« und »schuf menschenfreundliche Lieder«. Wir sind von einem Extrem ins andere gefallen, von der Mißachtung der mütterlichen Stimme zu ihrer karikaturhaften Verklärung. Sollte man die Mütter wirklich dazu anregen, sich – mit den Worten der Begründerin dieser Methode – in ein »abendländisches Yoga« zu stürzen, welches nichts Geringeres zum Ziel hat, als »unsere transzendentalen psychosomatischen Strukturen aufzuspüren«? Man muß sich fragen, ob ein Kind nach einer solchen Behandlung wirklich noch Lust hat, in eine so verrückte Welt geboren zu werden.
Unser Anliegen kann nicht sein, Opernsängerinnen oder Schlagerstars für die Hitparade auszubilden. Es geht vielmehr darum,

einer Mutter zu helfen, dem Baby, das sie erwartet, ihre Liebe mitzuteilen. Wenn sie oft und gerne singt, so soll sie dies tun. Wenn sie über ein sehr reichhaltiges Repertoire an Geschichten für Kinder verfügt, so soll sie sie erzählen. Aber sie soll sich nicht dazu zwingen, soll natürlich bleiben...

Wir regen die Mütter dazu an, mit ihrem werdenden Kind zu sprechen, ihm kleine Geschichten vorzulesen... und dabei schön aufrecht zu sitzen, um eine optimale Weiterleitung ihrer Stimme zu gewährleisten. Bei diesem Dialog ist es die Absicht, die zählt. Wir können die Auswirkungen nicht messen, doch wir können sicher sein, daß die Stimme gut ankommt und das Kind besonders aufmerksam dafür ist.

Wie wir gesehen haben, beginnt der Körper der Schwangeren zu singen, Klänge versetzen das Knochensystem in Schwingung. Deshalb versteht es sich von selbst, daß sie Orte, an denen der Lärmpegel zu hoch ist oder wo ungünstige akustische Verhältnisse herrschen, meiden sollte. Oberhalb von 110 Dezibel wird es gefährlich, und die in Diskotheken oder bei Rockkonzerten gespielte Musik stellt ein sehr großes Risiko für den Fetus dar. Der Schutzschirm platzt, was oft irreparable Schäden zur Folge hat.

Im übrigen sind diese Ratschläge an die Schwangere, »mit dem künftigen Neugeborenen zu sprechen« oder »ihm vorzusingen«, überflüssig, denn zu allen Zeiten haben die Mütter ganz natürlich mit ihrem Fetus gesprochen – zum großen Erstaunen ihrer Umgebung, die sie manchmal bei seltsamen Monologen ertappt. Sie haben es nie zugegeben, bis heute, weil sie befürchteten, für verrückt erklärt zu werden.

Die wahre Muttersprache

Wenn eine Mutter ihren ältesten Sohn zu uns bringt, bitten wir sie um eine Aufnahme ihrer Stimme, die zur therapeutischen Verwendung gefiltert wird. Wenn sie der Ansicht ist, daß auch der jüngste unter dem elektronischen Ohr behandelt werden sollte, verwenden wir dann dieselbe Aufnahme? Wir haben festgestellt, daß die erste Version hierfür unbrauchbar ist. Die Stimme der Mutter ist unterschiedlich, je nachdem, an welches ihrer Kinder sie sich richtet. Man muß also eine neue Aufnahme machen. Eigenartig, nicht wahr?

Der Inhalt ist nicht alles (denn man kann sie denselben Text lesen lassen): Auch die affektive Einstellung, die Einfühlung, die emotionale Aufladung kommen ins Spiel und verändern die Stimme der Mutter. Unsere Apparate messen diese Unterschiede von Obertönen und Klangfarbe. Sie sagen uns ebenfalls, ob die Stimme nasal ist, sanft, rauh... Wer sollte nicht verstehen, daß sich eine Frau von dem Augenblick, in dem sie ihr erstes Kind bekam, bis zu dem, wo sie das letzte zur Welt brachte, verändern kann? Was allerdings überrascht, ist, daß sie gegenüber jedem ihrer Kinder eine eigene Art der »Anrede«, der Intention und der Aussagequalität beibehält.

Was der Fetus am besten hört, ist die mütterliche Stimme, denn die davon zu ihm durchdringende Bandbreite entspricht genau seinen auditiven Aufnahmefähigkeiten. Versteht er, was sie sagt? Nein. Er kennt nur die einfühlende Seite. Die Dekodierung, die er vornimmt, ist keine semantische, hat also nichts mit dem Inhalt zu tun. Er braucht diese Dimension nicht, denn seine Welt ist eine ausschließlich affektive.

Wir setzen Sprache mit Bedeutung gleich. Doch Worte sind eigentlich überflüssig, wenn wir Wut ausdrücken wollen; wir verstehen sofort, ohne Wort für Wort dekodieren zu müssen, den Ausdruck von Trauer, von Angst... An der Intonation unseres Gesprächspartners erkennen wir, ob er gleich zu weinen anfangen oder uns einen Kinnhaken verpassen wird, ohne daß er es eigens formulieren müßte. Es gibt eine Vielzahl von außersprachlichen Bedeutungsträgern, und wir machen tagtäglich von ihnen Gebrauch. Das sehr komplexe System der Versprachlichung, das der Mensch entwickelt hat, umfaßt längst nicht all unsere Kommunikationsmöglichkeiten. Der Fetus reagiert also auf Antipathie und Sympathie in der sprachlichen Äußerung seiner Mutter. Was sie übermittelt, ist voll von sprachlicher Bedeutung, für die der Fetus unempfänglich ist. Dieses Geprägtwerden ist ein Lernprozeß, den man nicht mit der Geburt vergißt. Unser ganzes Leben lang behalten wir jene Sensibilität, die uns, wenn wir den Klang einer Stimme vernehmen, lachen oder weinen läßt, unabhängig von der Bedeutung der geäußerten Worte.

Trotzdem werden die »Sprachzentren« schon im intrauterinen Leben angelegt, obwohl der Fetus, wie wir gerade gesehen haben, für die Bedeutung der Wörter ziemlich unempfänglich ist. Durch die Generationen von Menschen, die bisher gelebt haben, wurde das Gehirn schon in gewisser Weise vorbereitet: Es entwickelt vorrangig seine linke Hälfte, und dort bevorzugt den aufsteigenden Frontalbereich, der für die Sprachproduktion bestimmt ist, und den Schläfenbereich, den Sitz der künftigen Sprachrezeption. Eine gewisse Asymmetrie bildet sich heraus, eine Asymmetrie der Struktur, der Zellstruktur… Kurz, es entsteht schon ein Apparat.

Wie geht dieser Lernprozeß vonstatten? Wie viele Jahrhunderte waren nötig, um Effizienz zu erreichen? Es bleibt ein Geheimnis. Wir können nur feststellen, daß eine phantastische Induktion stattgefunden hat, die bei entsprechenden Bedingungen als Grundlage für den Erwerb und die Beherrschung der Sprache dient.

Es stimmt, daß das werdende Kind im Mutterleib Sprache nicht versteht. Man stellt sich vor, daß es nur Empfindungen kennt, doch die Anstrengungen, die es unternimmt, um sich in seinem kleinen Universum zu orientieren, beweisen, daß es auch zu Wahrnehmungen (und folglich zu einer akustischen Aufnahmefähigkeit) in der Lage ist, die über das simple passive Hören hinausgehen. Es hört, darüber ist man sich heute einig, aber es spitzt auch die Ohren und horcht.

Mutter und Kind – ein Zwillingspaar

Früher glaubten die Geburtshelfer, daß das Kind sich wie ein Fremdkörper verhalte, sogar gegenüber der Mutter. Nun bilden aber eine Schwangere und ihr Kind ein ganz enges Paar. Sie sind eins und doch verschieden. Wer dieses unzertrennliche Duo nicht sieht, weiß nicht, was Schwangerschaft bedeutet. Das Kind ist ein Zwilling seiner Mutter, ein Teil ihrer selbst, der dabei ist, sich abzuspalten, ein Fortsatz ihres eigenen Körpers. Durch ihre Schwangerschaft erfährt sie ein Wiedererinnern, ein Wieder-lebendig-Werden, in dem das Mysterium ihres eigenen Lebens erneut aufscheint. Sie bringt einen Teil ihrer selbst hervor und schenkt ihn dem Universum.

Der Fetus ist ein menschliches Wesen, dem gegenüber wir in höchstem Maße verpflichtet sind. Diese kleine Person, die die mütterliche Stimme hört und erkennt, lauscht schon auf den Klang des Universums und hat ihr eigenes Seelenleben. Diese intrauterine Kommunikation läßt sich nicht messen, doch wie oft werden wir Zeugen davon! Schwangere unterhalten sich spontan mit ihrem Kind, sie interpretieren seine Bewegungen als an sie gerichtete Botschaften und antworten oft laut darauf. »Ah, das gefällt dir wohl nicht«, rufen sie ihm zu, wenn sie schlafen wollen und das Kind durch Fußtritte und andere störende Bewegungen zum Ausdruck bringt, daß es wach sein will. Und worin soll man den Ursprung dieser so starken Bindung sehen, wenn nicht in der Stimme?

Der Grundton einer Symphonie

Die Stimme überträgt ein Verhalten und eine Einstellung. Die mütterliche Stimme stellt die grundlegende Prägung des Lebensbeginns dar, die den Körper des Kindes herausformt und es dazu führt, diese oder jene Richtung einzuschlagen, sich zu entwickeln oder zu verkümmern. Indem sich die Mutter an ihr

Kind richtet, »modelliert« sie sein Ohr, gibt sie ihm den »Ur-Kammerton« an, transformiert sie sein Horchen und damit seine Art, mit der Welt in Kommunikation zu treten. Wenn die Stimme nicht herzlich ist, wenn sie als Aggression empfunden wird, hindert sie das Kind daran, das sehr anspruchsvolle Programm zu finden, das es wachsen und in die Sprache und das Universum der Menschen eintreten läßt. Wenn ihre Stimme herzlich, sympathisch und wohlwollend ist, hilft sie diesem kleinen Menschlein, Eingang ins Leben zu finden.

Der Alltag modifiziert den Rhythmus und die Qualität der Stimme. Der Fetus ist für diese Stimmungsschwankungen, diese mütterliche Meteorologie, empfänglich. Streß, Spannungen, Kommunikationsschwierigkeiten mit der Umgebung, mit dem Mann usw. bewirken Hormonausschüttungen, die das werdende Kind erreichen. Deswegen ist es so wichtig, die Mutter zu beschützen. Streß ruft dreierlei Reaktionen hervor: nervöse, sanguine und endokrinale. Das Nervensystem hängt einerseits vom Stammhirn ab und andererseits vom Sympathikus. Durch die Blutzirkulation werden Stoffe wie das Adrenalin transportiert (und aufgelöst). Die Drüsen reagieren durch die Produktion von Streßhemmern wie dem Kortison, die Energie liefern, kräftigend und antidepressiv wirken. Dieser dritte Weg funktioniert ein wenig langsamer, aber er hat den Vorteil einer großen Reichweite.

Das aufmerksame Ohr

Im Uterus ist das werdende Kind einem wahren Höllenlärm ausgesetzt. Das Auf und Ab der Körperflüssigkeiten, die Verdauungsgeräusche des Magens, das Gluckern der Eingeweide, das Rauschen der Gallenblase, das Pfeifen der Lunge und so manches mehr – all diese Geräusche gibt es, und sie lassen sich messen. Wenn man sie mit vollkommen geöffnetem Ohr wahrnähme, würden sie unweigerlich zu Wahnvorstellungen oder

Ängsten führen. Wenn sie übrigens krankhaft und daher zu stark sind, durchdringen sie den auditiven Filter des Fetus und prägen unwiderruflich sein Klangspektrum, wodurch sie zur Ursache späterer psychischer Probleme werden.

Heute ist man also allgemein der Ansicht, daß das werdende Baby von Geräuschen überschwemmt wird und sich in einem permanenten Klangbad befindet. Ich behaupte, daß das Gehör des Fetus davon in keiner Weise berührt wird. Doch selbst wenn Einigkeit über diese akustische Umgebung besteht und die kompliziertesten Messungen gemacht wurden, so heißt das nicht, daß wir damit mehr über das intrauterine Leben wissen. Denn wenn ein Imprinting beim Fetus stattfindet, so bedeutet das, daß dieser zugehört, also gehorcht hat.

Denn wenn der Fetus die Klänge lediglich passiv aufnähme, würde später nichts davon übrigbleiben, nichts wäre engrammiert. Wenn man aber Männer, Frauen oder Kinder, egal, wie alt sie sind, in eine akustische Situation bringt, die der im Uterus gleicht, und (wenn dies möglich ist) die Stimme ihrer Mutter einsetzt, dann entwickeln sie die gleichen Verhaltensweisen und Einstellungen – nämlich die ihres pränatalen Lebens – und durchlaufen die gleichen uterinen Stationen, wie man sehr gut an den Zeichnungen ablesen kann, die sie in dieser Situation anfertigen und auf die wir in einem späteren Kapitel noch zurückkommen werden.

Wenn die mütterliche Stimme mit ihrer ganzen uterinen Kraft ausgestrahlt wird, so hat dies unglaubliche physische Auswirkungen: Man sieht Erwachsene sich zusammenrollen, Daumen lutschen, eine Fetalposition einnehmen und vergessene Empfindungen noch einmal durchleben. Allein das Hörbarmachen von Klängen wie im Uterus, insbesondere der mütterlichen Stimme, hat diese Wirkung. Kein Bild, keine Darstellung und schon gar nicht eine Fotografie läßt sich vergleichen mit diesem phänomenalen Imprinting, welches beweist, daß der Fetus weit über ein simples Reagieren auf eine klangliche Umgebung hinaus eine Botschaft horchend aufgenommen hat, von der er wußte, daß sie für ihn bestimmt war. Mit diesem »willentlichen« Akt hat er den Wunsch, etwas in sich aufzunehmen oder zu integrieren, manifestiert. Um aber etwas aufnehmen zu können, muß man horchen. Ein Kind mit gravierenden Intelligenzdefiziten zeichnet nur einfache uterine Kreisformen, die es bis zum Überdruß wiederholt. Es entwickelt sich nicht. Doch sobald ein gewisses Intelligenzniveau vorhanden ist, kommt es zu sehr ausdrucksvollen Darstellungen des intrauterinen Lebens, Beweis dafür, daß sie integriert wurden.

Das mütterliche Eldorado

Horcht der Fetus immerzu? Nein. Aber jedesmal, wenn eine Information von der Mutter kommt, lauscht er und weiß zu unterscheiden, ob das Gesagte an ihn gerichtet ist oder nicht, denn er weiß einen Unterschied zu machen zwischen einem irgendwie gearteten Geräusch und einer »Intonation«, einem Seufzer, einem Wort, einer Aussage, die nur für ihn bestimmt sind. Dieses Bemühen, einen Klang »auszumachen«, läßt den Fetus von der reinen Empfindung zur Wahrnehmung übergehen. Und wenn er wahrnimmt, so heißt das, daß er »etwas« sucht. Er ist fähig aufzumerken. Er mobilisiert sein Bewußtsein in Richtung dieser kleinen Klangquelle, die zu ihm zu sprechen scheint. Sein Kopf begibt sich also in Kommunikation mit der Stimme, die zu ihm spricht. Wenn sie angenehm ist, wenn sie eine Linie enthält, die ihn zu einer Botschaft der Liebe, der Zärtlichkeit oder der Stärkung führt, dann wird er sich wie ein Goldsucher bemühen, diese unerschöpfliche Ader anzuzapfen.

Wir brauchen nicht weiter nach dem berühmten Nirwana zu suchen: Wir haben es alle gekannt und tragen eine tiefe Sehnsucht danach in uns. Das Paradies ist im Mutterleib. Was sollte es Schöneres geben, als so in den Armen seines Schöpfers gewiegt zu werden? Man kann sich natürlich fragen, warum man jemanden sein intrauterines Dasein wiedererleben lassen sollte, der darunter zu leiden hatte, weil es sich unter ungünstigen Umständen abspielte. Wenn jemand unter dem quälenden Eindruck eines Ereignisses steht, und es durch die Anwendung adäquater Mittel möglich wird, die Wahrnehmung davon zu verändern, dann löst sich der Kummer in nichts auf. Nichts vergiftet einen mehr, und man kann unbeschwert weiterleben. Das intrauterine Hören, wie es das elektronische Ohr möglich macht, läßt den Klienten die Idealbedingungen erleben, unter denen sich sein Aufenthalt im Bauch seiner Mutter hätte abspielen können. Andere Empfindungen kommen auf, und die schlechten Erinnerungen sind wie weggeblasen.

Wenn die mütterliche Stimme das Ohr des Kindes modelliert, warum hat dann das Kind einer Opernsängerin nicht eine Prädisposition für die Musik, ist das einer Polyglotten nicht automatisch besonders für Fremdsprachen begabt? Oft ist dies der Fall, doch im allgemeinen liegen die Dinge nicht so einfach. Im Lauf der Monate und Jahre kann das Kind sehr wohl seine Errungenschaften wieder verlieren, so komplex ist die individuelle Geschichte des Menschen. Andererseits lassen sich die Engramme immer ohne weiteres wieder aufspüren, denn der Fetus befindet sich (schon vom Embryonalstadium an) in idealen Horchbedingungen. Umgeben von diesem großartigen Klangkontinuum der Stimme seiner Mutter, erlebt er das goldene Zeitalter der Kommunikation, ein Paradies, das er nie vergessen kann und das in ihn eingeschrieben bleiben wird, egal, welchen Widrigkeiten er später noch ausgesetzt sein wird. Gott sei Dank ist er durch den Mutterleib gegangen! Gott sei Dank hat er gehorcht! Das ermöglicht ihm das Menschsein, und deshalb wird er immer wieder Lebensmut finden, selbst in größter Not.

Der große Kinderarzt André-Thomas – der heute peinlicherweise in Vergessenheit geraten ist – hat schon vor langer Zeit nachgewiesen, daß das nur wenige Stunden alte Neugeborene auf die Stimme seiner Mutter reagiert und sie zu unterscheiden weiß, wenn mehrere Frauen nacheinander es bei seinem Vornamen rufen. Dieses Experiment wurde vom Team des Professors Querleu und auch von anderen wiederholt. Immer mit dem gleichen Erfolg. Das ist für all die Mütter ganz interessant zu wissen, die mit Erstaunen feststellen, daß ihr Kleines nur auf sie hört, zu weinen aufhört, sich beruhigt und ganz Ohr ist, wenn sie sprechen.

Ich konnte diese Theorie bestätigen, als ich Untersuchungen mit Kindern von taubstummen Müttern machte. Die meisten von ihnen sind bei der Geburt kaum behindert, es sei denn, der Vater wäre auch taubstumm. Da sie in einem Universum ohne Sprache aufwachsen, haben sie bei ihrer Einschulung gewisse Schwierigkeiten. Diese sind aber keineswegs unüberwindlich. Taubstumme Frauen sind auf ihre Weise sehr geschwätzig. Abgesehen von sprachlichen Äußerungen übermitteln sie ihrem werdenden Kind, das sich im Uterus in idealen Horchbedingungen befindet, sehr viel.

Kann man das beweisen? Der Ort, wo man dies tun kann, ist die Klinik. Heute sind die Bedingungen, unter denen sich die mütterliche Stimme ausbreitet, kein Geheimnis mehr. Nach dem Beispiel der Dichter können wir den Körper der Frau mit einem Saiteninstrument vergleichen, wobei das Becken einen idealen Resonanzkörper bildet. Eine Schwangere hält sich wegen des Gewichts ihrer Bauches nämlich viel aufrechter, ihr Kehlkopf drückt stärker auf die Wirbelsäule, die die Klänge so besonders wirkungsvoll weiterleitet. Die Stimme der Mutter versetzt ihren Körper in Schwingung, die Töne beschreiten den natürlichen Weg der Wirbelsäule und ergießen sich, wie ein Fluß ins Meer, in die Beckenknochen in unmittelbarer Nähe des Kopfes des Fetus.

Und die Väter?

Die Psychologen sind sehr daran interessiert herauszufinden, ob der Fetus die väterliche Stimme vernimmt. Da ihrer Meinung nach das werdende Kind »nur die tiefen Töne« hört, könnte es während seines Lebens im Mutterleib die von einem Mann kommende Information erhalten. Daher erklärt sich eine Reihe von besonders lächerlichen Experimenten, in denen die armen Väter aufgefordert werden, sich vor dem Bauch ihrer Frau kniend an ihren Sprößling zu wenden. Wie wir aber bereits gesehen haben, kann die Stimme des Vaters, außer wenn er brüllt, so nicht zum Fetus gelangen, da nämlich die Bauchdecke so dick ist, daß sie einen mächtigen Schutzschild bildet.

Andererseits kann nichts gewisse männliche Stimmfrequenzen daran hindern, das Becken der Mutter in Schwingung zu versetzen, vorausgesetzt, daß man sich an sie direkt wendet und ihren Hörgang benutzt. Die Mutter ist ein Mikrophon, das dem Kind ermöglicht, die Welt zu hören... oder es wie ein Schutzschild davor zu bewahren. Wenn sie ein gutes Verhältnis zum Vater ihres Kindes hat, wenn dieser sich auf die Ankunft des Kindes freut, dann sind dem Kind »Informationen« aus dieser Quelle bestimmt von Nutzen. Aber ich weise noch einmal darauf hin: Nur auf dem Weg über die Hörkanäle der Mutter kommen sie als entsprechende Schwingungen an.

Durch Versuche mit Beschleunigungsmessern, die auf den Schädel- und Beckenknochen angebracht wurden, wissen wir, daß die Töne ein und denselben Weg verfolgen, von der Schädelkalotte bis hinunter ins Becken... vorausgesetzt, daß die Frau die richtige Horchposition einnimmt. Diese hängt von drei Faktoren ab: dem Trommelfell, das als Stimmgabel wirkt, dem aufrecht gehaltenen Körper und vor allem dem tiefempfundenen Wunsch, in Kommunikation zu treten. Wenn all diese Bedingungen erfüllt sind, glaube ich behaupten zu können, daß auch die Stimme des Vaters im Uterus ankommt, aber nur auf dem Weg über den mütterlichen Kanal. Der Vater stellt eine

Beziehung mit dem Fetus her, indem er sich in liebevoller Verantwortung dem Mutter-Kind-Paar zuwendet. Ich bin noch nicht in der Lage, sie zu messen, aber ich bin sicher, daß eine gewisse Zahl von Informationen diesen Weg nimmt. Wird das Kind die väterliche Stimme wiedererkennen? Wird es bestimmte Elemente des von ihm Gesagten aufnehmen? Wir sollten uns hier keinen zu großen Illusionen hingeben. Das akustische Universum des Fetus besteht aus einem Brei von Körpergeräuschen, durchsetzt von mütterlichen Schwingungen, in dem die Sprache, so wie wir sie hören, fehlt.

Trotzdem ist diese weiche Masse, die dem Uterus seine Gestalt gibt, für verschiedenste Rhythmen empfänglich. Die Sprachzentren bilden sich nicht im Alter von zwei oder drei Jahren heraus. Anfänge davon sind schon vor der Geburt vorhanden. Warum sollte der Vater nicht in der Lage sein, sie anzusprechen?

Ich erlebe oft Väter, die dieser Verwandlung ihrer Frau zur Mutter und diesem unauflöslichen Ganzen, das sie vor und nach der Geburt mit dem Kind bildet, ratlos gegenüberstehen. »Und was soll ich dabei?« scheinen sie zu fragen. Sie können ganz beruhigt sein, denn die Vaterschaft ist genauso schwer, und wenn der Augenblick gekommen ist, muß man auf seinem Posten sein. Schon während der ganzen Schwangerschaft ist es von entscheidender Bedeutung, daß sich die beiden Elternteile gut verstehen. Der Vater übernimmt die Verantwortung für ein Paar, das aus seiner Frau und dem Baby besteht. Bei der Geburt wird das Kind wie ein Satellit in den Raum gestoßen. Doch während der ersten drei Lebensjahre ist die Anziehungskraft der Mutter so stark, daß es sich nicht von ihr wird lösen können. Im Alter von vier Jahren helfen ihm die Beherrschung der Sprache und seine ersten Schritte in der Welt, diese erste Gravitation zu durchbrechen, und schleudern es zum Universum der Menschen hin. In dieser Phase ist die Begegnung mit dem Vater bestimmend. Wenn dieser sie richtig vorbereitet hat – von den ersten Tagen nach der Befruchtung an – wird er seinem Sohn zweifellos helfen können, diesen zweiten Anstoß durchzustehen.

6 Kleine Führung durch den Zoo des Lebens

Eine entfernte Großmutter: **die Qualle**

So weit wir auch in der stammesgeschichtlichen (phylogenetischen) Evolution zurückgehen, läßt sich feststellen, daß von der ältesten organischen Form bis hin zum einfachen einzelligen Tier schon die kleinste Lebensäußerung mit ihrer Umwelt in Interaktion tritt. Die winzigste, simpelste und primitivste Lebensform legt bereits eine Kommunikation mit ihrer Umgebung an, und sei es auch nur die Aufnahme von Nahrung oder äußeren Reizen, eine Anpassung oder eine Abstoßung.

Unter den sehr alten Einzellern gibt es ein mit einer außerordentlich beweglichen Zilie (Flimmerhärchen) versehenes Geißeltierchen. Es führt damit wellenartige Bewegungen aus und bewegt sich so nach rechts und links, vorwärts und rückwärts. Dieses Bindeglied mit der Umgebung verschafft ihm auch die Wahrnehmung und das »Wissen« darüber, was ihm schadet oder nützt.

Bei seiner Entwicklung zum Mehrzeller verstärkt das Tier seinen Dialog mit der Umwelt. Gewisse Zellen spezialisieren sich auf die Informationsverarbeitung, um diese an einen jetzt höher entwickelten Körper weiterzuleiten. Diese Zellen befinden sich an der Peripherie. Sie bestehen – wie jede andere Zelle auch – aus einem Kern, Protoplasma und Mitochondrien. Aber vor allem verfügen sie über diese berühmte Zilie, von der es jetzt viel mehr gibt, bis zu hundert. Es kommt schon zur Herausbildung komplizierterer Organisationsformen, die bereits relativ hoch entwickelt sind, insbesondere bei den Konidien aus der Gruppe der Zölenteraten – den Quallen.

Bei den Quallen sehen wir, daß diese Zilie auch noch eine andere Funktion hat: Sie stellt eine unerschöpfliche Energiequelle dar. Durch das Bewegen der Zilie wird das Tier gestärkt, als ob die Bewegung Energie erzeugte und umgekehrt. Die Quallen sind schon recht komplexe Lebensformen. Die mit zahlreichen Zilien ausgestatteten Zellen gruppieren sich zu kleinen Zentralen (den sogenannten Statozysten), die wiederum ihre Zilien bewegen und so den Kontakt und den Dialog mit der Umwelt verstärken, wodurch sie mehr Information weiterleiten und dem Tier mehr Energie zuführen.

In einer derartigen Organisationsform müssen sich Verbindungen von einem Ort zum anderen, von einer Zentrale zur anderen herausbilden, damit Energie und Information richtig weitergegeben werden können. So entsteht um die Korolla (Krone) herum ein Nerv, der sogenannte Seitennerv, der Vorfahr des Nervensystems.

Das Nervensystem, das bei den Quallen erst ansatzweise vorhanden ist, verfeinert sich bei den primitiven Fischen, der nächsten Etappe unserer Reise. Die aus unabhängigen Einzelzellen bestehenden Energiezentralen befinden sich in seitlicher Position. Sie sind fest in der Höhlung einer kleinen Furche verankert, aus der sie die Informationen beziehen. Diese leiten sie mit Hilfe von Dendriten und kleinen Verzweigungen, die mit den Zellen in Kontakt stehen und die Informationen zentralisieren, weiter. Die Bewegung, der Eindruck des Steigens oder Fallens, das Raumempfinden, das Gefühl zu beschleunigen oder langsamer zu werden... Diese Tausende von Informationen werden von diesem primitiven Nervensystem verdaut und geben dem Fisch die Energie und die Fähigkeit, wie ein Schiff zu navigieren.

Ein Stein im Ohr

Die Qualle bewegt sich innerhalb eines reduzierten Territoriums, ihr Fortbewegungsmodus bleibt primitiv. Der Fisch hat größere Fähigkeiten, denn er braucht Raum. Seine Bewegungen sind komplexer. Zum Aufspüren seiner Nahrung – zu welchem Zweck er große Strecken zurücklegt – verfügt er über einen leistungsstarken Riechnerv-Apparat, der ihm anzeigt, wohin er sich wenden muß.
Die Seitenlinie zentralisiert alle Informationen, um dem Fisch zu ermöglichen, sich dorthin zu begeben, wohin er will. Das »olfaktorisch-rhinenzephalische System« (der Ursprung des Geruchssinns) wird zum Kapitän des Schiffes. Er übernimmt das Kommando über das vestibuläre Element, also über den somatischen Integrator, der den gesamten Fortbewegungsblock steuert. Dank dieser neuen Struktur kann sich das Tier orientieren, in Dialog treten, seine Position finden und seine Energien sammeln. Dieser Mechanismus ist in Wirklichkeit ein ganz primitives Ohr.
Die Seitenlinie kommuniziert direkt mit der Außenwelt. Die Haarzellen, aus denen sie sich zusammensetzt, befinden sich in einem Wasserbad und sind pausenlos erregt. Sie sind für die kleinste Schwingung empfänglich. Um die Umwelt präziser und differenzierter wahrnehmen zu können und seine energetischen Möglichkeiten zu verfeinern, konzentriert der Fisch seine Kräfte in einem kleinen, viel effizienteren Organ, einer Höhle oder Vesicula, die als Otolith bezeichnet wird (dem entfernten Vorfahren eines Teils des menschlichen Innenohrs, des Utriculums), und das als Verengung der Seitenlinie in Erscheinung tritt. Sie bildet eine kleine, halb verschlossene Höhlung, die allerdings immer noch mit der Außenwelt in Kontakt steht.
Etymologisch gesehen ist »Otolith« ein aus zwei griechischen Wörtern zusammengesetztes Substantiv: otos (Ohr) und lithos (Stein). Im Inneren dieses Organs befindet sich tatsächlich ein kleiner Stein (in der Regel aus Silizium). Wenn der Fisch ihn verliert, oder wenn man ihn absichtlich entfernt, verliert das

Tier seine Stabilität, zeigt deutliche Ermüdungserscheinungen und tut alles, um ihn wieder zu ersetzen. In einem Aquarium, in dem sich kein Sand befindet, zieht sich der Fisch, dem solch ein Mißgeschick widerfährt, in eine Ecke zurück, verharrt dort eine längere Zeit inaktiv und schwimmt dann wieder los, als wenn nichts gewesen wäre. Was ist geschehen? Sein rudimentäres Ohr hat selbst ein Steinchen aus Kalzium abgesondert, das ihn nun wieder mit Energie versorgt und ihm seine Bewegungsfähigkeit zurückgibt.

Der Otolith versetzt die Zilien in Bewegung und hilft dem Tier durch diesen taktilen Kontakt, sich im Raum zurechtzufinden. Die Zilien wirken als Energiespender, wodurch dieses Organ zu einer sehr wirksamen dynamo-genetischen Zentrale wird. Auf diese Weise steigert der Otolith – der sich immer mehr schließt, um schließlich wie unser Ohr zu werden – die Fähigkeiten des Fisches, seine Körperbewegungen zu bemessen, und ermöglicht ihm eine bessere Kontrolle seiner motorischen Reaktionen. Dank dieser neuen Art der Erregung verfügen die Zellen über differenziertere Informationen, und das Tier ist besser mit Energie versorgt. Es spielt mit der Schwerkraft und verfügt über einen Raumbegriff und die Möglichkeit, sich in die unterschiedlichsten Richtungen zu entwickeln.

Der Ausstieg aus dem Bade

Man nimmt an, daß die Erde in grauer Vorzeit von Wasser bedeckt war und dieses sich irgendwann zurückzog. Viele Tierarten gingen damals zugrunde, da sie sich nicht an die neuen Lebensbedingungen anpassen konnten. Nur wenige Amphibien konnten diese plötzliche, katastrophale Veränderung ihres Universums überleben. Nach Meinung verschiedener Wissenschaftler stand an erster Stelle der Eogyrinus.

Nachdem es das Wasser verlassen hatte, fand sich das Tier ganz anderen Bedingungen gegenüber, was die Fortbewegung, die

Haltung, die Körperkontrolle und den Energiehaushalt anbelangt. Die Nase, die schon bei den Fischen die Richtung bestimmt hatte, blieb der Mentor des Systems. Schließlich kam es zur Herausbildung des Rhinenzephalons oder Riechhirns einerseits, einem ultrasensiblen Geruchsdetektor bei gewissen Tierarten, und eines weiter hinten liegenden archaischen Gehirns, des sogenannten Vestibularhirns, das sämtliche Körperbewegungen steuerte.

Das Vestibulum behält das Kommando über diese neue Struktur. Es reagiert auf Informationen, steuert die Handlungen. Die Nase hat nicht das Sagen! Der Wunsch, da oder dorthin zu gehen, zu trinken, zu fressen usw. setzt eine »Psyche« in dem primitiven Gehirn voraus, die sodann die Nase dazu bringt, in die oder jene Richtung zu zeigen und auf etwas abzuzielen. Das willentliche Bewußtsein agiert also vom Vestibulum aus.

Im Wasser bildete der Fisch seinen Otolith in enger Abhängigkeit von seiner Umgebung. An der Luft ist dies schwieriger. Indem es zum Utriculus wird, hat dieses Organ die Fähigkeit erworben, selbst diese berühmten Steinchen, Otokonen genannt, herauszubilden, die aus kleinen Kalkkristallen bestehen. Das Elektronenmikroskop macht deutlich, daß sie die drei Dimensionen des Raumes einnehmen: die Horizontale, die Frontale und die Vertikale. Diese Disposition verbessert noch die Fähigkeit des Tieres zur Selbstkontrolle.

Diese kleinen Elemente bergen das Geheimnis des Dialogs mit dem Raum in sich. Man braucht derartige Elemente nur auf den Boden einer Vase zu legen und das Ganze zu bewegen: Ihre Positionsveränderung gibt uns Hinweise auf die Bewegungsrichtung. Dasselbe System funktioniert in einem Schiff, wo Steine, die im Schiffsbauch liegen, sich mal nach links, mal nach rechts verlagern und dieselbe Art von Information liefern. Man kann das Experiment auch anhand einer einfachen Körperbewegung verifizieren: Wenn man sich vorbeugt, neigt sich das »Schiff«. So bewegt sich das »tierische Boot« vorwärts.

Aber dieses System ist, wie man leicht feststellen kann, noch etwas grob. Mit Hilfe von Radar und Antriebsmotoren haben wir seither noch Fortschritte gemacht. Zur besseren Verarbeitung der Information aus der Umgebung und zur genaueren Wahrnehmung der Drehungen, Neigungswinkel usw. bildet sich eines Tages der erste Bogengang heraus: der seitliche Bogengang.
Trotz des Utriculus und trotz des seitlichen Bogengangs behalten die Amphibien dieselbe Lage im Raum bei wie ihre Vorfahren, die Fische: sie bleiben in der Horizontalen, der Kopf bildet die Verlängerung des Körpers, und sie bewegen sich in gerader Linie. Natürlich können sie sich auch auf und ab bewegen, doch eine Revolution steht ihnen bevor.

Sich den Kopf zerbrechen, um zu hören

Eines Tages bildet sich in der otolithischen Vesicula ein weiteres Säckchen heraus: der Sacculus. Mit diesem »Organ« entsteht ein geheimnisvoller Wunsch, der das Tier dazu treibt, diese Vertikalität anzustreben, die beim Menschen mit dem Erwerb der Sprache verbunden ist. Ich sehe darin einen Vorgang, der das Tier dazu treibt, seine Umwelt besser zu hören.
Der Utriculus paßt sich der Körperposition an und bleibt auf der horizontalen Achse. Der Sacculus hingegen eröffnet dem Kopf ganz neue Bewegungsmöglichkeiten und gibt ihm die Möglichkeit, sich aufzurichten. Dies ist der erste Bruch zwischen einem Dialog mit dem Körper und einem Dialog mit dem Kopf. Dieser befindet sich jetzt nicht mehr auf der Achse, er beginnt also, sich zu »zerbrechen«.
Andererseits ist das Ohr noch nicht dazu ausgerüstet, an der freien Luft zu funktionieren, im Wasser hingegen funktioniert es wunderbar. Bei den Reptilien ist dies der Fall. Ihr Innenohr ist schon hochentwickelt, doch der Rest ist noch unvollendet oder, wenn wir an die äußeren Teile denken, noch gar nicht

vorhanden. Der Dialog mit der umgebenden Luft ist unmöglich. Das Krokodil ist das schönste Beispiel dafür. Im Wasser ist es in seinem Element. Es ist wirklich erstaunlich, wie agil und virtuos es sich im aquatischen Milieu bewegt. Seine Wendigkeit ist verblüffend. Doch wenn man ein Krokodil am Flußufer auf dem Trockenen antrifft, erscheint es wie erstarrt, wie versteinert. Um sich von der Stelle zu bewegen, schleppt es sich mühsam dahin. Seine Bewegungen sind ungeschickt und entbehren jeglicher Eleganz. Wenn man sich auch vor dem Zuschnappen seines furchterregenden Gebisses in acht nehmen muß, so scheint es doch mit seiner übergroßen Körpermasse in einen zu starren Panzer eingesperrt zu sein.

Im Wasser verfügt das Krokodil über ein ausgezeichnetes Gehör. Die Flüssigkeit, die seinen Utriculus ausfüllt, läßt es hören wie einen Fisch. Auf dem trockenen Land nimmt es nur noch die Schwingungen wahr, die ihm seine fest auf den Boden aufgestützten Ellenbogen übertragen. Die Amphibien können an der Luft nur das hören, was ihnen über die Knochenleitung zugeführt wird. Daher erklärt sich ihre so charakteristische Körperhaltung mit den fest auf den Boden aufgestützten Ellenbogen. Das Schulterblatt steht in direktem Kontakt mit dem Unterkiefer, einer komplexen Einheit, die eine geschmeidige Knochenfortsetzung darstellt, die ihre Form verändert, um die Weiterleitung von Klängen zu ermöglichen. Welche Entwicklung und welche Fortschritte haben doch die Arten seither gemacht, wenn man bedenkt, daß man damals mit dem Kieferknochen hörte!

Die Amphibien versuchten, sich anzupassen. Manchen Tieren ist dies nicht gelungen, zum Beispiel der Schlange, die außerhalb des Wassers taub ist und nur wenige Schwingungen aufnehmen kann. Die berühmte Brillenschlange ist nicht, wie man glauben könnte, von den Flötenklängen des Schlangenbeschwörers fasziniert, sie folgt vielmehr seinen Bewegungen. Beide sind in einer regelrechten Hypnose »gefangen«. Wehe, wenn der Meister aufhört, sich zu bewegen! Übrigens verwendet die Schlange selbst

diese Technik, wenn sie auf Beutefang ist. Steckt man eine Schlange ins Wasser, dann hört sie wunderbar.
Der Mensch vollzieht im Laufe seines Lebens auch diesen Übergang vom Wasser zur Luft, nämlich wenn er den Bauch seiner Mutter verläßt. Die Entwicklungsgeschichte der Lebewesen wiederholt sich hier in Kurzform. Aber davon später mehr.

Leipziger Allerlei

Das Innenohr ist von Flüssigkeit umgeben. Es ist dafür gemacht, auf akustische Schwingungen im Wasser zu reagieren. Zur Anpassung an die Luft entwickelt sich ein Apparat, der schon auf das künftige Mittelohr verweist: die Columella oder das Säulchen. Dieser Knochen, der bei den Vögeln seine Vollendung erreicht, ähnelt dem Mittelstück einer Trompete. Bei den Amphibien ist er erst rudimentär vorhanden. Bei den Schlangen ist das Löchlein in der Nähe des Auges, das ein Knöchelchen enthält, eine Spur dieser noch unvollständigen Entwicklung des Ohres. Bei den Vögeln verschließt es sich alsdann mit einem kleinen Deckel (Operculum), den man mit einem Stethoskop vergleichen kann.
Der Sacculus, der bei den Wassertieren schon vorhanden ist, bringt das Tier dazu, sich aufzurichten und mit der Horizontalität zu brechen. Deshalb ragt bei den Krokodilen der Kopf leicht aus dem Wasser. Die Hinterbeine sind ausgestreckt, doch der Rest des Körpers befindet sich in der Vertikalen.
Der Fortschritt des Lebens setzt eine harmonische und gleichzeitige Entwicklung eines sich immer stärker differenzierenden Ohrs und eines sich diesem Prozeß anpassenden Gehirns voraus. Genetisch, embryologisch und phylogenetisch gesehen ist das große Ereignis für die Tierarten und schließlich den Menschen die Herausbildung jener herausragenden Funktion, die der Gehörsinn darstellt. Das Seepferdchen, das sich geradehält wie eine Eins, verfügt über eine außerordentliche Vitalität und scheint

einen pausenlosen Veitstanz zu vollführen. Das Ohr dieses seltsamen Tieres ähnelt dem unsrigen. Was für ein Pech, daß es kein Gehirn hat! Die Schlange wiederum verfügt über ein schon recht gut entwickeltes Gehirn... und ist stocktaub. Ich sage immer, daß die Schlange dem Menschen beigebracht hat, nicht zu horchen. Die Bibel scheint uns dies anzudeuten, indem sie sie mit dem Bösen gleichsetzt. Sie gilt auch als Symbol für die Nabelschnur, die völlig empfindungslos ist.

Der Utriculus mit seinen Bogengängen, jenen neuen Gliedern in der Evolutionskette, erlaubt eine erheblich verbesserte Analyse der Bewegungen im Raum. Der Sacculus stellt die erste Etappe auf dem Weg zur Vertikalität dar. Der Kopf monopolisiert die Meßinstrumente, und der Körper paßt sich in seiner Haltung jeweils an. Aber die Entwicklung des Ohrs ist damit noch nicht abgeschlossen. Um die akustischen Schwingungen noch präziser auffangen und analysieren zu können, bildet sich unten am Sacculus ein kleiner Fortsatz: die Lagena. Wir finden sie erstmals bei den Vögeln. Wenn bei den Säugetieren sich dann noch die Cochlea (Schnecke) zur Lagena hinzugesellt, gehorchen der Utriculus, die Bogengänge und der Sacculus den Befehlen dieses neuen Apparats und wagen unterschiedliche Versuche, um die Vertikale zu meistern, die so typisch ist für den Menschen, während der Kopf sich in die Horizontale richtet. Der Körper ist nicht gerade gut ausgestattet, als es für ihn heißt, eine weitere Sprosse des Horchens zu erklimmen und noch feinere Bewegungen von recht schwacher Amplitude zu erfassen, welche die Klangereignisse darstellen. Dies ist eine der erstaunlichsten Etappen des phylogenetischen Abenteuers.

Das Rhinenzephalon ist mit dem Geruchssinn verbunden, dem ersten großen Sinn der Gattung der Tiere. Nach und nach wird das Gehirn komplexer, und bei den Vögeln erscheint ein neues Sinnesfeld: der Gesichtssinn. Er ist bei ihnen monokular: Die Augen liegen zu beiden Seiten des Kopfes. Bei den Säugetieren wird er schließlich binokular. Sodann hält die Gehörzone Einzug im Gehirn, und zwar auf den Schläfenlappen.

Der höchstentwickelte Anthropoide, der Schimpanse, hat ein in Relation zu seinem Körper schon sehr entwickeltes Gehirn, das sich beim Menschen vom Volumen her noch verdoppelt. Diese Gewichtszunahme (von 700 auf 1.400 Gramm) vollzieht sich im wesentlichen in der Area des Gehörs und der mit der Sprache verbundenen Motorik auf der sogenannten Großhirnrinde, dem Sitz der Hominisierungs- und letztlich Humanisierungsprozesse.

Wir verwenden heute Begriffe wie »Wunderkind« und »Genie«, ohne uns dessen bewußt zu sein, daß wir von diesem außerordentlichen Kapital, über das wir alles in allem doch erst seit kurzem verfügen, nur sehr mäßigen Gebrauch machen.

Die Cochlea, die in der Höhlung des Innenohrs liegt, ist ein sehr empfindliches Organ, dessen Aufgabe darin besteht, feinste Amplituden zu dekodieren. Sie muß sich also vor überstarken Reizen schützen, insbesondere den von außen kommenden. Die Columella paßt sich dieser neuen Notwendigkeit an, indem sie zum Steigbügel wird, einem der im Innenohr befindlichen Knöchelchen, dessen Rolle mit der des Kolbens bei den Zündungsmechanismen zu vergleichen ist. Es kommt also zur Herausbildung der drei Gehörknöchelchen Steigbügel, Amboß und Hammer sowie der zu Steigbügel und Hammer gehörigen Muskeln.

Im Aquarium

Unsere heutigen Goldfische haben von ihren Vorfahren, den Karpfenfischen, eine riesige Schwimmblase im Bauch ererbt, die die Eigenart besitzt, wie ein Resonanzkörper zu wirken. Nach Meinung mancher Biologen dient dieses Organ lediglich dazu, diese Tiere wie ein Düsentriebwerk im Handumdrehen von einem Ende des Aquariums zum anderen zu befördern. Anderen wiederum ist aufgefallen, daß die Goldfische besser hören als ihre Artgenossen, und sehen deshalb in dieser beson-

deren Blase einen regelrechten Prototypen des menschlichen Ohrs. Ein Fisch hört im allgemeinen bis zum Bereich von 600 Hertz, die Karpfenfische aber bis zu 13.000 Hertz. Das kleinste Schnippen an die Wand des Aquariums läßt sie reagieren. Werden die Töne, die in den von der Schwimmblase gebildeten Resonanzkörper eindringen, dort vielleicht verstärkt? Eine reizvolle Hypothese.
Man sollte sich aber nicht von dieser scheinbar so naheliegenden Lösung blenden lassen. Es stimmt zwar, daß die drei Wirbel, die sich an die Luftblase des Goldfisches anschließen, verblüffende Formen annehmen: Der erste steht in direktem Kontakt mit der Schwimmblase, der zweite befindet sich in mittlerer Position und der dritte bildet eine Brücke zum Innenohr. Das ist großartig! Es scheint also eine direkte Verbindung zu geben zwischen dem Ohr und der Luftblase. Von da ist nur noch ein kleiner Schritt, die Wirbel des Goldfisches mit der Knochenbrücke im menschlichen Ohr gleichzusetzen – und denselben Fehler bei der Erklärung der Klangübertragung zu wiederholen. Ganz offensichtlich stehen die beiden Organe in Verbindung. Aber im Gegensatz zu dem, was der große Zoologe Weber im vergangenen Jahrhundert behauptete, sind die Wirbel des Goldfisches nicht seine Gehörknöchelchen. Man denke nur an den fürchterlichen Lärm, den dieses Triebwerk machen muß, wenn der Fisch sich in Bewegung setzt. Genug, um taub oder verrückt zu werden. Dieselbe Wirkung entstünde, wenn ein Säugetier seine Kau- oder Verdauungsgeräusche mit anhören müßte. Gleiches gilt für den Menschen. Im allgemeinen sind wir in der Lage, bei Tisch – dem Kommunikationstreffpunkt par excellence – den feinsinnigsten Ausführungen zu folgen. Die von unserem Magen oder vom Speichel in unserem Mund produzierten Geräusche stören uns nicht im geringsten, und ein Rüpel, der so ins Essen vertieft ist, daß er vom Tischgespräch überhaupt keine Notiz nimmt, löst doch einiges Befremden aus.
Mit anderen Worten: Das mit dem Knochenapparat verbundene Mittelohr läßt uns unsere Innengeräusche gerade *nicht* wahr-

nehmen. Wenn ein Geräusch aus der Blase oder irgendeinem anderen inneren Organ kommt, führen die drei Knöchelchen durch ein raffiniertes Spiel mit der Sonorität eine Gegenreaktion aus und erzielen so eine Phasenverschiebung gegenüber dem ursprünglich produzierten Klang, wodurch das Störgeräusch auf Null reduziert wird. Dies ist die Rolle, die die berühmte Knochenbrücke spielt – und die der Wirbel unseres Goldfisches. Sie wissen ihr akustisches Menü auszuwählen.

Einige Säugetiere verfügen über eine Sonde, die von Herz und Lunge ausgeht und zum Innenohr hinführt. Sie »absorbiert« die Störgeräusche in der eben beschriebenen Weise. In der Nähe unseres Trommelfells befinden sich mit Blut gefüllte Gefäße, die den Druck im Ohr regulieren. Manchmal hört man kurz vor dem Einschlafen dieses regelmäßige Pochen, das uns normalerweise durch Ausgleichsmechanismen erspart bleibt. Wenn diese ausfallen, leiden wir unter Schwindel und einer Funktionsstörung des Mittelohrs, die dazu führt, daß wir alle möglichen Störgeräusche, zum Beispiel Rauschen oder Pfeifen, wahrnehmen. Die Körpergeräusche überwinden dann die Barriere der Gehörknöchelchen, blockieren die Phasenverschiebung und machen das Leben unerträglich.

Der Affe und die Fledermaus

Am Anfang stellt das Rhinenzephalon sämtliche Fähigkeiten des Vestibulums, dieses primitiven Ohrs, sicher. Mit der Entstehung des Auges entwickelt sich ein anderer Teil des neurologischen Systems. Nachdem Geruchssinn und Gesichtssinn sich herausgebildet haben, eröffnet die Cochlea den Zugang zum Universum des Klangs, welches für den Menschen schließlich bestimmend werden soll. Das Rhinenzephalon bildet sich zurück, und sein Einfluß schwindet zugunsten anderer Bereiche des Gehirns. Die Entwicklung des Gehörsinns vollzieht sich bei den Säugetieren etappenweise. Der Affe hat Angst vor Lärm und flüchtet,

wenn er kann. Der Löwe jagt bei Nacht und verläßt sich dabei auf seine Witterung und sein Gehör. Der Delphin verfügt anscheinend über ein besonders effizientes System der akustischen Wahrnehmung. Leider hatte ich nicht die Gelegenheit, dies genauer zu untersuchen. Ich weiß allerdings soviel, daß für ihn offensichtlich auch das Gesetz gilt, das einen Zusammenhang zwischen Vertikalität und Gehörsinn herstellt: Um zu kommunizieren, richtet er sich auf.
Auch die Fledermäuse verfügen über ein phantastisches Ohr. Bei diesen kleinen Säugetieren ist es in Relation zum Gehirn kolossal vergrößert. Dieses Tier ist ein einziges aufgespanntes Ohr, das für Frequenzen bis zu 80.000 Hertz empfänglich ist. Die Fledermäuse haben einen schlechten Ruf, weil sie sich gerne an einsamen, finsteren Orten aufhalten, und auch wegen ihrer Ähnlichkeit mit den gefährlichen südamerikanischen »Vampiren«. Sie sind aber völlig harmlos. Sie riechen nichts, sie sehen nicht, sie haben wenig Hirn – und verfügen über dieses gigantische Hörorgan, das Radarsignale ausschickt. Ein sprechendes Ohr! Die Unfähigkeit der Wissenschaft, dieses Geheimnis aufzuklären, ist sicherlich auf jenes Paradox zurückzuführen, das mich persönlich überhaupt nicht verwundert, da ich es seit nun fast vierzig Jahren zu meinem Forschungsgegenstand gemacht habe. Die primitiven Fische brauchten, um sich im Wasser zu bewegen, lediglich ein paar Zellen und die Seitenlinie. Daraus wurde bei den Fledermäusen das Ohr, aber es ist die Entwicklung ein und desselben Organs.
Das Rhinenzephalon hat sich allmählich verkleinert, um Platz zu machen für andere Gehirnzonen. Die Nase, das Auge und schließlich das Ohr bedienten sich desselben Organs (des Vestibulums), um ihre Aufgabe erfüllen zu können, bis dann die Cochlea auf der Bildfläche erschien, dieses auf die Klanganalyse spezialisierte Element. Aber die Cochlea ist eine Verlängerung des Vestibulums, des archaischen Teils des Systems. Sie übernimmt die gesamte Kommunikation mit der Umwelt, wobei sie den Dialog auf eine höhere Ebene hebt, was beim Menschen

schließlich mit dem Auftreten der Sprache seinen Höhepunkt findet.

Die für die Einführung der Sprache nötigen Strukturen sind nicht von heute auf morgen aufgetaucht. Die muskulären, artikulatorischen, phonatorischen usw. Mechanismen werden von einer regelrechten neuronalen, vorsprachlichen und prälinguistischen Strategie gesteuert, die sich in dem Augenblick herausbildet, in dem der Wille, sich auszudrücken, entsteht. Eltern können fasziniert diese lange, minutiöse, anspruchsvolle, schwierige und anfällige Vorbereitungsarbeit beobachten, die mit dem ersten Wort des Kindes einsetzt. Die Grundlage dafür wurde allerdings schon viel früher in der Geschichte der Menschheit gelegt, und jedes Kind durchlebt sie neu im Dunkel des Mutterleibs.

Die Vorstufen verschwinden nicht mit Haut und Haar, sobald neue Sinnesapparate auftauchen. Zum Beispiel bleibt die Seitenlinie immer noch innerviert, wenn der Utriculus schon da ist. So entsteht die Sensibilität der Haut. Haut und Ohr entwickeln sich also aus demselben Organ und sind eine Spielart derselben Zelle.

Wie die Makula der Mittelpunkt der Netzhaut ist, so ist die Cochlea das »Herz« der Haut, ihre Makula sozusagen und die Achse, von der aus sie ihre so bemerkenswerte Sensibilität entfaltet. Die Haarzelle, die wir schon bei den primitivsten Lebensformen vorfinden, hat eine doppelte Bestimmung: eine aquatische und eine kutane. Sie ist der Ursprung des Gefieders bei den Vögeln und des Fells bei den Säugetieren, stellt also zwei wesentliche Informationsquellen bei den Tieren dar.

7 Bauzeit: neun Monate

Das berühmte Müllersche Gesetz besagt, daß die Ontogenese (Entwicklung des Individuums) eine verkürzte Form der Phylogenese (Entwicklung der Arten) ist. Diese Behauptung bedarf natürlich einiger Nuancierungen. Man darf sich nicht vorstellen, daß der Fetus in chronologischer Reihenfolge alle großen historischen (und prähistorischen) Stadien der Entwicklung des Lebens, wie wir sie in vorstehendem Kapitel skizziert haben, durchläuft. Immerhin dauert eine Schwangerschaft nur neun Monate und keine 300 Millionen Jahre! Es gibt allerdings Analogien. Doch im Uterus bilden sich die verschiedenen Elemente simultan heraus, die Evolution nimmt Abkürzungen, strafft die Etappen. Es ist wie auf einer Baustelle, wo an allen Ecken gleichzeitig begonnen wird – zum Glück gibt es bei dem Ganzen allerdings eine Leitlinie, eine Zielrichtung, eine Induktion, deren Faden wir durch die Geschichte der Entstehung des Nervensystems verfolgen werden. Dabei erweist sich das Ohr eindeutig als »das erste Sinnesorgan des Menschen«, ohne den Informationsreichtum schmälern zu wollen, den die kleinste Zelle vom Augenblick ihres Erscheinens an in sich trägt.

Am Anfang war das Ohr

Nach seiner festen Verankerung in den Zotten der Gebärmutterschleimhaut werden aus dem vom Spermatozoon befruchteten Ei sehr schnell – und in einer Entwicklung, die kein Zurück mehr kennt, – zwei Zellen, dann vier, dann acht usw., bis die Morula entsteht (die ihren Namen ihrer Ähnlichkeit mit einer

Maulbeere verdankt). Diese verdoppelt sich, bläht sich auf und erreicht das Stadium der Blastula, die – ähnlich wie ein Hühnerei – drei Elemente enthält: einen hohlen äußeren Teil, das sogenannte Ektoderm, in dem sich das Fruchtwasser ansammeln wird, einen mittleren Teil, das Mesoderm, und einen unteren Teil, das Entoderm. Das Ektoderm ist der Ursprung der Haut und des Nervensystems (wie wir bereits gesehen haben, handelt es sich hier um ein und dasselbe Organ). Das Mesoderm entwickelt sich aus dem Keimblatt des Ektoderms durch Einstülpung der Primitivgrube im Bereich des sogenannten Hensenschen Knotens, in welche Zellen aus dem Ektoderm wandern. Dieses ist im wesentlichen verantwortlich für die Bildung der Knochen und des Muskelapparates. Das Entoderm wiederum ist der Ursprung des Verdauungssystems.

Aus der Embryologie wissen wir, daß sich die Gehörregion sehr früh herausbildet (zwischen dem 15. und dem 18. Tag!), und zwar an der Peripherie des Ektoderms. In diesem Stadium handelt es sich natürlich noch nicht um ein vollkommen ausgebildetes Ohr, sondern um eine Zone, eine »Plakode«, von der ausgehend sich der Gehörsinn entwickelt. Das Vestibulum ist als das erste, archaische Element dieser Ohranlage der zentrale Punkt der primitiven Struktur des Nervensystems und bildet in gewisser Weise den Anfang des ersten Gehirns, das man als »Vestibularhirn« bezeichnen könnte.

Die Sinnesorgane, die Nerven und das Rückenmark entstehen wie Erweiterungen seiner Funktionen um dieses Gehirn herum. Hat man dieses Prinzip einmal erkannt, verschmelzen die vermeintlich getrennten Elemente zu einer Einheit, und die Funktion wird deutlich. Wenn wir all diese Elemente mit dem Blick des Anatomen in kleine Scheibchen schnitten, könnten wir nichts mehr verstehen. Wenn wir aber eine funktionale Sichtweise annehmen, stellen wir fest, daß die Teile des Puzzles sich nach einem vorgefaßten Plan zusammenfügen. Es gibt also einen Induktor in dieser komplexen Maschinerie des Nervensystems.

In den allerersten Lebenswochen schleudert das Vestibulum mit unglaublicher Geschwindigkeit gewisse Elemente von sich, die die Anfänge des Nervensystems bilden, und andere, die das Rückenmark induzieren und sich schließlich bis in die Nervenendungen im Inneren der Muskeln entfalten. Dieser Bau in alle Richtungen scheint keinem Plan zu folgen. Eines Tages wird man vielleicht mit Mikrokameras einen Film drehen, der uns im Zeitraffer die Irrungen und Wirrungen der Konstruktion eines menschlichen Wesens zeigen und erklären wird.

Zwischen diesen vielfältigen Fasern, diesen getrennten Elementen und diesen Organanlagen zirkuliert eine Information, die nach meiner Überzeugung vollkommen vom Vestibularsystem gesteuert ist. Insbesondere sind die vorderen Wurzeln des Rückenmarks von ihm abhängig, diese Empfangs- und Transmissionsstationen der Muskeln.

Keine Startbahn ohne Kontrollturm

Es genügt nicht, Information auszuschicken, man muß auch sicherstellen, daß die Botschaft gut ankommt und der Befehl ausgeführt wird. Das Vestibulum verfügt über zwei Nervenstränge, die die zum Funktionieren des Systems unerläßlichen Rückmeldungen liefern.

Das sogenannte »Flechsigsche Bündel« geht vom Muskel aus und zieht auf direktem Wege (»homolateral«) zum Rückenmark. Der motorische Vestibularnerv führt zum Muskel hinab und in diesen hinein, wo er informiert und befiehlt, während sensible Fasern die Gültigkeit und die Ausführung des erteilten Befehls registrieren. Sie steigen am Rückenmark entlang auf, um nach einem Umweg auf das Vestibulum zu treffen und dieses zu informieren. Diese Informationen sind so zahlreich, daß das Vestibulum nach und nach einen Teil seiner Fähigkeiten an eines der konstituierenden Elemente des Gehirns, das Archäocerebellum (d.h. das archaische Kleinhirn), abgetreten hat, um die Informationsabgabe, Systemdecodierung, Koordination usw. leisten zu können.

Das Archäocerebellum ist also dieser Anhang des Vestibulums, der es diesem erlaubt, sich auf einer Ebene zu entfalten, die geeigneter ist, die aus dem Körper kommenden Informationen zu sammeln, auf einem Rückkoppelungsrelais, dem an das Kleinhirn angrenzenden Paläocerebellum. Dieses verfügt nämlich ebenfalls über eine Zone, die die Gesamtheit der aus dem Körper gesammelten Daten zentralisiert und verarbeitet, bevor sie in »korrigierter Fassung« an das Vestibulum weitergeleitet werden. Die Information kehrt zurück, nachdem sie von den entsprechenden Organen oder Körperteilen integriert, also somatisiert, wurde.

Die unmittelbare Reaktion des Vestibulums: Es paßt an und korrigiert. Diese hochentwickelte Kommunikation existiert schon im Uterus, wie aus Ultraschallaufnahmen hervorgeht, die uns den Embryo zeigen, der unzählige unkoordinierte, ungeschickte Bewegungen ausführt. Der Anfang dieser Steuerung und der Anfang des Lebens selbst sind eins. Die somatischen und sensiblen Informationsrückflüsse werden also im Flechsigschen Bündel gesammelt, zu dem noch das Gowerssche Bündel hinzukommt, das denselben Zweck erfüllt. Letzteres ist im Endbereich ebenfalls homolateral, wie im übrigen die gesamte Tiefensensibilität. Sein Verlauf ist komplizierter, mit zweifacher Kreuzung: Es geht vom Muskel aus, kreuzt das gesamte Rückenmark, steigt auf der Gegenseite auf, biegt nach unten ab, kreuzt das Kleinhirn und steigt schließlich auf derselben Seite wieder auf.

Nebenbei sei bemerkt, daß die motorischen Vestibularstränge, die zu den Muskeln hinführen, zu 80 % homolateral sind. Ihre Befehle sind also quasi unilateral. Nur 20 % der Fasern kreuzen, um die Ausgleichsbewegungen auf der Gegenseite zu veranlassen, die unerläßlich sind, um dauerhaft ein gutes muskuläres Gleichgewicht sicherzustellen, unabhängig von der ausgeführten Bewegung. Die Steuerung der Gegenseite zur Herstellung des Gleichgewichts greift mit Hilfe der verbleibenden 20 % korrigierend ein. Die kleinste Bewegung des linken Arms oder des rechten Beins erfordert nämlich eine Gegenreaktion des restlichen Körpers und insbesondere der entgegengesetzten Teile, und diese wird ebenfalls vom Vestibulum sichergestellt.

Das Nervensystem ist kein Trödelladen

Am Anfang gibt es noch keine Differenzierung. Das Kind bewegt beide Arme gleichzeitig. Man muß auch die Kommunikation zwischen den beiden sich entwickelnden Ohren (zumindest der beiden Vestibula) in Betracht ziehen. Dieses Gehirn, das ich »vestibuläres« oder »somatisches Gehirn« getauft habe, ist in der Tat ein Integrator: ein System, das die Gesamtheit der auf- und absteigenden Nervenstränge umfaßt. Diese Sichtweise eröffnet die Möglichkeit einer umfassenden neurologischen Beschreibung.

Die alten Neurologiehandbücher zeichneten vom Nervensystem das deprimierende Bild eines ausweglosen Labyrinths, bestehend aus einem Sammelsurium von Elementen, die ohne Sinn und Zweck ineinander verschachtelt sind. Vestibularnerv, Utricularnerv, die Nerven der Ampulla und des Sacculus, Deitersscher, Bechterewscher, Schwalbescher und Rollerscher Kern, Tractus vestibulo-spinalis, Oliva, roter Kern, Tractus olivo-spinalis, rubro-spinalis... wirklich ein heilloses Durcheinander! Ein Element türmt sich auf das andere, und der Begriff der Einheit geht verloren. Wie soll man sich all diese getrennten Elemente merken? Die Anordnung der Schaltkreise? Ihre Bedeutung? Da könnte man gleich einen Versandhaus-Katalog auswendig lernen, Größen und Preise inbegriffen.

Nicht das Kursbuch ist entscheidend, sondern der Sinn, den jeder Reisende seiner Fahrt gibt. Man kann das Nervensystem unendlich in Einzelteile zerlegen, in so viele Scheibchen schneiden, wie man nur will, aber man sollte nie aus dem Auge verlieren, daß es in erster Linie ein Netz ist, das die Aufgabe hat, eine immer komplexer, immer differenzierter werdende Information bis zu ihrem Ziel weiterzuleiten. Aus diesem Netz habe ich einen Integrator gemacht.

Drei Integratoren

In den Werken von A. Luria hatte mich wirklich verblüfft, wie Poljakow auf geniale Weise die gesamten Sehnerven, die »Kniehöcker«, den »Pulvinar«... bis hin zu ihrer Einmündung in die Okzipitalregion in einem System vereinigte. Er hatte eine funktionale Einheit geschaffen, die er »optischer Analysator« nannte. Mir kam dann die Idee, zu dieser Einheit noch den motorischen »tecto-spinalen« Bereich hinzuzufügen, der dadurch noch umfassender wurde. Ich beschloß, ihn als »Integrator« zu beschreiben.
Meiner Ansicht nach besteht der Mensch aus drei Hauptintegratoren: dem vestibulären oder somatischen Integrator (dem ersten von allen), dem visuellen Integrator, der durch seine Verbindung mit den vorderen Wurzeln des Rückenmarks unter der Kontrolle des Vestibulums steht, und dem cochlearen Integrator, der das Ganze in sich aufnimmt und ihm eine neue Dimension gibt: Mensch und Sprache.
Die Entwicklung dieser drei Integratoren im Uterus verläuft unterschiedlich. Das Vestibulum hat einen großen Vorsprung. Vom 27. Tag an (ein knapper Monat!) bringt das Labyrinthbläschen die Bildung des häutigen Labyrinths in Gang. Der vestibuläre Bereich bildet sich von der fünften Woche an heraus. Die Entwicklung des häutigen Labyrinths ist zwischen der siebten und achten Woche mit dem Erscheinen der Innenohrorgane – Utriculus, Sacculus und Cochlea – abgeschlossen.
Mit der Entwicklung des Vestibulums setzen Motorik und Sensibilität des kleinen Embryos ein, die allerdings noch unkoordiniert und nicht mit den höheren Gehirnfunktionen verbunden

sind. Die Gliedmaßen bewegen sich in alle Richtungen, folgen aber noch keinen präzisen Befehlen. Die Cochlea wird von Informationen überschwemmt. Da sie sie nicht weitergeben kann, begnügt sie sich damit, sie »für sich zu behalten«, sie zu integrieren, ohne sie auszusenden. Sobald sich das Nervensystem herausgebildet hat, können sie weitergeleitet und freigesetzt werden. So erklärt sich, daß wir uns so weit »zurückerinnern« und die Elemente unseres intrauterinen Lebens wieder aufspüren können.

Muskeln und Wörter

Es wäre falsch anzunehmen, daß zu jener archaischen Zeit, in der das Nervensystem noch nicht etabliert ist, noch kein Bewußtsein vorhanden sei und der kleine Mensch sich in finsterer Unwissenheit befinde. Die Phylogenese macht deutlich, daß das Auftauchen der kleinsten Zelle bereits eine Information voraussetzt, ein Gedächtnis, eine Kommunikation und folglich ein Horchen. Das simpelste Urtierchen wiederholt immer und immer wieder dieselbe Bewegung und kehrt zu seinem Ausgangspunkt zurück – es besitzt also ein rudimentäres Gedächtnis, das zu einem Automatismus erstarrt ist.
Die Zellen speichern in der natürlichen Lage Empfindungen und Informationen und leiten diese weiter, sobald die Möglichkeit der Abgabe besteht. Jeder, ob Kind oder Erwachsener, den wir in die akustischen Bedingungen des intrauterinen Lebens zurückversetzen, erfährt erneut diese archaische Dimension, diese Zeit der Skizzierung des Bewußtseins in einer Art tiefliegendem Automatismus, in den Tiefen eines Lebens, das niemals wirklich verlassen wurde. In Form von Zeichnungen oder emotionalem Erleben werden das Passieren des Eileiters, die Einnistung in der Gebärmutterwand, die Geburt usw. noch einmal durchgespielt. Diese Dinge lernt man weder in der Schule noch von den Eltern. Man erfindet sie auch nicht. Es ist

die Kraft des Ohrs: Wenn man tiefsitzende Eindrücke aktiviert, setzt es Erinnerungen und eine schon einmal erlebte Dynamik frei. Für das Ohr spielt die Zeit keine Rolle.

Das Ohr ist das erste Sinnesorgan, das das Nervensystem überschwemmt: das Vestibulum nach unten und die Cochlea nach oben – bis zum Gehirn, wobei ein Weg beschritten wird, der, vom hinteren Thalamusbereich ausgehend, sich über die Schläfenlappen bis hin zum Neocerebellum, dem jüngsten Teil der Kleinhirnrinde, erstreckt.

Von den Fußspitzen bis zu den Haarwurzeln gibt es keine einzige Faser, die nicht der vestibulären Steuerung unterliegt, welche sich an das muskuläre Nervensystem richtet und von diesem die Rückmeldungen erhält. Das Feedback wird, wie wir weiter oben bereits ausgeführt haben, von den sensorischen Systemen des Flechsigschen und des Gowersschen Bündels sichergestellt. Diese bilden das »extrapyramidale« oder »protopathische« Tiefennetz, das für alle unwillkürlichen Bewegungen zuständig ist. Die Cochlea vollendet diese Konstruktion mit einer noch viel stärkeren Invasionskraft, die erst viel später voll zum Tragen kommt, wenn alle Elemente des Nervensystems miteinander kommunizieren. Ein gewaltiger Strom fließt zum muskulären Block hin, ein anderer überschwemmt das Vestibulum und macht sich dabei die zur Analyse von Klängen fähigen Hirnfelder zunutze. So findet die Kommunikation auf einem höheren Niveau ihre übergeordnete Existenzberechtigung, indem sie die Sprache integriert, welche den *homo sociologicus* erst ermöglicht.

Superhirn mit großen Ohren

Die Entwicklung des Gehirns stärkt den Initialintegrator, indem sie ihm passendere Organe zur Verfügung stellt. So gliedert sich das Kleinhirn in drei Teile, das Archäo-, das Paläo- und das Neocerebellum, drei für die Übertragung von Informationen und die Kontrolle ihrer Verbreitung unerläßliche Schaltstellen.

Die Rückleitung vollzieht sich von nun an über zwei Wege, wovon der eine gekreuzt und der andere direkt ist.
Der Körper wird im Paläocerebellum »reproduziert«. Dank der Zellen, die die Kleinhirnrinde bilden, und des gesamten lateralen Netzes, das, vermittelt über die Purkinje-Zellen, davon abhängt, werden die Informationen überallhin verbreitet. Eine Information, die an einem Punkt A anlangt, bleibt nicht isoliert. Es kommt zur Weiterleitung (inklusive der zur anderen Körperseite), zur Rückkoppelung... und schließlich zu einem neuen vestibulären Befehl, wenn eine Intervention erforderlich sein sollte. Wenn zum Beispiel eine Bewegung korrigiert werden muß, interveniert das Vestibulum durch die Auslösung einer Reihe von Bewegungen... und so fort.
Oder wenn die Cochlea (der auf das Registrieren akustischer Bewegungen spezialisierte Apparat) ihre Informationen auf das Schläfenfeld geleitet hat, berieselt sie regelrecht das ganze Gehirn damit, nachdem ein komplizierter Weg zurückgelegt wurde. In seinem Verlauf reichert sie ihre Informationen an und projiziert sie auf die gesamte Oberfläche der Großhirnrinde. Es kommt zu sofortiger Kommunikation mit dem Körper durch das Spiel des Netzes der Purkinje-Zellen auf der Ebene des Paläo- und schließlich des Archäocerebellums. Auf der Strecke vom Großhirn zum Kleinhirn eröffnet die Cochlea einen Weg zum Körper in Richtung der vorderen Rückenmarkswurzeln. Dort trifft sie auf die Zielscheibe, auf die das Vestibulum seine Befehlsinformationen an die Muskeln richtet. Wie man sieht, steht also das Vestibulum mit seiner ganzen Beziehungsdynamik in Kommunikation mit der Cochlea.
Nichts bleibt davon ausgenommen. Die Cochlea hat auch ein Wörtchen mitzureden. Das Vestibulum schickt über den ersten Teil des Gehirns einen Befehl an die Muskeln. Die Cochlea nimmt die Information auf einer höheren Ebene auf... und schickt sie an das Vestibulum zurück, das so eine erste Kontrolle und eine Erinnerung an seine Handlung erfährt. Der Körper steht dank der vorderen Rückenmarkswurzeln ebenfalls in di-

rekter Kommunikation mit dem Vestibulum. Der Schaltkreis, der sich etabliert, bietet eine zweite Kontrolle. Das Vestibulum ist von zwei Seiten her »in Atem gehalten«, nichts entgeht ihm. Es ist der »Generaldirektor« dieser großartigen Organisation, die das Nervensystem darstellt.

Gegen Ende des vierten Monats des intrauterinen Lebens wird das vestibuläre Nervensystem funktionstüchtig. Es besitzt seine wichtigsten Funktionen, myelinisiert sich – es normalisiert sich sozusagen –, setzt die Gliedmaßen in Bewegung und dringt in den Körper vor, wodurch dieser ein wirkliches Bewußtsein von seinen Bewegungen erlangt. Mit einer Verschiebung von einer Woche erobert die Cochlea ihrerseits das Nervensystem und treibt die Strategie noch weiter, auf noch höhere Ebenen. Sie bedient sich des gesamten Vestibulums, und der Körper bewegt sich nur noch, weil die Cochlea, unterstützt vom Vestibulum, horchen, also auf der höchsten Ebene kommunizieren will. Von jetzt an wird der wahrgenommenen Ordnung Folge geleistet.

Vor dem fünften Monat des intrauterinen Lebens sind die vielen tausend Nervenendigungen, aus denen das Nervensystem besteht, wie ein Packen elektrischer Kabel, die schutzlos ineinander verflochten sind. Es scheint drunter und drüber zu gehen. Eines Tages »beschließt« der Organismus, sie mit einer Isolationsschicht zu ummanteln, um Kurzschlüsse zu vermeiden und ein wenig Ordnung in diesen Wirrwarr zu bringen. Die Myelinisation vollzieht sich, die ihren Namen diesem phosphorhaltigen Fett verdankt, das nun den Nerv isoliert, schützt und funktionstüchtig macht. Bei manchen Sinnesfunktionen kommt dieser Prozeß erst eine ganze Weile nach der Geburt zum Abschluß. Doch die erste Gehirnzone, die im Uterus davon profitiert, ist das Hörfeld. Das Ohr ist als einziges Sinnesorgan bereits vor der Geburt voll ausgebildet.

Es ist schon im vierten Monat des intrauterinen Lebens vorhanden, und von dem Zeitpunkt an, wo es sich das zu diesem Zweck bestimmte Neuronalsystem zunutze macht (etwa nach fünfeinhalb Monaten pränatalen Lebens), ist das Ohr vollkommen funktionstüchtig, während die Myelinisation erst am Tag der Geburt zum Abschluß kommt. Das dem Gehör zugeordnete Rindenfeld (seine Projizierung auf die Schläfenlappen) ist dann vollkommen entwickelt. Das Nervensystem geht unbeirrt seinen Weg und treibt die Einrichtung der verschiedenen Strukturen, aus denen es sich zusammensetzt, voran. Dies vollzieht sich in vielen Schritten, verstärkt im Zeitraum vor der Geburt, doch die volle Funktionstüchtigkeit wird erst mit der Ausbildung des assoziativen Netzes erreicht. Erst von diesem Moment an wird das Gehirn endlich in seiner vollen Leistungsfähigkeit genutzt, zumindest was das Überlegen anbelangt, dieses Hin- und Herbalancieren, das die Sprache auf das Denken projiziert und die Verbalisierung anregt. Diese abschließende Phase des Reifungsprozesses vollzieht sich etwa im Alter von vierzig Jahren, als wenn der Mensch erst in diesem Lebensabschnitt zur Vernunft käme!

Der Mensch ist eines der wenigen Tiere der Schöpfung, die in unreifem Zustand geboren werden, zumindest was den Großteil seiner wichtigen Funktionen anbelangt. Außer der, die es ihm ermöglicht zu horchen. Ist das nicht seltsam?

Die Geschichte des Lebens setzt vom Vorhandensein der allerersten Zelle an die Kommunikation mit der Umwelt voraus. Diese wird in dem Maße, in dem die Wahrnehmung des Universums zunimmt, immer genauer, immer anspruchsvoller. Der kurze Abriß der Geschichte des Lebens hat uns gezeigt, daß nach dem Riechen das Sehen die Vorgänge steuert, und dann das Hören.

Das menschliche Wesen hat dieses Streben nach Kommunikation durch die Entwicklung der Sprache auf sein höchstes Niveau gehoben, ausgehend von einer sehr hohen Sensibilität für akustische Bewegungen. Das Ohr ist Bestandteil einer Dynamik des Horchens, die die schon zurückgelegten Etappen des Lebens aufnimmt und ihre wesentlichen Errungenschaften beibehält.

Das Horchen setzt voraus, daß das Vestibulum in vollem Maße über die Cochlea verfügt, dieses Sprachorgan par excellence. Sie schafft eine Dynamik, die die Vertikalität des Menschen verstärkt und den Körper darauf vorbereitet, das Horcherlebnis in einer Absicht und einem Wunsch zu suchen, wie sie schon im Uterus vorhanden sind. Wenn der Fetus in Augenblicken des Bewußtseins, zu denen er durchaus fähig ist, der Stimme seiner Mutter lauscht, so wird er reglos und in gewisser Weise gespannt. Er bereitet sich auf jene höhere Dimension vor, die ihm schon lange vor der Geburt seinen Status als Mensch verleiht.

8 Kind des Wassers, Kind der Luft

Mit den Glückwünschen der Jury

Wie in einem Nest im Mutterleib zusammengerollt, erlebt das werdende Kind ein unvergleichliches Abenteuer, in dessen Verlauf Millionen von Jahren tastender Versuche und endlicher Erfolge in neun kurzen Monaten rekapituliert werden. Was für ein gedrängtes Programm!
Haben uns die zwei vorangegangenen Kapitel schlauer gemacht? Sie haben mir zumindest erlaubt, die »Vorherrschaft« des Ohres über alle anderen Sinnesapparate darzustellen und ihm das Prädikat »Schöpfer des Nervensystems« zu verleihen – mit den Glückwünschen der Jury. Das Vestibulum steuert die Tiefensensibilität und die der Haut, die Automatik der motorischen Mechanismen, den Muskelapparat… Das Ohr ist der »Mainframe« dieses riesigen Imperiums des menschlichen Körpers. Diese »Entdeckung« reizt dazu, die traditionelle Ordnung der fünf Sinne umzustürzen, die den Gesichtssinn an die erste Stelle setzt und das Gehör nur an die vierte, vor dem Tastsinn und hinter dem Geschmackssinn. Das Auge und seine Errungenschaft des Sehens sind jünger als all die anderen eben genannten Sinne. Der Geruchssinn beansprucht einen gewissen Sonderstatus. Ehrlich gesagt wissen wir nur wenig über diese Funktion, der die verschiedensten und widersprüchlichsten Eigenschaften zugeschrieben werden. So soll der Geruchssinn eine Rolle spielen beim Gedächtnis, bei den mit dem Hypothalamus verbundenen Vorgängen, beim Sexualleben und er soll eine gewisse Regulierung der Hormone bewirken. Es handelt sich hier um eine sehr alte Funktion, die der Mensch nach und nach verloren hat, und

die nur noch als Überrest vorhanden ist. Neurologisch gesehen ist der Geruchssinn übrigens mit dem vorderen Bereich des Nervensystems verknüpft. Als einziger ist er nicht mit den zentralen Bereichen des Thalamus verbunden.

Die rauhe Wirklichkeit

Der Mensch kommt unreif zur Welt. Nicht die Geburt ist traumatisierend für ihn, sondern es sind die ersten Augenblicke seines Lebens »an der Luft«, auf das er noch nicht vorbereitet ist. Der Fetus verläßt eine gut abgeschlossene schützende Höhle, in der er König war, und findet sich in einem riesigen Universum wieder, dessen Grenzen er nicht wahrnehmen kann. Das allein ist ein fürchterlicher physischer Schock. Für seine Haut ist alles ganz anders geworden. Das warme ihn umgebende Wasser ist verschwunden. Es ist kalt. Die so empfindliche Haut ist tausend Angriffen ausgesetzt, tausend unangenehmen Reizen. Der Körper kommt erstmals in Kontakt mit anderen Stoffen: Tüchern, Decken, Windeln... Zu Recht weisen die Kinderärzte die Mütter darauf hin, daß sie die noch sehr empfindliche Haut des Neugeborenen besonders sorgsam behandeln müssen, das Kind gut eincremen und seine Kleidung mit Bedacht auswählen.
Das Licht ist ein weiterer traumatisierender Faktor, auch wenn das Neugeborene noch nicht über eine voll entwickelte Sehfähigkeit verfügt. Bei zu grellem Licht kneift das Baby die Augen zusammen und zeigt sich verstört oder verärgert. Früher fanden Entbindungen im Licht von Strahlern statt, die so stark waren wie Filmscheinwerfer – allerdings nicht, um aus der Mama einen Superstar zu machen! Heutzutage verzichten die Gynäkologen auf so eine Lichtattacke und empfangen das Baby in gedämpfter Atmosphäre.
Man wird mir entgegenhalten, daß Kinder immerhin nicht mit Schuppen auf die Welt kommen. Es stimmt, daß die Haut schon

in der Lage ist, an der Luft zu »funktionieren«. Dasselbe gilt für jenen Sinnesapparat, der sich so wunderbar an das Leben im Wasser angepaßt hatte: das Ohr.

In Watte gepackt

Das Leben fängt für die Neugeborenen nicht gerade gut an. Im Bauch ihrer Mutter verfügten sie über ein »absolutes« Gehör in idyllischen akustischen Verhältnissen. Die Mütter richteten sich ausschließlich an sie. Mit erstaunlicher Sensibilität nahmen sie diese ununterbrochene Botschaft der Liebe wahr. Doch bei der Geburt kommt es zu einem katastrophalen Ereignis von größter Wichtigkeit, was leider nur von wenigen erkannt wird. Es hat kaum abschätzbare Folgen. Das Baby geht vom Hören im Wasser zum Hören an der Luft über. Das Kind des Wassers wird zum Kind der Luft. Es ist jetzt in ein ganz anderes Klanguniversum versetzt. Dies ist eines der größten Schockerlebnisse des Lebens. Es kann traumatisierende Folgen haben, wenn die Umgebung nicht darauf achtet.

Während der ersten Stunden nach der Geburt funktioniert das Ohr, das noch ausreichend Flüssigkeit enthält, einigermaßen normal. Nach und nach leert es sich, und die akustische Wahrnehmung des Kindes wird immer mangelhafter. Der akustischen Stimulation beraubt, sackt das Kind in sich zusammen, ist erschöpft und verfällt wegen dieser Schwierigkeit, sich an das neue Milieu anzupassen, in Lethargie.

Wie sein Auge in dem gedämpften Licht nur schemenhaft wahrnimmt, so lebt sein Ohr wie in Watte gepackt in einer unscharfen Welt. Natürlich macht sich das Mittelohr auf den Weg, um ihm nach und nach zur richtigen Wahrnehmung zu verhelfen. Doch stellt diese sich erst langsam ein und ist noch sehr empfindlich. Man muß das Neugeborene vorbereiten, indem man es mit großer emotionaler Wärme umgibt, was ihm helfen wird, sein Entsetzen angesichts dieser so neuen Welt zu überwinden.

Wenn es unangenehmen oder zu lauten Geräuschen ausgesetzt ist, wenn diese kleine Muskulatur des Mittelohrs, die sich gerade zwischen den drei winzigen Knöchelchen von Hammer, Amboß und Steigbügel herausbildet, von Tönen gemartert wird, kann der Hörapparat Schaden nehmen, und das Kind kann den Wunsch zu horchen verlieren. Wir wissen, daß das Ohr diese großartige Fähigkeit besitzt, sich zu verschließen und zu blokkieren. Das auditive System kann sehr wohl »vielen Dank, auf Wiedersehen« sagen und das Kind in eine Pathologie der Kommunikationslosigkeit stürzen. In welchem Maße? Das kann ich nicht sagen, denn in meiner therapeutischen Tätigkeit habe ich es immer nur mit beschädigten Ohren zu tun. Ich befinde mich also in einer schlechten Ausgangsposition, um diese Frage beantworten zu können. Aber ausgehend von all den später erworbenen Störungen, die ich diagnostiziere, glaube ich, daß diese Blockaden viel häufiger sind, als man annehmen möchte. Schwierigkeiten in der Schule, im Sozialverhalten, psychische Probleme... Da kommt so einiges zusammen.
Die Kommunikationsstörungen rühren davon her, daß das Individuum ganz am Anfang von seiner Umwelt schlecht aufgenommen wurde. Die erste Begegnung ist also von entscheidender Bedeutung, und ich bin davon überzeugt, daß sich bei der Geburt und während der ersten Tage danach alles entscheidet, in der Zeit also, zu der das Ohr noch nicht gelernt hat, an der Luft zu hören. Das Mittelohr verfügt über eine Muskulatur, die im Uterus noch in einem Schlafzustand verharrte. Nach der Geburt müssen diese Muskeln all ihre Kraft zusammennehmen, um die Vorzüge des pränatalen Horchens wiederherzustellen. Dafür müssen sie aber erst trainieren, schließlich ist noch kein Athlet vom Himmel gefallen. Die Aufgaben dieser Muskeln sind sehr wichtig, denn ihnen obliegt es, den Nerv zu schützen, den Hörapparat zu regulieren und zu ermöglichen, daß die Töne so differenziert wie möglich wahrgenommen werden.

Sweet Soul Music...

Im Mutterleib ist der Fetus eine einzige mobile Antenne. Das Ohr, das als erster der Sinne funktionstüchtig wird, ist seine alleinige Empfangs- und Kommunikationsstation. Er verwendet es wie ein Virtuose sein Musikinstrument. Mit ihm analysiert er die Klänge, spürt er die Stimme seiner Mutter auf, pocht er gegen die Gebärmutterwände. Wenn wir die Eigenschaften dieses Horchsinns über die Geburt hinaus bewahren könnten, wären wir Könige!

Die Mütter kennen die unsichtbaren Fähigkeiten des Kindes, das sie in sich tragen. Manchen gelingt es sogar, diese beiden parallelen Leben in Einklang zu bringen: Sie passen ihren Schlaf dem werdenden Baby an, wachen, wenn es wach ist, sprechen mit ihm, wenn es sich bewegt, streicheln es zärtlich durch die Bauchdecke... Eine Mutter findet so zu vergessenen Rhythmen zurück, zu verlorener Harmonie.

Ohne uns dessen bewußt zu sein, leben wir alle in einem Universum, das Programmen unterworfen ist. Manche davon sind in unsere Zellen integriert, andere wiederum sind außerhalb von uns, wie zum Beispiel der Tag-Nacht-Wechsel, der unser Leben so stark regelt, daß wir, wenn man uns davon isoliert, unser Gleichgewicht verlieren. Wenn in der Polarkreisregion die Sonne zu Zeiten nicht mehr untergeht, ist manchen Leuten das Fehlen der Nacht unerträglich. Sie fühlen sich müde und erleiden die reinsten Marterqualen. Wir brauchen die Dunkelheit. Interessanterweise fällt es Leuten, die vor Sonnenaufgang arbeiten, im Winter leichter aufzustehen als im Sommer – wo man doch das Gegenteil annehmen könnte.

Das Kind im Mutterleib ist ebenfalls solchen Rhythmen unterworfen. Es hat lange Schlummerphasen, wo es die Verbindung mit seinem Universum unterbricht. Dann wieder wacht es auf und entwickelt seine Aktivitäten. Wenn es sich nicht mehr bewegt, machen sich die Mütter Sorgen und glauben, es sei krank oder noch schlimmer... Aber sie lernen schnell, sich ihm anzupassen. Wenn es sich ausruhen will, kann es nicht mehr vertragen, herumgeschaukelt oder in eine zu laute Umgebung gebracht zu werden. Am hellichten Tage wiederum gefällt es ihm, herumgetragen und in den Bewegungen des Bauches seiner Mutter gewiegt zu werden.

Wie weit kann dieser Dialog gehen? Nimmt ein Kind alles wahr, was seine Mutter erlebt? Nicht mehr, als eine Ameise bemerkt, daß wir an ihr vorübergehen. Seine Wahrnehmung ist begrenzt. Aber unsere auch: Spüren wir, daß die Erde sich dreht? Vieles, was uns eigentlich ins Gesicht springen müßte, entgeht uns.

Der Mythos der Brücke

Beim Übergang vom aquatischen Milieu im Inneren des Uterus zur Luft ergeben sich für das Ohr also zahlreiche Anpassungsschwierigkeiten. Die Luft hat nicht die gleichen Schwingungen wie das Wasser. Das aus drei beweglichen Elementen bestehende Mittelohr erscheint also auf der Bildfläche und spielt die Rolle eines Ventils, dessen Aufgabe darin besteht, den inneren Teil des auditiven Systems zu schützen.

Wenn der Leser nicht schon auf diese neue Weise, die Dynamik des Ohrs zu betrachten, vorbereitet wäre, stünden ihm jetzt sicher die Haare zu Berge! Aber wenn er uns bis hierher gefolgt ist, weiß er, daß der Klang nicht über die berühmte Knochenkette des Mittelohrs geleitet wird. Wer mich kennt, weiß, daß ich noch nie ausgetretenen Pfaden gefolgt bin, und nach vierzig Jahren hartnäckiger Forschung auf diesem Gebiet glaube ich mir doch eine gewisse Anerkennung verdient zu haben. Akustiker und Spezialisten auf dem Gebiet der mechanischen Kinetik zerbrechen sich seit Generationen den Kopf, um die Funktionsweise dieses »offiziellen Wegs« zu erklären. Ohne Erfolg. Wie soll man sich auch vorstellen, daß der Klang sich mit drei flexibel miteinander verbundenen Knöchelchen zufriedengeben könnte, um uns mit seinem ganzen Reichtum zu überfluten?

Auf dem Weg zum auditiven Sinnesorgan sind zwei Pforten zu überwinden: Auf die erste treffen wir in der Wand des knöchernen Labyrinths, sie eröffnet das Innenohr, und die zweite befindet sich im Trommelfell, dieser Grenze zwischen Mittelohr und äußerem Gehörgang. Diese beiden Eingänge sind embryologisch differenziert und bilden sich im übrigen zu unterschiedlichen Zeiten beim Fetus heraus. Wenn ein Klang in die Ohrmuschel des Außenohrs gelangt, beschließt das Innenohr, ihm zu seinem Empfang entgegenzugehen.

Um dies zu tun, öffnet das Labyrinth seine Pforte. Einen Sekundenbruchteil später tut das Außenohr das gleiche und verändert die Spannung des Trommelfells, damit der Klang bewußt aufgenommen werden kann, so, als sei er in dieses großartige Labyrinth hereingebeten worden.

Der Klang beschreitet also in keiner Phase die Knochenkette des Innenohrs. Ihre Rolle als »Klangbrücke« muß also meiner Meinung nach ein für alle Mal ad acta gelegt werden. Das Innenohr ist in permanenter Bereitschaft, Klänge zu analysieren. Das Ganze bildet einen Startmechanismus, bei dem ein kleiner Muskel (der des Steigbügels) die Öffnung der ersten Pforte steuert, während die Spannung des Trommelfells von einem anderen Muskel (dem des Hammers) reguliert wird, der in die Schleimhautschichten des Trommelfells eingelassen ist.

Diese beiden Pforten sind voneinander unabhängig. Doch bei zu aggressiver Lautstärke sichern sie mit vereinten Kräften, wie ein mechanisches Paar, den Schutz der empfindlichen Sinnesorgane des Innenohrs.

Dieses wird von einer aus einem sehr harten Knochen bestehenden Schale geschützt, die fast so dicht ist wie Elfenbein. Das Labyrinth schwingt in derselben Frequenz wie die Schädelknochen. Die Corti-Zellen (die die auditive Sensibilität bestimmen) reihen sich ein, um auf die jeweilige Resonanz des Knochens zu reagieren, Frequenz für Frequenz. Das gesamte Knochensystem vibriert. Doch das Horchen ist selektiv. Das Ohr lauscht nur, wenn es mit bestimmten äußeren Lauten in Kontakt treten will.

Wie kann es sich gegen zu starken Lärm schützen? Wie kann es dieses permanente Getöse ausschalten, das die verschiedenen inneren Organe (Atmung, Verdauung, Blutzirkulation, Herzschlag...) veranstalten? Auf der einen Seite haben wir diese immense Sonde der Schädelknochen und das häutige Labyrinth (das Innenohr). Auf der anderen ein kleines Diapason, eine Membran, die es dem Klang ermöglicht zu vibrieren und das Knochensystem in Schwingung zu versetzen: das Trommelfell. Zwischen den beiden hat sich ein Regulationssystem herausgebildet: das Mittelohr, das wie das Kolbenventil eines Anlassers im Innenohr in der Lage ist, die Impedanzen im Bereich des Trommelfells zu regulieren, zu öffnen oder zu schließen...
Meiner Meinung nach geschieht also folgendes: Das Trommelfell steht in Resonanz mit den hohen oder tiefen Frequenzen, abhängig von den Bewegungen, die von den ersten beiden Bestandteilen des Mittelohrs (Hammer und Amboß) reguliert werden. Der Steigbügel (der direkt an dem häutigen Labyrinth sitzt) steuert die Vibrationsstärke im Innenohr.

Der Fetus gähnt

Was vollzieht sich also im Uterus? Die Eustachische Röhre (die Ohrtrompete) des Fetus ist geöffnet, und das zu beiden Seiten eingefaßte Trommelfell ist außer Gefecht gesetzt. Wenn wir gähnen, wird diese Lähmung des Außenohrs in ähnlicher Weise erzeugt, was uns eine ungefähre Vorstellung von diesem Mechanismus gibt. Die Luft kommt von beiden Seiten und ruft eine leichte Taubheit hervor. Wenn eine Klangquelle zu aggressiv ist, wird ein wohltuendes Gähnen ausgelöst, das für einige Augenblicke Erleichterung verschafft. Die Luft gelangt in die Eustachische Röhre, die Schwingung kommt zum Stillstand, löst eine Phasenverschiebung aus und führt zur Wahrnehmung eines Null-Geräusches. Das Baby kommt mit geöffneter Ohrtrompete zur Welt, die mit einer Flüssigkeit, dem Mekonium, gefüllt ist. Diese wird in den ersten Tagen nach der Geburt resorbiert, und ein wenig später schließt sich die Eustachische Röhre. Dann tritt das Mittelohr in Aktion, das sein eigenes Regulationssystem erzeugt, um sich an dieses neue Klanguniversum anzupassen.

Wie ein Phönix aus der Asche

Während seines intrauterinen Lebens hatte das Ohr seine Sternstunde. Seine Anpassung an die Welt der Luft hingegen vollzieht sich unter Schwierigkeiten. Bis zum zehnten Lebenstag behält das Neugeborene Klangverhältnisse bei, die denen seines fetalen Lebens sehr ähnlich sind. Danach, wenn das Fruchtwasser aus dem Mittelohr verschwindet, tut sich eine Kluft auf. Alles verstummt. Das Baby stürzt dann in ein Universum der Stille, das nur vom Orchester seiner Innengeräusche durchbrochen wird, das sich aus mehr oder weniger verstimmten Instrumenten zusammensetzt. Um das ganz von der Stimme seiner Mutter durchdrungene klangliche Universum wiederzufinden, das ihm während seiner Reise im Uterus so vertraut war, muß es horchen lernen, damit der Dialog mit der, die ihm das Leben geschenkt hat, wieder aufgenommen werden kann. Wenn also der Flüssigkeitsrest aus seiner Ohrtrompete verschwunden ist, gelangt das Kind in eine Art Schlafzustand, aus dem es nur erwachen kann, wenn es lernt, das mittlere und äußere Stockwerk seines Ohres zu benutzen.

Eine zweite und eine dritte Geburt...

Dieses Organ, das uns schon mit seinen frühen Fähigkeiten in Erstaunen versetzt hat, zeichnet sich dadurch aus, eine zweite Geburt zu benötigen, die viel mühsamer ist als die erste, so viel mühsamer, daß so mancher von uns sich nie mehr davon erholt.

Denn wenn dieser Vorgang mißlingt, kann er für das Horchen und alles, was mit dieser außerordentlichen Fähigkeit zusammenhängt, zur Katastrophe werden. Erfährt das Ohr im Lauf seines Lebens nur zwei Geburten? Wir wollen es nicht hoffen. Der Mensch, der ein Stadium nach dem anderen durchläuft, wird immer wieder neu geboren und gelangt in immer wieder neue Dimensionen des Horchens.

Die »akustische Geburt« (englisch: »sonic birth«) – eine wichtige Etappe der Therapie mit dem elektronischen Ohr – bewirkt also einen völlig natürlichen Vorgang. Sie ermöglicht, das erste oder das zweite Horchen aufzuholen, oder ein drittes zu erlangen.

Es leuchtet ein, daß die Schwangeren, die sich einer derartigen Behandlung unterziehen, weniger Angst vor der ihnen bevorstehenden Entbindung haben. Sie erwarten sich einen intensiven Moment der Kommunikation und den Beginn des schönsten Liebesduetts, das zwei Wesen verbinden kann… Das kann den größten Macho nur zum Staunen und Träumen bringen!

Mir liegt nichts daran, daß die Klienten dieses Schlüsselerlebnis der akustischen Geburt zu einem Mythos hochstilisieren und jeden Abend zur Jungfrau Maria beten, um möglichst schnell an diesen entscheidenden Augenblick zu gelangen. Manche können es gar nicht erwarten. Andere wiederum sagen mir: »Wann wird es bei mir so weit sein?« »Habe ich es verdient?«… Ich spreche so wenig wie möglich davon, behandle es wie eine natürliche Etappe und erkläre, daß die akustische Geburt sich zur rechten Zeit einstellen wird, abhängig von der Zeit, ihrem Temperament und ihren Reaktionen.

9 Ein Fax aus dem Uterus

Das Verhör

Eines Tages wird ein kleiner Junge wegen verschiedener Störungen, die sich in allgemeiner Verweigerungshaltung, Todesgedanken und fürchterlichen Alpträumen äußern, zu einem berühmten Psychotherapeuten gebracht. Die Mutter erklärt, daß er mit einem toten Brüderchen auf die Welt kam, das schon im Uterus gestorben war, denn sie erwartete Zwillinge. Das Gespräch findet in Anwesenheit des Vaters und des Jungen statt. Der Kleine kann dem Gespräch ganz offensichtlich nicht folgen, auf Fragen antwortet er nicht. Der Psychologe bittet ihn dann, ein Bild zu malen, wobei er ihm sagt, daß er doch bestimmt unter diesem Drama im Bauch seiner Mutter gelitten habe. Und es kommt, wie es kommen muß: Nach einigen Sitzungen präsentiert der kleine Junge eine Zeichnung von zwei Babys in einer Höhle, die durch ein Messer getrennt sind! Der Psychologe macht ein Gesicht, als hätte er den Stein der Weisen gefunden und erklärt, daß der Junge sich für den Tod seines Zwillingsbruders im Mutterleib verantwortlich fühlt.
Eine derartige Methode, die gelenkte Hinführung mit subjektiver Interpretation verbindet, wirkt sich zerstörerisch auf das Kind aus, das das »Verdikt« wie einen Schock erlebt, der oft nicht weniger schlimm ist als der ursprüngliche Grund seiner Störungen. Schließlich hat er keine andere Wahl, als klein beizugeben angesichts dieser Flut von Behauptungen, die keinen Widerspruch dulden.
Das Gespräch, die Fragen, die Anweisungen und schließlich die Interpretationen gehen über den Kopf des Jungen hinweg, sie nehmen keine Rücksicht auf seine Fähigkeiten zur Integration

und die Realität des Erscheinungsbilds. Er wird im übrigen während der gesamten Dauer der Therapie stumm bleiben, weil diese sich nicht für seine Symbolik interessiert, sondern sich damit zufriedengibt, psychoanalytische Prozesse aneinanderzureihen.

Widersprüchliche Ermittlungen

Wozu soll man die Bilder, die die Kinder spontan malen, »interpretieren«? Sie stellen ihre Geschichte dar, und während sie daran arbeiten, platzen die psychologischen »Abszesse« ganz von allein. Der Klient gibt zu erkennen, daß er eine Etappe zurückgelegt hat und jetzt auf seinem Weg weitergehen will. Er findet Wahrnehmungen wieder, die seine Handlungen festlegten, oder eigene Einstellungen. Und damit Punktum.
Wir beschränken uns darauf, einfache Beobachtungen zu machen. Wenn wir bei einer dieser Zeichnungen stehenblieben, wie es unser Psychologe tut, würden wir das Kind in einem Moment seiner Entwicklung erstarren lassen und könnten uns nicht mehr davon lösen. Es geht nicht darum, ausgehend von diesen Darstellungen große intellektuelle Systeme zu entwickeln. Alles bleibt spontan und vollzieht sich in einer Bewegung, die zur nächsten Etappe überleitet. Man kann natürlich im stillen Kämmerlein Interpretationen anstellen, doch wie schnell täuscht man sich! Sie sind Bestandteil des Traums, den man eigentlich entschlüsseln will – was die endlosen Diskussionen zwischen Freud und Jung sehr schön zeigen. Ihre Interpretationen wichen regelmäßig voneinander ab, und Jung amüsierte sich, indem er dem Meister irgendwelche Elemente hinwarf, um seine Version zu hören, da er wußte, daß er gegenteiliger Ansicht war.
Während wir einem Klienten unter dem elektronischen Ohr jene berühmten gefilterten Klänge wie im Inneren des Uterus zuspielen, lassen wir ihn zeichnen und dabei frei seiner Inspiration folgen. Nun haben diese Bilder aber eine Besonderheit: Sie sind bei

jedermann gleich. Sie folgen ein und derselben Chronologie, die durch die Reise durch den Uterus vorgegeben ist, vom Embryo bis hin zur Geburt. Manchmal gehen wir sogar noch weiter zurück und rufen die Bewegung des Eis im Eileiter hervor. Wir finden also unabhängig vom jeweiligen Individuum immer wieder die gleichen Bilder und auffällige thematische Entsprechungen.

Das unterbrochene Paradies

Als ich mit den Behandlungen unter dem elektronischen Ohr begann, fragte ich mich, wie ich die Klienten während der langen Stunden beschäftigen sollte, in denen sie über Kopfhörer gefilterte Töne zugespielt bekamen. Beschäftigungen wie Lesen oder Schreiben, die ihre grauen Zellen zu sehr mobilisiert hätten, schieden von vornherein aus. Genausowenig kam es in Frage, sie Musik hören zu lassen, wo es doch darum ging, ihr Ohr umzuschulen! Deshalb kam ich auf einen Mittelweg und bat meine Klienten, Bilder zu malen, wobei sie ihrer Phantasie freien Lauf lassen und nicht zu sehr auf das achten sollten, was sie taten. Was dabei herauskam überstieg meine kühnsten Hoffnungen, denn diese Bilder wurden zu ganz wesentlichen Bestandteilen der Therapie. Wir verwenden sie als Muster oder als Indikatoren, um festzustellen, in welcher Etappe sich ein Klient gerade befindet.
In der Anfangszeit stapelten sich die Zeichnungen auf meinem Schreibtisch, und ich wußte nicht so recht, was ich mit ihnen anfangen sollte. Eines schönen Tages bemerkte ich, daß es zwischen den »Werken« meiner Patienten auffällige Übereinstimmungen gab. Sämtliche Motive stellten dieselbe Sache dar, wobei eine überraschende zeitliche Abfolge und Regelmäßigkeit festzustellen waren.
Ich dachte, daß meine vorgefertigten Programme vielleicht zu »direktiv« waren und ich den einzelnen Klienten nicht lange genug in den akustischen Verhältnissen des Uterus beließ. Viel-

leicht wollte er länger im Bauch seiner Mutter, dessen akustisches Universum durch die gefilterten Töne wiederhergestellt wird, verharren? Mit welchem Recht zwang ich ihn dazu, dieses Paradies zu verlassen? Vielleicht fand die akustische Geburt zu früh statt und wurde so zu einer regelrechten elektronischen Zangengeburt?
Ich beschloß, meine Klienten so lange wie möglich in diesem »Jungbrunnen« verweilen zu lassen. Ich wartete. Da kam die Überraschung: Sie zeichneten die gleichen Motive wie in dem vorherigen Experiment, als wenn ich bereits den Abstieg zum Hören an der Luft vollzogen hätte! Ohne mein Zutun verlangten sie nach der akustischen Geburt! Der Wunsch, geboren zu werden, kam von ihnen. Als ich begann, dieses neuartige Programm durchzuführen, blieben die Klienten so lange wie nötig im Uterus und entschieden selbst, wann sie geboren werden wollten, als wenn sie einem individuellen Verlauf und einem individuellen Zeitplan folgten. Sie absolvierten von sich aus eine Etappe, die ich erst später erwartet hätte. Ich kehrte also sehr schnell wieder zu dem ursprünglichen Programm zurück, da es unnütz war, die Geburt der Klienten voranzutreiben, indem man die Rückkehr zu den ungefilterten Klängen, wie sie an der Luft zu hören sind, beschleunigte.

Das elektronische Ohr – ein Wunderinstrument?

Wenn wir unsere Klienten also dazu auffordern, ihrer Phantasie freien Lauf zu lassen, während sie von den gefilterten Klängen überflutet werden, und alles, was ihnen in den Kopf kommt, zu malen, sind sie im allgemeinen von dem, was herauskommt, überrascht. Sie glaubten vorher nicht, daß sie in der Lage seien, »so schöne Dinge« zu machen.
Ist das elektronische Ohr also ein Zauberstab, der Männer und Frauen in Schüler von Picasso oder Renoir verwandelt? Ich glaube nicht, obwohl es zu diesem Thema noch einiges zu sagen

gäbe. Nicht das zeichnerische Talent kommt durch die Gehörstimulation zum Vorschein, sondern die tiefe Kreativität, die in uns schlummert.
Der Mensch ist grundlegend mit der Schöpfung verbunden. Sobald man ihm Energie verleiht, spürt er das Universum; das Leben durchströmt ihn wie ein Abbild von allem, was er erhalten hat. Die Zeichnung ist die Darstellung eines »Ereignisses«, das in den Tiefen des Thalamus gespeichert war und jetzt zur Oberfläche aufsteigt wie ein ins Wasser geworfener Gegenstand, der plötzlich Auftrieb bekommt.
Die Klienten malen nie zweimal dasselbe. Jedes Bild ist wie ein Abszeß, der aufplatzt. Dann gehen sie zu etwas anderem über. Diese Aktivität hilft ihnen sehr. Doch die individuelle Vielfalt darf das Wesentliche nicht verdecken: Wenn wir die Hefte nebeneinanderlegen, stellen wir fest, daß die Motive vollkommen miteinander übereinstimmen, was beweist, daß ihre Urheber ähnlichen Wegen gefolgt sind. Diese Wege stellt jeder je nach seinem Temperament und seiner Geschichte unterschiedlich dar, doch die Themen sind dieselben.
Die Kraft der Bilder ist da, und wir begeben uns in keinerlei »psychoanalytische« Tiefeninterpretation. Es ist eine produktive Wirklichkeit, die jeder in das intrauterine Erleben integriert hat und die spontan zum Vorschein kommt. Wozu soll man da den Vater, die Mutter, Ödipus und das Gesamtwerk von Freud bemühen? Man muß sich auch von der Vorstellung lösen, daß jedes Individuum seine eigene Psyche hat und es folglich für jeden eine spezielle Psychoanalyse gibt. Auch auf die Gefahr hin, gewisse Spezialisten zu enttäuschen, vertrete ich die Ansicht, daß wir alle nach nur zwei oder drei Modellen gebaut sind. Diese Vorstellung widerstrebt uns, weil es uns schwerfällt, die tiefe Einheit des Menschen und damit die Allgemeinheit seiner Verhaltensweisen zu akzeptieren. Diese Behauptung mag als Vereinheitlichung erscheinen. Tatsächlich trägt jeder sein Quentchen zu seiner eigenen Mischung bei und verleiht dem Ganzen seine eigene Note. In den Bildern finden wir zwar

dieselben Themen, doch tragen sie immer eine persönliche Handschrift, je nach den eigenen Neigungen und der individuellen Geschichte. Nehmen wir doch diese Vorstellung als das, was sie ist: eine Lektion in Bescheidenheit.
Gegen Ende der Therapie schwindet die Lust, Bilder zu malen, außer bei bestimmten psychisch Kranken, die, in Art einer Zwangsvorstellung, bei einer Darstellung blockiert bleiben. Die anderen gehen dann zur Sprache über. Alle Bilder sind gemalt. Manchmal entdeckt jemand (Männer seltener als Frauen) unter dem elektronischen Ohr auch ein Talent für die Malerei und startet eine neue Karriere. Er oder sie macht dann vor den Pforten der Sprache halt.

Die wahren Indizien

Die Bilder von Kindern, die sich unter intrauterinen akustischen Bedingungen befinden, bedürfen also keiner Interpretation. Wir begnügen uns damit, sie zu betrachten und festzustellen, daß sie die Geschichte eines greifbaren fetalen Erlebnisses erzählen. Wenn ein Kind einen schönen roten Uterus malt, wenn es die Kontur seiner Wand nachzieht, wenn es ganz klar seinen Wunsch, geboren zu werden, zum Ausdruck bringt... welche zusätzliche Information sollte uns eine Analyse des Symbolwerts von Formen und Farben da bringen? Die Interpretation von Kinderbildern ist immer recht heikel. Bei unserer Methode können wir darauf verzichten. Wir ermöglichen einem menschlichen Abenteuer, sich wieder mit den großen Archetypen zu verknüpfen, die unsere psychische Welt bilden.
Während das Kind sorgfältig Linien und bunte Formen zu Papier bringt, fühlt es sich unbeobachtet. Das ist es auch tatsächlich. Beobachtet es sich selbst? Ich glaube nicht. Es nimmt einen Filzstift oder einen Füller, läßt seiner Hand freien Lauf und ist als erstes überrascht von dem Ergebnis. Das Heft füllt sich rasch, denn es bleibt bei keiner der Darstellungen stehen.

Im Vergleich zu anderen psychotherapeutischen Techniken haben wir das Glück, bis zu den ersten Eindrücken des Lebens weit vor der Geburt in der Höhle des Mutterleibs zurückgehen zu können.

Unter dem elektronischen Ohr wird ein Wiedererleben des pränatalen Horchens ermöglicht, was eine Flut sensorischer Erinnerungen auslöst, die sehr weit in die Geschichte des Individuums zurückreichen und den Weg, den das Kind oder der Erwachsene seither genommen hat, erklären.

Der Analytiker hingegen verfügt über eine Wissenschaft, die das Verhalten eines Menschen bestenfalls von seiner frühen Kindheit an erklären kann.

Er ist also wie ein Detektiv, der, da er nicht alle Karten in der Hand hat, gezwungen ist, von Indizien ausgehend seine Schlußfolgerungen zu ziehen. Die Interpretation ist immer recht heikel, denn sie setzt ein Verhör voraus, das mit Vorsicht zu genießen ist. Es ist nämlich nicht auszuschließen, daß es dem »Verdächtigen« die Antworten in den Mund legt.

Die Bilder, die im Lauf unserer Therapien angefertigt werden, sind eine Art »Fotokopie«, ein Niederschlag frühester Eindrücke, die immer noch aktiv sind. Nach dem Muster Picassos suchen wir nicht, sondern wir finden. Der Apparat wird mit seiner Gebrauchsanweisung geliefert.

Manche Spezialisten behaupten, daß der Fetus visuelle Wahrnehmungen hat oder zumindest gewisse Farben wie Rot integriert. All das bleibt ziemlich mysteriös. Wie sollte er sehen, wo doch der Uterus in vollkommene Dunkelheit getaucht ist? Entwickelt er den Geschmackssinn, während er – an der Nabelschnur hängend – andauernd trinkt? Wir sind noch ziemlich ratlos gegenüber diesen ersten Engrammen.

Meiner Ansicht nach vollzieht sich die Integration der Wahrnehmung (Geruchs-, Geschmacks-, Tastsinn…) in der richtigen Lage, im Inneren der Sinneszelle, und bildet dort einen Erinnerungsinhalt. Die Information wird konserviert und breitet sich allmählich aus, und zwar in dem Maße, in dem das Nervensy-

stem sich herausbildet, bis sie schließlich über den ganzen Körper verteilt wird. Dieser Prozeß erklärt die phantastischen Reminiszenzen, die wie starke Bilder in uns aufsteigen. Sie entgehen dem unmittelbaren Bewußtsein, aber die Bilder, die wir spontan zu Papier bringen, lassen uns wieder in diese Bilderwelt eintauchen.
Wenn wir jemanden mit dem elektronischen Ohr in die intrauterinen Horchbedingungen zurückversetzen, erwecken wir alte Wahrnehmungen in ihm und lösen ein Wiedererinnern aus. Durch seine Zeichnungen vermittelt er uns dann tausend Eindrücke, tausend Erinnerungen aus seinem Leben im Mutterleib. Niemand sperrt sich dagegen, und die Bilder gleichen sich alle, egal ob sie von einem Kind, einem Erwachsenen oder einem Greis stammen. Das zeigt, wie groß die Kraft dieses archaischen Erlebens ist, wie stark sich die ersten Lebenseindrücke einprägen.

Der größte gemeinsame Nenner

Die Psychologie und auch die Psychoanalyse haben sich für die großen symbolischen Archetypen interessiert. C.G. Jung ist sehr weit in die Kindheit zurückgegangen, um ihren Ursprung zu finden, aber nicht weit genug, denn die wichtigsten haben ihren Ursprung im Uterus. In den Bildern der Kinder und auch in denen der Erwachsenen finden wir die gleichen spontanen Motive. Es gibt einen einfachen Grund dafür: Wir sind alle durch dieselbe Form gegangen, den Bauch einer Frau. Diese Regel kennt keine Ausnahme, im Augenblick zumindest noch nicht, denn die Zauberlehrlinge der Genetik versprechen uns – nach dem Erfolg mit den Retortenbabys – komplette »Schwangerschaften« im Reagenzglas, Transplantation von menschlichen Embryonen in den Uterus von Tieren oder das Kommen eines neuen Mannes, der Kinder austragen kann.
Zu Beginn der Therapie, während wir ganz gewöhnliche Musik spielen, bieten die Bilder unserer Klienten nichts Außerge-

wöhnliches. Die Begabteren zeichnen Landschaften oder Gesichter, die weniger Geübten malen etwas aus einer Zeitschrift ab. Je weiter wir in die akustischen Bedingungen des Uterus vordringen, desto deutlicher konzentrieren sich die Zeichnungen auf immer wiederkehrende Motive, die alle ein Thema gemeinsam haben: das Wasser. Der Klient stellt sich, wenn er zum intrauterinen Horchen zurückfindet, auf einer Insel dar, in einem kleinen Boot, in einem Aquarium... Nach dieser Phase, die von Fall zu Fall unterschiedlich lang ist, verändern die Bilder ihren Charakter. Wir sehen jetzt Regenbogen, die Arche Noahs (der vor der Sintflut gerettet wurde), große Tunnel, die ins Licht führen, steile Alleen, die steigen oder fallen, Vulkane kurz vor dem Ausbruch... Diese Themen sind Darstellungen der Geburt, auf die der Klient sich vorbereitet. An diese neue Etappe, die wir »akustische Geburt« nennen, schließt sich eine dritte an, in der die Sonne, das Symbol und Bild des Vaters, thematisiert wird.

Es war einmal ein kleines Boot...

Das Leben vor der Geburt ist ein wahres Fest der Empfindungen. Das Kind berührt seine Haut und entdeckt nach und nach seinen Körper im Rhythmus mit der Reifung seines Sinnesapparats. Im übrigen streichelt auch seine Mutter während der Schwangerschaft ihren Bauch und wiederholt so, ohne es zu wissen, gewisse Bewegungen ihres Kindes, das schließlich auch die Gebärmutterwände und die Membranen des Uterus, die das Ganze im Bereich der Plazenta überziehen, betastet. Es findet Markierungen und Anhaltspunkte, baut und organisiert seinen Lebensraum, erkennt sein Reich an und regiert wie ein König in seinem Palast. Später wird es dieses Universum in Form von mehr oder weniger regelmäßigen Kreisen zeichnen.
Allmählich überlagert das Kind diese Form mit einer anderen, ebenfalls runden, die der Ausweitung seines Universums nach

der Geburt entspricht: dem Kopf seiner Mutter. Die Zeichnung ist differenzierter, man erkennt darin schon zwei oder drei Öffnungen, die dem Mund und den Augen entsprechen.

Im Gesicht der Mutter erscheint, wenn man es von unten aus der Perspektive des Kindes betrachtet, das sein Fläschchen bekommt oder gestillt wird, das Profil der Lippen und der Nase: Daher rührt das symbolische Bild eines Bootes mit zwei Segeln. Die Mutter bleibt dieser erweiterte Uterus, dieses Gesicht, das später zur Hütte, zum Iglu, zum Haus, zum Universum wird. Wir sind immer von Wänden umgeben. Wir verlassen nie wirklich den Uterus, der sich allerdings im Lauf des Lebens erweitert, andere Formen und andere Proportionen annimmt.

Kinder malen oft noch ein anderes Bild, das genauso reich an archaischen Erinnerungen ist wie das eben beschriebene, und das – wie im Falle des genialen Künstlers Hieronymus Bosch – viele Maler inspiriert hat. In einer Art großem Tunnel gleitet ein Mensch auf ein fernes Licht zu. Er berührt die Wände nicht, er scheint zu segeln, zu schweben wie ein vorüberziehender Engel, der seinem Ziel zustrebt. Dieses sehr häufig von Kindern aufgegriffene Thema (in mehr als zwei von zehn spontanen Zeichnungen) ist eine Darstellung der Geburt in archaischer Sichtweise. Die intrauterinen Archetypen liegen auch vielen großen Themen der Philosophie zugrunde. Daß die Welt, wie sie aus der »platonischen Höhle« des Uterus gesehen wird, schon der Gegenstand einer Darstellung ist, zeigt, daß es im Uterus bereits ein Seelenleben und eine große Wahrnehmungsdynamik gibt.

Von einem Uterus in den nächsten

Während unseres ganzen Lebens schaffen wir uns immer wieder einen Uterus. Ohne bis zu Platons Höhle zurückgehen zu müssen, kann man sagen, daß alle irgendwie wattierten Universen, in denen wir uns entfalten (Diskotheken mit ihrem gedämpften Licht, sorgfältig arrangierte »Interieurs«) kaum verhüllte Entsprechungen davon sind. Einmal war ich bei einem recht bekannten Architekten eingeladen, einem früheren Schüler von Le Corbusier. Er hatte mich zu sich gebeten, weil er nicht verstand, warum er sich so müde und deprimiert fühlte, wenn er in dem Büro, das er sich eingerichtet hatte, arbeitete. Ich brauchte nicht lange nach dem Grund für seine »Asthenie« zu suchen. Das Zimmer, in dem er seinen beruflichen Aktivitäten nachging, war von oben bis unten mit Teppichboden ausgekleidet! Er lebte wie ein Fetus im Bauch seiner Mutter, aber er verfügte über keinerlei akustische Anregung, die ihm Energie und Tonus hätte geben können. Kein Geräusch drang zu ihm ein, es gab keine Resonanz. Ich erklärte ihm, daß er seine Lebensfreude wiederfinden würde, wenn er ein elektronisches Ohr in diesem finsteren, lautlosen Loch installieren würde. Im übrigen riet ich ihm, die Ausstattung seines Zimmers zu verändern und wenigstens ein Fenster zu öffnen, um das Licht hereinzulassen.

Der Mensch kann den Wunsch in sich tragen, einen schönen Uterus zu bauen und zu bewohnen, wenn er sein Haus einrichtet, alles nach seinem Geschmack und Wohlgefallen arrangiert, sich angenehme Räume schafft und eine nach seinen Vorstellungen gebaute Höhle wiederfindet. Die Frau erkennt darin ein ihr verwandtes Element, eine mütterliche Dynamik, die den Mann daran erinnert, woher er kommt. Symbolisch gesehen ist sie das Haus. Aber jemanden zu lieben, ist etwas anderes: Es heißt, ihn zu bewundern, zu verehren. Das Haus wird schön, weil der Mann seiner Frau oder Gefährtin eine Fülle schenken will aus dem Element, das das weiblichste von allen ist.

Mir wird oft vorgeworfen, daß ich dem intrauterinen Leben eine viel zu große Bedeutung beimesse. Sind schließlich nicht gewisse Ereignisse, die sich nach der Geburt zutragen, noch viel gravierendere Quellen von Traumata oder Prägungen? Manche Experten versteifen sich auf die Dramen der frühen Kindheit. Ich leugne diese Dinge nicht, aber ich möchte darauf hinweisen, daß jeder Schock uns wieder in unser Leben im Uterus eintaucht wie in ein ursprüngliches, entscheidendes und archetypisches Bad, denn jeder von uns hat dort seinen Anfang genommen.

Bäumchen wechsle dich

Die Nabelschnur enthält keine Nervenreize. Dieser wabbelige Schlauch, der nichts als Venen und Arterien enthält, ist vollkommen empfindungslos (deshalb kann man ihn bei der Geburt so einfach durchschneiden). Das Kind erfährt die Nabelschnur als Fremdkörper, sie ist die Schlange aus dem Märchen, ein Begleiter mit zwei Gesichtern: Man kann sie zusammenschieben, daran ziehen, an dieser beruhigenden Fangleine im Uterus herumspazieren... aber sie kann sich auch um einen herumschlingen, ein Würgegefühl hervorrufen, weh tun und jene ersten Ängste und Schrecken des Lebens auslösen, die für immer eingraviert bleiben werden.

Der Fetus entdeckt die taktile Wahrnehmung vom vierten Monat seines intrauterinen Lebens an: Mit seinen kleinen Fingern kann er seinen Körper berühren. Manche Zonen reagieren, andere nicht, und all das ist einer fortschreitenden Entwicklung unterworfen. Aber die Empfindungen, die er hat, sind sehr intensiv, und sie bilden den Ursprung eines beachtlichen Gedächtnisses, dessen Spuren man in einem der Lieblingsthemen der Kinderbilder wiederfinden wird: dem Baum.

Eines der ersten Dinge, das das Kind malt, ist der Baum, egal, in welchem Land es lebt, ob in Europa, Asien oder einer öden Gegend Afrikas oder Grönlands, wo nichts wächst. In Wirklichkeit haben *wir* diesen Begriff des Baums eingebracht, denn mit dem, was wir als Stamm, Äste und Früchte interpretieren, stellt das Kind etwas ganz anderes dar. Mit diesem fest im Boden verankerten »Stamm« mit seinen tiefen Wurzeln auf der einen und seinen unzähligen kleinen mit Blüten oder Früchten übersäten Ästen erzählt uns das Kind, wenn es ihn auf das Papier bannt, sein Leben im Uterus. Während dieses Lebens hat es, angetrieben von einer Wahrnehmungsdynamik, sehr wohl einen »Baum« gespürt: einen langen Faden (den »Stamm« der Nabelschnur), der seine Nahrung aus einem Nährboden (der Plazenta) schöpfte und von einem sensiblen Körper überragt wurde, der auf das Tasten seiner reizhungrigen Hände reagierte, die sich wie die Blüten (mit ihren fünf Blütenblättern) und Früchte eines Apfelbaumes entfalteten.

In der jüdisch-christlichen Religion gibt es zwei Bäume: den Baum des Lebens, den man nicht berühren darf, auch im Paradies nicht, und den Baum der Erkenntnis, von dem Adam den berühmten Apfel pflückt. Interessanterweise findet man dieses Wort (persischen Ursprungs) in allen Sprachen mit ein und derselben »generischen« Bedeutung: »Frucht«. Bei einigen Völkern heißt übrigens alles, was man von einem Baum pflückt, »Apfel« oder »Frucht«. Ist es nicht seltsam, daß, wenn uns die Nabelschnur im Uterus erwürgt, dies auf der Höhe des Adamsapfels geschieht?

Die Nabelschnur ist jenes gefährliche, für unangenehme Empfindungen verantwortliche Spielzeug, das man im Mythos von der Schlange wiederfindet. Dieses Tier, das als das klügste von allen gilt, hört nur im Wasser: An Land ist es taub. Was gibt es Heimtückischeres, als sich zu weigern, die Wahrheit zu hören? Es ist die Schlange, die den Menschen gelehrt hat, sein Ohr vor dem »Wort« zu verschließen.

Wenn ich einen Baum sehe, weiß ich, daß es sich um eine Darstellung des intrauterinen Lebens handelt, wobei die Wurzeln für die Plazenta stehen, der Stamm für die Nabelschnur und die Krone für den Fetus. Je weiter ich in dem Malheft blättere, desto größer wird dieser Baum, die Krone wächst, nimmt ein wenig die Haltung eines Menschen an und dehnt sich im Augenblick ihrer maximalen Entfaltung in die Horizontale, bis sie die Form eines Kreuzes annimmt, das ein anderes Symbol für den Uterus in seiner Gesamtheit ist. Es wäre völlig verfehlt, darin eine Art pränataler Tendenz zur Mystik sehen zu wollen. Begnügen wir uns mit der Feststellung, daß das Kreuz die größtmögliche Ausdehnung eines archaischen Symbols ist. Indem das Kind »die Äste ausspannt«, versucht es, mit dem Kosmos selbst in Kontakt zu treten. In anderen Bildern bläht sich der Uterus auf, erhält andere Dimensionen, wird zum Haus, zur Grotte... Wir sind keine Regisseure, im besten Fall sind wir aufmerksame Zuschauer, ungezwungene Besucher eines Museums.

Der Baum des Lebens und der Baum der Erkenntnis sind zwei sehr alte und sehr tiefe mythologische Vorstellungen, die für das gleiche stehen und die tief in der uterinen Nacht, auf dem Grunde der Plazenta verwurzelt sind. Es sind Archetypen, denn wir alle haben sie eines Tages gezeichnet.

Auf den, der an den Lebensbaum rührt, wartet der Tod. Wenn das Kind die Nabelschnur verletzt, wenn es den Stamm des Baumes, auf den es gestiegen ist, absägt, stirbt es..Dann fließt das Leben nicht mehr durch dieses Schläuchlein. Der Körper ist die Krone, der Kopf, der sich über dem uterinen Baum entfaltet, der Sitz des Bewußtseins und der Erkenntnis, der Sitz aller motorischen und perzeptiven Empfindungen. Das Kind stellt sie als Früchte dar. So zumindest interpretieren wir es. Aber werden wir diese Früchte essen können?

Löcher im Himmel

Eines Tages präsentiert mir ein Kind eine wunderbare Zeichnung von einem Baum. Er trägt Früchte, die ich nicht identifizieren kann.

»Sind das Äpfel?« frage ich.

»Aber nein«, gibt das Kind erstaunt zur Antwort. »Das sind doch keine Früchte, das sind Löcher im Himmel.«

Diese großartige Antwort erteilt denen, die vorgeben, Kinderbilder »interpretieren« zu können, eine echte Lektion. Diese kleinen Löcher sind die ersten Wahrnehmungszonen des Fetus während seines intrauterinen Lebens, wo sich das Nervensystem langsam entwickelt. Sie bilden kleine Inseln der die Haut betreffenden Wahrnehmung, die sich allmählich ausweiten, um schließlich ein Netz homogener Wahrnehmung zu bilden. Die »Früchte« sind übrigens nicht beliebig angeordnet. Zu Beginn der Therapie nehmen sie zwei oder drei parallele Reihen ein, die den ersten Wahrnehmungen entsprechen, so, wie man sie auch bei den niederen Tieren vorfindet. Da ist sie wieder, die berühmte Seitenlinie der ersten Fische! Sie macht sich erneut bemerkbar, und der Embryo-Fetus macht sie sich zu eigen. Unser Körper ist auch tatsächlich nicht überall gleichermaßen sensibel. So bleibt unser Brustkorb während unseres ganzen Lebens viel stärker mit Nervenreizen versehen als unser Rükken. Die Bilder zeigen, daß das Kind alte Wahrnehmungszonen und Empfindungen, die es während seines Lebens im Mutterleib hatte, wieder aufspürt. Mit voranschreitender Therapie entfaltet sich das System bis zu einem letzten Stadium, in dem die Früchte, wenn sie alle gezeichnet wurden, eine schöne homogene Traube bilden, und wenn das Kind sie schließlich gepflückt hat, Platz machen für die sehr detaillierte und genaue Darstellung von Blättern.

Der Baum ist die Darstellung der sogenannten peripheren Wahrnehmung. Die Nerven sind im intrauterinen Leben schon an ihrem Platz, doch das sie verbindende System besteht noch nicht. Dennoch haben sie in der richtigen Lage Tausende von Empfindungen eingespeichert. Wie ich im Lauf dieses Werks schon mehrmals wiederholt habe: Das Gedächtnis und die Zelle gehen Hand in Hand, und das gilt auch für die Zellen, die vom zentralen System am weitesten entfernt sind. Wenn das Nervensystem und das Gehirn voll ausgereift sind, nehmen sie die entferntesten Empfindungen und Informationen auf, verteilen sie und integrieren sie aufs Neue mit einer weiteren neuro-motorischen Interpretation.

10 Die »Tomatis-Babys«

Um schwangeren Frauen zu helfen, ihre Schwangerschaft besser zu durchleben, gibt es nichts Besseres, als Mutter und Kind auf dieselbe Wellenlänge zu bringen. Das elektronische Ohr macht dank seiner »Kippschaltungen« den Übergang vom Trommelfell zum Innenohr frei: Die Botschaft trifft auf keinerlei Hindernis mehr. Die Straße ist frei. In dem speziell für werdende Mütter konzipierten Programm spielen wir Klänge »ohne Gedächtnis« – ohne Inhalt, Bedeutung oder Informationsgehalt – freie, »gefilterte« Töne, wie sie der Fetus im Mutterleib hört.
Durch diese kräftige akustische Dusche vervielfachen sich die Energiekapazitäten des Gehirns. Das Bewußtsein nimmt zu. Diese Überfülle an Energie hilft der Frau, den Streß zu überwinden, der normalerweise mit einer Schwangerschaft einhergeht. Ihre Blockaden verschwinden und sie wird immer entspannter. Nach einigen Sitzungen wird der Rhythmus von Herzschlag und Atmung ruhiger. Die Gebärmutterwand entspannt sich und läßt dem werdenden Kind mehr Raum. Die Frau sprengt ihre individuellen Panzerungen, relativiert ihre ureigensten Ängste und bringt sich voll in eine Beziehung von Wesen zu Wesen mit ihrem Kind ein. Die mit der Schwangerschaft verbundenen Probleme (Müdigkeit, Angespanntheit, Angst, jähe Stimmungsumschwünge…) werden normal, banal, unwesentlich. Wenn die Frau in dasselbe akustische Universum versetzt wird wie ihr werdendes Kind, sieht sie nur noch die Sonnenseite der Dinge und entdeckt, was dieser großartige Akt, dessen Vollendung sie entgegensieht, bedeutet: einem Wesen das Leben zu schenken.
So ermöglicht die Behandlung unter dem elektronischen Ohr den Frauen, ihre Schwangerschaft mit einer positiven, großher-

zigen und aufwertenden Einstellung zu durchleben. Zu einer Zeit, in der man sie davon abbringt, Kinder zu bekommen, und schwanger zu sein als Krankheit oder Behinderung angesehen wird, ist das nicht wenig!
Es gibt heute schon Tausende von Kindern, deren Mutter eine Vorbereitung unter dem elektronischen Ohr erfuhr. In Vesoul in Ostfrankreich hat ein Arzt – Dr. Klopfenstein – eine Einrichtung für Schwangere geschaffen, die mit dieser Methode auf die Schwangerschaft vorbereitet werden wollen. Das folgende Kapitel ist in Gänze der Darstellung dieses Experiments gewidmet. Die »Tomatis-Babys«, wie man sie dort nennt, kommen viel leichter auf die Welt. Sie weinen weniger und haben erstaunliche Fähigkeiten. Sie sind fröhlich, gut tonisiert und von starker Lebenslust getrieben. Die Mütter ihrerseits erleben eine befreiende Geburt, wobei die Phase der Wehen deutlich verkürzt und die Angst längst nicht so groß ist. Sie finden sofort zu ihrem Tonus zurück.

Babys, die schwimmen und lachen

Im allgemeinen hören wir von den Kindern, die noch während ihres Lebens im Uterus durch unsere Behandlung stimuliert wurden, nichts mehr. Ihre Mütter schicken uns einen kleinen Gruß und lassen uns wissen, daß alles gut verlaufen ist, und dann geht das Leben wieder seinen Gang. Was wird aus diesen Kindern? Wenn wir manchmal Gelegenheit haben, ihren weiteren Lebensweg zu verfolgen, stellen wir fest, daß die »Tomatis-Babys« ganz entschieden anders sind als andere Kinder.
In Vesoul schlägt eine Hebamme – Marie Ouvrard – im Rahmen eines berühmten Experiments, das darauf abzielt, die Beherrschung der psychomotorischen Entwicklung zu verbessern, vor, die ganz Kleinen im städtischen Schwimmbad in die Freuden des Wassers einzuweihen. Einige von ihren Schützlingen haben im Uterus eine auditive Stimulierung erfahren. Die

Schwimmlehrer bringen ihnen die verschiedenen Lagen bei und ein wenig später den Kopfsprung ins »Nichts«, die Tiefe... Die erste Schwierigkeit besteht darin, die Kinder dazu zu bringen, sich auf den Rücken zu legen. In ihrem kurzen Erdenleben haben sie bisher die meiste Zeit auf dem Bauch ausgestreckt verbracht, aus Sicherheitsüberlegungen ihrer Mütter heraus, damit sie an Erbrochenem nicht ersticken (Bei Untersuchungen über den Plötzlichen Kindstod hat sich die Bauchlage als mögliche Gefahr erwiesen, Anm. d. Red.).

»Die Tomatis-Babys«, sagt uns Marie Ouvrard, »haben keinerlei Schwierigkeiten, sich umzudrehen. Das in die Ohren eindringende Wasser stört sie nicht. Sie strecken sich und machen ihren Körper so mindestens vier Zentimeter länger. Es fehlt nicht viel, und wir könnten sie einfach schwimmen lassen. Die anderen Kinder versuchen, sich wieder aufzurichten.«

Die folgenden Beobachtungen haben die Überzeugungskraft des Augenzeugenberichts und beziehen sich auf Erfahrungen, die wir Tag für Tag in unseren Zentren machen. Es ist immer wieder erstaunlich zu sehen, was für eine Beziehung zwischen einer Mutter, die sich unter dem elektronischen Ohr auf die Geburt vorbereitet hat, und ihrem Kind besteht. »Schon im Alter von sechs Monaten« berichtet Marie Ouvrard, »zeichnen sich die Tomatis-Babys durch eine größere Unabhängigkeit von ihren Eltern aus. Ihre Mütter halten das Kind von sich weg, das Gesicht nach außen gewandt. Wenn sie mit dem Kind sprechen, tun sie dies in einer Erwachsenensprache und scheinen sofort zu verstehen, was es braucht oder haben möchte.« Zweifellos sind wir eher daran gewöhnt zu sehen, daß Knirpse sich in die Röcke ihrer Mutter verkriechen und gegen ihre Beine pressen, als suchten sie Zuflucht vor der Welt. Und wenn die Mutter zu ihnen spricht, verwendet sie eine Intonation und einen Wortschatz, die wir »kindlich« nennen.

»Am Beckenrand«, stellen die Bademeister fest, »lassen diese Kinder viel leichter ihre Eltern allein. Schon mit einem halben Jahr stürzen sie sich angstlos ins Wasser, strecken sich aus und stoßen sich vorwärts, wobei sie die Beine wie beim Delphinschlag geschlossen halten, während die meisten ihrer Kameraden sich an den Schwimmteppich klammern und sich nur langsam und mit hängenden Beinen davon lösen.«

Im Alter von sieben Monaten wird versucht, den Kindern bewußt zu machen, was für eine gewaltige Kraft in ihren Beinen steckt. Die Schwimmlehrer stellen sie aufrecht ins Wasser und stützen sie mit einer Hand unter den Fußsohlen. »Wir waren erstaunt, wie kräftig die Tomatis-Babys sind«, sagt Marie Ouvrard. »Sie stoßen sich schon ab, als wenn sie springen wollten. Ihre Kameraden drücken weniger stark und haben nicht diesen Schwung.« Wenn sie in ein Becken springen, wo sie keinen Boden unter den Füßen haben, sind sie über die Tiefe des Wassers nicht erstaunt, und sie haben nichts dagegen, mit dem Kopf voran zu springen, es wird ihnen dabei nicht schwindlig. Marie Ouvrard hat ebenfalls beobachtet, daß sie »ihren Schwung nach vorne beibehalten und sich immer erst unter Wasser ausstrecken, bevor sie wieder an die Oberfläche kommen«.

»Spitzbübisch«, »lustig«, »übermütig«, »hellwach« – solche Adjektive kommen den Begleitpersonen in den Sinn, wenn man sie bittet, diese Babys zu beschreiben, die im übrigen viel selbständiger sind und schon im Alter von acht Monaten ihre eigenen Wasserspiele organisieren, während man mit den anderen immer noch etwas machen muß.

Ein oder zwei Jahre später wundern sich die Mütter über die frühzeitige und oft überraschende Reife dieser Kinder. So können sie im allgemeinen schon vor dem elften Monat gehen und haben schon sehr früh den Wunsch zu stehen (mit acht oder neun Monaten). Eine Mutter staunt: »Mit sechs Monaten hat er schon eine solche Kraft in den Beinen, daß er es schafft aufzustehen und Anstalten macht, als wollte er hochhüpfen.« Eine andere erzählt (Marie Ouvrard): »Nein, gekrabbelt ist er nie, aber er hat sich ein Bein unter den Hintern geklemmt und sich mit dem anderen abgestoßen. Sobald er zu einem Möbelstück kam, hat er sich aufgestellt. Mit neun Monaten!« Die Tomatis-Babys streben nach der Vertikalen, und sie beginnen auch sehr früh, richtig zu sprechen. »Er bildet schon kleine Sätze, und man kann ihn gut verstehen«, berichtet die Mutter eines Zweijährigen.

Dieses idyllische Gemälde wird so manchen von Ihnen sicher ins Schwärmen bringen, andere wiederum werden sehr skeptisch sein. Ich verstehe diese Reaktionen vollkommen. Schließlich verfolge ich mit diesem Buch in gewisser Weise die Absicht, sie zu überwinden, und zu überzeugen. Diese Berichte decken sich mit unserer alltäglichen klinischen Erfahrung und mit einer Reihe neuerer Studien, die im Krankenhausmilieu gemacht wurden, und die im folgenden Kapitel erstmals veröffentlicht werden.

Dr. Klopfenstein, der Leiter der gynäkologischen Abteilung im Klinikum von Vesoul, hatte von meinen Arbeiten gehört und schlug dem Staat (auf dem Weg über die DRASS) vor, in der Entbindungsstation, den Ruheräumen und den Kreißsälen elektronische Ohren zu installieren und den Frauen, die damit einverstanden waren, anzubieten, sich einem von uns im Rahmen der Schwangerschaftsvorbereitung entwickelten Programm zu unterziehen. Als Gegenleistung verpflichtete er sich, zwei Studien durchzuführen, die die Wirksamkeit (oder Unwirksamkeit) meiner Methode beweisen sollten. Er war selbst erstaunt über die Ergebnisse und beschloß, eine Reihe von weitergehenden Untersuchungen über »Die Transmission des Klangs über die Knochen der Schwangeren« durchzuführen, als wollte er sich beweisen, daß er nicht geträumt hatte. Unter der Leitung von Dr. Klopfenstein hat kürzlich der Medizinstudent Christophe Petitjean seine Doktorarbeit über »Die Knochenleitung als Bedingung für das fetale Hören« vorgelegt. Mit größtem Vergnügen werde ich die Ergebnisse, zu denen er gekommen ist, kommentieren.

In unseren Zentren unterziehen sich sehr viele Schwangere einer Entbindungsvorbereitung unter dem elektronischen Ohr.

Wir haben sehr schnell bemerkt, welch positive Auswirkungen dies auf die Frauen hatte, und konnten diese klinisch überprüfen. Doch wir hatten nie die Gelegenheit, sie in so großem Maßstab »objektiv« zu messen.

Das Experiment von Vesoul ist einzigartig auf der Welt, weil es sich im Rahmen eines öffentlichen Krankenhauses vollzieht, in eine moderne Geburtshilfe integriert ist und der Gegenstand gründlicher Studien ist. Ich hoffe, daß die entsprechenden Stellen der öffentlichen Hand die Vorteile erkennen und anderen Frauen (und anderen Kliniken) die Möglichkeit verschaffen, unter denselben Bedingungen – insbesondere finanzieller Art – wie in Vesoul davon zu profitieren.

Ich habe Dr. Klopfenstein gebeten, sein Abenteuer selbst zu erzählen und die drei Untersuchungen, die er mit großem Sachverstand, großer Sorgfalt und großem Mut geleitet hat, selbst zu kommentieren.

11 In Vesoul kommen die Babys unter dem elektronischen Ohr zur Welt

Bericht des Dr. Klopfenstein (Leiter der gynäkologischen Abteilung im Klinikum von Vesoul)

Vor zehn Jahren war mir ein im *Express* erschienener Artikel über die Recherchen von Professor Tomatis aufgefallen. Bei einem Satz über die Beziehung von Ausfällen beim Hören (auditiven Skotomen) und Aggressivität bei gewissen Kindern hatte ich mir gedacht, daß man sich mit dieser Sache tatsächlich einmal gründlich befassen sollte. Ich hatte die Angelegenheit in einen Winkel meines Kopfes geschoben und mir gesagt: »Warum nicht?«
Eines Tages mußte ich bei einer meiner Cousinen eine Hysterektomie (operative Entfernung des Uterus) vornehmen. Sie war Chorsängerin und hatte darauf bestanden, während ihres gesamten Aufenthaltes im Krankenhaus viel Musik zu hören. Mir fiel auf, daß sie nach der Operation viel geringere Dosen an schmerzstillenden Mitteln brauchte, als sie normalerweise nach so einem Eingriff benötigt wurden. Ich zog keine Schlußfolgerung daraus, aber dieser Umstand erstaunte mich.
In der Folge führte ich dieselbe Operation an einer Frau aus, die die Tomatis-Methode praktiziert hatte. Nach dem Eingriff hatte sie überhaupt keine Schmerzen und verlangte keinerlei schmerzstillende Mittel. Ihre Aufnahme von Anästhetika war praktisch gleich Null. Auf meine verwunderten Fragen hin sagte sie, daß sie überhaupt keine Angst hätte und sich vielmehr

entspannt fühle. Sie erzählte mir, daß sie in einem Zentrum 120 Sitzungen unter dem elektronischen Ohr gehabt hätte und schenkte mir ein Buch von Professor Tomatis, das ich in meinen langen Nachtwachen las. Ich war danach einigermaßen verwirrt, aber auch ein wenig skeptisch. Ich sprach mit verschiedenen Leuten meiner Umgebung darüber. Ein Freund beschloß, seine Kinder in ein Tomatis-Zentrum zu schicken, um etwas gegen ihre Legasthenie zu tun. Nach wenigen Sitzungen konnten sie ihre schulischen Schwierigkeiten auffangen. Ich bemerkte bei ihnen Phasen der Aggressivität, Charakterveränderungen und andere vorübergehende Erscheinungen dieser Art. Ich konnte nicht umhin anzuerkennen, daß diese Behandlung ihre Wirkung nicht verfehlte und daß sie die Dinge von Grund auf veränderte und in Bewegung brachte. Von da an war ich entschlossen, den Schritt zu tun. Über eine Frau, die eines der Zentren leitete (Madame Andrey aus dem Zentrum von Montbéliard), nahm ich mit Professor Tomatis Kontakt auf und fuhr nach Paris, um mich mit ihm zu treffen. Im Lauf unserer Unterhaltung eröffnete ich ihm, daß ich mit ihm zusammenarbeiten wollte. Er war einverstanden. Ich hospitierte bei ihm und machte mich mit seiner Methode vertraut. Gleichzeitig begannen Umbaumaßnahmen in der gynäkologischen Abteilung. Ich nutzte die Gelegenheit, um bei der DRASS (der übergeordneten Regierungsbehörde) die Installation von elektronischen Ohren in der gynäkologischen Abteilung und den Kreißsälen zu beantragen.

Der von der Behörde entsandte Inspizient zeigte sich interessiert. Doch bevor er mir seine Bewilligung gab, bat er mich, Normen zu definieren und genaue Ziele zu benennen, um die Wirkung des elektronischen Ohrs im Rahmen einer von der Krankenkasse übernommenen Entbindungsvorbereitung messen zu können.

Wir definierten drei Gruppen: die Frauen, die sich nicht auf die Entbindung vorbereiteten, die, die sich mit traditionellen Methoden (Entspannung, Atmung, Schwimmen...) vorbereiteten, und schließlich die, die zusätzlich die Tomatis-Methode anwenden wollten. Die vergleichende Studie sollte die Wehendauer, die Art der Entbindung und den Zustand des Damms protokollieren.

Das Personal der Entbindungsstation war zunächst nicht sehr scharf auf eine neue Methode. Es muß gesagt werden, daß die Datensammlung und die Untersuchungen von Personen gemacht wurden, die nicht daran glaubten. Daher ist eine Verfälschung unserer Ergebnisse aufgrund positiver Voreingenommenheit von vornherein ausgeschlossen. Die Krankenschwestern und Hebammen (ganz zu schweigen von meinen Medizinerkollegen) haben vielmehr sehr lange gebraucht, bis sie die Wirksamkeit der Methode erkannten.

Die ersten fünfzig Frauen

Die ersten fünfzig Fälle, die wir untersucht haben, waren Frauen, die alle schon einen bestimmten Weg hinter sich hatten. Sie hatten sich schon Gedanken über das Verhältnis zwischen der Mutter und dem Kind in ihrem Uterus gemacht, über die psychologische Beziehung mit dem Neugeborenen usw. Die meisten von ihnen hatten schon einmal von Professor Tomatis gehört. Ich hatte ihnen gesagt, daß sie sich einer »sehr wirksamen Entspannungsmethode, deren Auswirkungen auf die Entbindung noch nicht erforscht sind« unterziehen würden.

Die Ergebnisse der Untersuchung wurden in Form einer vergleichenden Studie festgehalten, wobei die in der Statistik wohlbekannte Technik der Gegenüberstellung von Vergleichspaaren angewandt wurde. Der signifikanteste Faktor ist der der Wehendauer. Bei den Frauen, die unter dem elektronischen Ohr entbinden, ist eine eindeutige Verkürzung der Wehenphase festzustellen. Dieser Faktor blieb auch in der zweiten, an 170 Fällen durchgeführten Untersuchung konstant, die wir im weiteren noch genauer darstellen werden.

Das Schlimmste für die Frauen ist nicht die eigentliche Entbindung, sondern die ganze Wehenphase, die die Weitung des Muttermunds betrifft, dessen Öffnung zunächst nicht mehr als fingerbreit ist und schließlich, bei der vollständigen Eröffnung, einen Durchmesser von zehn Zentimetern besitzt, wenn der Kopf des Kindes hineintritt. Der Muttermund öffnet sich unter dem Druck der Wehen und des vorangehenden Teils des Kindes. Er dehnt sich kontinuierlich und mehr oder weniger gut, was von bestimmten Begleitfaktoren wie Angst, Verkrampfungen, Schmerzzuständen usw. abhängt. Das gesamte Geburtsumfeld spielt also begünstigend oder hemmend mit.

Wenn die Schwangerschaft in einer stabilen Beziehung gut aufgenommen wurde, vollzieht sich die Entbindung normalerweise unter guten Bedingungen. Die Mutter-Kind-Beziehung hat alle Aussichten auf Erfolg. Das gilt aber nicht für »gestörte« Schwangerschaften, wo das Kind zum Trugbild und nicht als »Schöpfung« erlebt wird. In unserer ersten Untersuchung hatten wir nun aber Frauen ausgewählt, die bereits ein gutes Wegstück in der Beziehung zu ihrem Kind zurückgelegt hatten und diese noch verbessern wollten. Aber trotz dieser Einschränkungen bleiben die Ergebnisse spektakulär.

Erste Feststellung: Die Eröffnungsphase geht von vier Stunden bei nicht vorbereiteten Frauen auf zweieinhalb Stunden (2 Stunden 40 Minuten bei Erstgebärenden) bei Frauen, die Sitzungen unter dem elektronischen Ohr gehabt hatten, zurück. Das ist die wichtigste Zahl: Sie ist statistisch unanfechtbar, eindeutig und einwandfrei.

Mit der traditionellen Entspannungsmethode gewannen wir nur eine halbe Stunde (3 Stunden 30), was nicht sehr signifikant ist. Bei der Einschätzung der Eröffnung des Muttermunds durch die Wehenkontraktionen besteht in der Tat ein gewisser Ermessensspielraum. Man kann früher oder später damit beginnen. Allerdings haben die Hebammen, die an der ersten Untersuchung beteiligt waren, bestimmt nicht versucht, die Waagschale in die eine oder andere Richtung zu neigen, da sie von der

Sache nicht sonderlich überzeugt waren. Heute stünde ich ihrem Urteil mißtrauischer gegenüber, weil sie ein wenig zu begeistert für diese neue Methode sind. Der Einfluß derartiger subjektiver Faktoren ist schwer meßbar und kann die Ergebnisse verfälschen.

Einige Zahlen sind überraschend. So steigt der Prozentsatz der Zangengeburten mit der Tomatis-Methode von 2 % auf 10 %, die Kaiserschnitte gehen allerdings von 15 % auf 4 % zurück. 10 + 4 = 14 einerseits und 15 + 2 = 17 andererseits, das ist in etwa vergleichbar. Ich habe dafür folgende Erklärung: Wir hatten schwierige Geburten (Zangengeburten) und konnten trotzdem das Risiko einer vaginalen Extraktion eingehen, weil die Frauen entspannt waren. Das sind optimale Voraussetzungen für die Geburtshilfe.

In 70 % der Fälle ist ein Dammschnitt erforderlich. Das ist eine erhebliche Zahl. Mit der Tomatis-Methode gewinnen wir 10 %, ein geringer Prozentsatz, der dennoch beweist, daß der Damm der so vorbereiteten Frauen sich vom Kopf des Kindes leichter dehnen läßt.

170 andere Fälle

Die folgende Untersuchung, die 170 Fälle umfaßt, machten wir anhand des ganz normalen Patientenstamms eines Klinikums in ländlicher Umgebung: Schwangere, die ihr erstes Kind bekommen sollten (Erstgebärende), andere, die bereits zu ihrer fünften Entbindung gekommen waren (Mehrgebärende), Frauen, denen ein Kaiserschnitt bevorstand. Diese Frauen machen sich im allgemeinen keine besonderen Gedanken über die Kommunikation zwischen Mutter und werdendem Kind, die Ursachen ihrer Ängste, die psychologischen Beziehungen mit ihrer Umgebung usw. Wir schlugen ihnen im Rahmen der Vorbereitung auf die Entbindung die Verwendung des elektronischen Ohrs vor und sagten, daß dieser Apparat ihnen helfen würde, sich zu entspannen. Das Programm ist ein Standardprogramm: Mozart in gefilterter Form. Wir kommen jedoch sehr schnell zu einer Seitenverlagerung auf das rechte Ohr.

Diese Methode ist praktisch ein Doppelblindversuch. Diese Frauen kennen das elektronische Ohr nicht und haben folglich keine Veranlassung, in die eine oder andere Richtung zu tendieren. Wenn sie von Freunden oder Verwandten über ihre Sitzungen befragt werden, erklären sie im übrigen, daß sie »Musik hören« gehen. Die uns vorliegenden Ergebnisse sind also unverfälscht. Der Placebo-Effekt, der bei der ersten Untersuchung eine Rolle spielen könnte, ist völlig auszuschließen. Es gibt keinerlei psychologische Beeinflussung. Das einzige, was zählt, ist das Vertrauensverhältnis zu dem Arzt.

Auch hier ist der Zeitfaktor wieder eindeutig. Die Wehendauer ist um eine Stunde verkürzt, einer Zeitersparnis die zwischen 25 % (bei den Erstgebärenden) und 33 % (bei den Mehrgebärenden) liegt. Die Zahlen sind absolut vergleichbar mit denen der ersten Untersuchung: 2 Stunden 22 Minuten (Gesamtdurchschnitt) und 2 Stunden 40 Minuten (bei den Mehrgebärenden). Ein Gewinn von mehr als einer Stunde. Der Einfluß der Entspannung ist quasi derselbe.

Der Prozentsatz von Kaiserschnitten liegt in unserer Klinik bei 15 %. Die Zahl fällt bei Verwendung des elektronischen Ohrs nur auf 12,95 %. Wir haben übrigens auch nicht eine Auswirkung auf die Entbindung gesucht, sondern lediglich auf die Entspannung, und die Statistiken beinhalten auch die Frauen, bei denen ein Kaiserschnitt schon vorgesehen war. Wir wollten die Ergebnisse nicht beschönigen, indem wir sie aussonderten. Andererseits weist die Statistik ein Drittel weniger Kaiserschnitte bei den Erstgebärenden aus. Das ist auf die Entspannung zurückzuführen. Die Frauen sind lockerer. Wenn sie verkrampft sind, dauern die Wehen länger. Und bei schwierigen Geburten kann eine Stunde mehr tödlich für das Kind sein. Wir sind dann oft zu einer Unterbrechung gezwungen, um einer Schädigung des Fetus oder zu starker Ermüdung zuvorzukom-

men. Bei der ersten Untersuchung ging der Anteil der Kaiserschnitte bei den Erstgebärenden von 13 % (bei traditioneller Vorbereitung) auf 4 % mit der Tomatis-Methode zurück. Auch wenn man den Placebo-Effekt einbezieht, ist dies ein beachtliches Ergebnis. Bei der zweiten Studie waren 30 % weniger Kaiserschnitte zu verzeichnen (9,44 gegenüber 15 %). Ein Unterschied von mehr als 30 %.
Wir wollten herausfinden, ob über das elektronische Ohr ausgestrahlte gefilterte Musik allein ausreicht, um eine Entspannung und Verminderung der Angst zu bewirken. Wichtig ist, daß wir gleichzeitig vergleichende Studien durchführten, wobei die Zahl der Frauen in den Kontrollgruppen gleich war. Gruppentherapie, Schwangerschaftsgymnastik, Entspannungs- und Atemtechniken usw. führen zu guten Ergebnissen in der Entbindungsvorbereitung, doch das elektronische Ohr erhöht ihre Wirkung noch beträchtlich.

Eindeutige Abnahme der Angst

Während der Schwangerschaft sind die Frauen in höchstem Maße aufnahmebereit, sie sind sensibler, empfindlicher und verletzlicher. Ihr Universum ist reicher geworden, und sie erleben Dinge, die ihnen ermöglichen, psychologisch große Schritte zu machen. Bei der Gruppentherapie wird dies sehr deutlich. Die Frauen sind zu allen möglichen Experimenten bereit, weil sie hoffen, für sich und ihr Kind einen kleinen Nutzen daraus zu ziehen.
Aber wenn eine Frau Angst hat, verkrampft sie sich. Wenn der Muttermund sich nicht richtig erweitert, werden die Schmerzen stärker, und das führt zu neuer Angst und Verkrampfung. Die Frau kommt nicht mehr aus diesem Teufelskreis heraus. Ganz allgemein läßt sich sagen, daß die Angst immer größer wird, je näher der Geburtstermin rückt. Sie kann die unterschiedlichsten Formen annehmen: Schlaflosigkeit, Stimmungs-

schwankungen, unkontrollierbare Angstzustände... Dieses Phänomen war bisher noch nicht Gegenstand ernsthafter Untersuchungen, doch ist es sehr wohl die Erfahrung der Frauen, und wir können es täglich beobachten.

Wir wollten herausfinden, auf welcher Ebene die Entspannung nach der Tomatis-Methode wirkt, und ob sie »objektiv« zu einer Reduzierung der Angst führt. Die Versuchspersonen unterzogen sich einem Selbsteinschätzungstest, der in der Psychiatrie wohlbekannt ist, es handelt sich um den Test nach Max Hamilton. Die Frauen füllen einen Fragebogen aus, wobei sie jeweils drei Antwortmöglichkeiten haben, die einer bestimmten Punktzahl entsprechen, die dann addiert wird. Beim zweiten Durchgang erwarteten wir eine höhere »Hamilton-Punktzahl«. Bloße Punktegleichheit hätte uns schon zufriedengestellt. Wir konnten aber immer die gleiche Tendenz feststellen: eine Abnahme von durchschnittlich 9,15 Punkten. Normalerweise führt nur eine gute psychiatrische Behandlung zu einem solchen Ergebnis.

Die Tomatis-Methode führt zu einer Abschwächung der Angst. Darin liegt im wesentlichen ihr Einfluß auf die Entspannung und die Erweiterung des Muttermundes. Die Angst schwindet. Dies läßt sich physisch beobachten. Die Frauen sind entspannt und fühlen sich wohl in ihrer Haut. Sie gebären ganz einfach. Ihre mentale Verfassung ist vollkommen verändert. Normalerweise fühlen sich die Frauen während der letzten beiden Schwangerschaftsmonate nicht sehr wohl. Sie fühlen sich von ihrem riesigen Bauch, der ihren Körper schwer macht und aus dem Gleichgewicht bringt, behindert. Sie sehen der Entbindung mit großer Unruhe entgegen, was die psychische Beziehung mit dem Kind blockiert und bewirkt, daß sich die Mutter narzißtisch auf ihren Fetus zurückzieht. Bei der Tomatis-Methode hingegen haben wir es mit entspannten, vergnügten Frauen zu tun, die schon ganz anders ihre Zukunft mit dem Kind planen. Was für sie zählt, ist, was aus dem Kind werden soll, und nicht der beängstigende Gedanke an die Entbindung.

Der Fetus wird als werdendes Wesen und nicht als ausschließliches Eigentum betrachtet. Die Entbindung ist kein Ende, sondern eine Befreiung und Fortsetzung.

Einmal führte ich bei einer Frau einen Gehörtest durch, der ergab, daß sie auf dem rechten Ohr praktisch nichts hörte: einseitige Taubheit. Das Programm der Entbindungsvorbereitung unter dem elektronischen Ohr sieht eine »Seitenverlagerung nach rechts« vor, deren Wirkung auf diese werdende Mutter besonders frappierend war: Sie begann auf dem tauben Ohr wieder zu hören und erlangte fast 40 % der Hörfähigkeit wieder. Aber der Eintritt in einer Welt ungewohnter Schwingungen machte ihr Angst. Das ist der einzige Fall, in dem der Hamilton-Test positiv war, und so »negativ« war er nun auch wieder nicht, denn immerhin konnte diese Frau eine sehr unangenehme Behinderung überwinden. In der Regel stellen wir im Vergleich der vor und nach der Sitzungsreihe gemachten Gehörtests immer eine positive Entwicklung fest.

Es ist natürlich unmöglich, alle psychischen und physischen Auswirkungen der Tomatis-Methode auf die behandelten Frauen zu messen. Ihre Träume sprechen allerdings ihre eigene Sprache und sind sehr aufschlußreich. »Ich habe geträumt, daß meine Entbindung gut verläuft«, sagt Monique P. »Das Kind wird mir schon fertig angezogen auf den Bauch gelegt. Es ist bestimmt schon ein Jahr alt und lächelt mich an.« »Mein Kind ist zwei oder drei Monate alt«, erzählt Françoise S. »Es ist ein ruhiges, heiteres Baby. Ich habe von meiner Entbindung geträumt. Ich sagte, daß ich keine Schmerzen hatte und wie in einem Nebel war: Alles war wattig weiß, und ich glaubte zu schweben.«

Ein Journalist vom *Est Républicain* schrieb in einer Reportage über die Klinik: »Die Schwangeren, die die Tomatis-Methode anwenden, erkennt man fast auf den ersten Blick!« Sie haben nicht mehr das Gefühl, am Ende der Schwangerschaft behindert zu sein. Eine von ihnen äußert sich in demselben Artikel: »Wir watscheln nicht mehr wie die Enten, wenn wir auf die Waage steigen.« Und eine andere: »Durch die Tomatis-Methode bekommt das Bewußtsein die Oberhand.«

Ich arbeite in einem öffentlichen Krankenhaus, das dem öffentlichen Recht unterliegt und regelmäßigen Qualitätskontrollen unterzogen wird. Wir können uns hier noch weniger als anderswo erlauben zu machen, was uns in den Sinn kommt, und unsere Probleme mit Hirngespinsten zu bewältigen. Wir haben in unserer Entbindungsabteilung das Glück einer extrem niedrigen neonatalen Sterblichkeitsrate. In zwei aufeinanderfolgenden Jahren hatten wir keinen einzigen Todesfall zu beklagen. Die perinatale Sterblichkeit (vom sechsten Schwangerschaftsmonat bis zum sechsten Tag nach der Geburt) liegt bei etwa drei Promille. Diese Zahl ist um so interessanter, als wir als öffentliche Einrichtung auch sämtliche Notfälle aufnehmen. Zum Vergleich sei gesagt, daß der nationale Durchschnitt 1982 bei zwölf Promille lag und sich heute um die sieben Promille bewegen dürfte. Ich will mich dessen nicht rühmen, schließlich ist es unsere Aufgabe. Da wir im öffentlichen Gesundheitswesen keine finanziellen Ziele haben, zählen nur die Ergebnisse. Es war mir allerdings wichtig, diese Zahlen anzuführen, um deutlich zu machen, daß unsere Klinik nicht herumexperimentiert, sondern unsere Arbeit auf der normalen medizinischen Grundlage stattfindet. Zu Beginn dieser Untersuchung erfuhr ich natürlich negative Reaktionen aus meiner Umgebung: »Er ist doch gar kein HNO-Arzt, was bildet der sich ein?«, »Er ist nicht einmal Psychologe, wie sollte man ihm vertrauen?« Da ich solcher Kritik nichts entgegenzusetzen hatte, habe ich mir eine Reihe von Fragen bezüglich der Klangübertragung zum Kind über das elektronische Ohr gestellt: Welche Körperteile geraten in Schwingung, wenn eine Frau spricht? Kann man die Reaktionen des Fetus auf diese Vibration messen? Das führte mich in ein neues Abenteuer.

Die Poeten hatten recht:
Die Frau ist eine vibrierende Geige

Noch vor wenigen Jahren glaubten die Mediziner, daß die klangliche Umgebung des Fetus sich aus tiefen Tönen (den sogenannten Grundtönen) zusammensetzt, die von der Atmung, dem Herzschlag, den Eingeweiden usw. produziert werden. Der mütterlichen Stimme wurde keine Beachtung geschenkt. Alfred Tomatis kommt das Verdienst zu, als erster daran gedacht zu haben. Professor Querleu hat nun aber herausgefunden, daß sich die Stimme der Mutter aus einem Geräuschpegel von 24 Dezibel (aus tiefen Tönen) bis zu 1.000 oder 5.000 Hertz mit all ihren Obertönen abhebt. Im Uterus gemachte Aufnahmen bestätigen dies in eindrucksvoller Weise. Wir kennen also die klangliche Umgebung des Fetus. Aber was hört er wirklich? Sind seine auditiven Möglichkeiten nicht dadurch, daß sich Trommelfell und Mittelohr in Flüssigkeit befinden, beschränkt?
Um die klangliche Umgebung des Fetus unter streng wissenschaftlichen Bedingungen untersuchen zu können, habe ich mich an das regionale Labor für experimentelle Physik des Tiefbauamtes von Straßburg gewandt. Zunächst war man dort höchst erstaunt über mein sonderbares Forschungsprojekt. Wir verfügten über beste professionelle Gerätschaft, die vor dem Experiment genauestens überprüft worden war. Die Frauen sprachen in ein Mikrophon, und über Empfänger (oder Beschleunigungsmesser), die an verschiedenen Stellen des Skeletts angebracht waren (Hinterhaupt, Lendenwirbelsäule, Kreuzbein, Schambein), registrierte ein mit einem Drucker verbundener Analysator die Stimmemission und die Transmission der Schwingungen auf den Körper. Zwei Graphiken stellten die Zahl und die Intensität der Oberschwingungen in Kurvenform dar. Ich bat die Frauen, ein anhaltendes »I« zu sprechen, da mir aufgefallen war, daß dieser Vokal gut übertragen wird.
Die Ergebnisse wiesen identische Frequenzen (die den Oberschwingungen der Stimme entsprechen) für Emission und

Transmission aus. Der Beschleunigungsmesser registrierte maximalen Empfang im Beckenbereich. Die Amplitude der auf dem Darmbeinstachel gemessenen Oberschwingungen ist erheblich größer als die an den anderen Knochenstellen registrierte. Das Becken bildet also einen Resonanzkörper, so wie der Bauch der Geigen. Die Dichter haben sich also nicht getäuscht, als sie den Körper der Frau mit diesem Instrument verglichen! Wenn die Töne das Becken erreichen, führt dies zu einer Vervielfachung der Oberschwingungen. Das ist so ähnlich, als wenn man mit angefeuchtetem Finger unter leichtem Druck den Rand eines Glases entlangfährt und das Kristall zum Klingen bringt. Zwischen dem Becken und dem Kehlkopf (dem Emissionsort) tritt ein Tonstärkeverlust ein, aber der Ton an sich (den man effektiv hört) wird mit all seinen Obertönen einwandfrei übertragen. Einige Oberschwingungen werden allerdings verstärkt, und bei manchen ist sogar eine Umkehrung der Stärke zu beobachten. Der Resonanzkörper deformiert die Töne aber auch, was nicht ganz in den Vergleich mit der Geige hineinpaßt. Außerdem haben wir festgestellt, daß die hohen Töne am besten transportiert werden. Das ist keine neue Entdeckung, sie entspricht altbekannten physikalischen Gesetzen. In Festkörpern pflanzen sich hohe Frequenzen besser fort als tiefe, weil diese weniger Schwingungen haben.

Aber wie soll man beweisen, daß der Fetus für diese Klangwelt, die wir nun zu kennen beginnen, sensibel ist? Die klassischen Experimente haben sich damit begnügt, seine mechanischen Reaktionen auf Geräusche zu untersuchen, indem sie seine Bewegungen beobachteten. All das bleibt empirisch und ist nicht sehr zufriedenstellend. Wer sagt uns denn, ob das Kind im Uterus nicht eine Frequenz von 10.000 Hertz wahrnimmt, ohne dies zu zeigen? Ein Experiment, wie das von uns durchgeführte, ist nie als Norm maßgebend. Wir wissen, daß gewisse Klänge durchdringen, und das ist alles. Wir befinden uns noch vor einer vollkommen unbekannten Welt, denn die Reaktivität des Fetus steht nicht zwangsläufig in direktem Zusammenhang mit der

Herausbildung der Gehirnfunktionen. Das sind zwei verschiedene Dinge, die man nicht in einen Topf werfen kann.

Ich versuche jetzt herauszufinden, ob es bei jeder Frau eine Frequenz gibt, die ihr Becken besonders vibrieren läßt, und ob diese Frequenz der maximalen Resonanz auch im Klangspektrum ihrer Stimme enthalten ist. Gerät das Becken von sich aus in Schwingung oder wird es erst von der Stimme modelliert? Die Antwort auf diese Fragen wird entscheidend sein für eine mögliche Stimulierung im Uterus.

Da das Becken bestimmte Oberschwingungen verstärkt, könnte man annehmen, daß diese besser zum Kind durchdringen und ein Höchstmaß an fetalen Reaktionen auslösen. Das kindliche Gehirn würde von dieser dominierenden Frequenz erfaßt, und wir könnten uns ihrer bedienen, um maximale Stimulation zu erzielen.

Das Becken gerät im Bereich von 2.500 bis 3.000 Hertz in Schwingung – eine Frequenz, die einer normalen Frauenstimme entspricht. Unsere Studie hat bewiesen, daß das Becken der Frau tatsächlich wie ein Resonanzkörper wirkt. Der Fetus reagiert sowohl durch Bewegungen als auch durch eine Beschleunigung des Herzschlags auf die Emission gewisser Töne. Wir haben den Eindruck (aber das sind nur Hypothesen), daß die Bewegungen des Fetus dann häufiger sind. Streng wissenschaftlich gesehen wird uns erst die klassische Technik der »evozierten Potentiale« bei im Uterus befindlichen Kindern größere Klarheit verschaffen. Dabei werden auf dem rechten oder linken Scheitelbein des Kindes kleine Empfänger angebracht, um seine Reaktionen zu messen. Dann werden wir endlich wissen, ob das Hören ein »Erwachen« der Hirnrinde nach sich zieht. Diese Untersuchung kann man heute ohne weiteres völlig risikolos durchführen.

Einerseits wirken also hohe Frequenzen (aufgrund der mechanischen Gesetze, die wir oben angesprochen haben) auf den Fetus ein, andererseits kommt es zu einem Reagieren im Bereich von ungefähr 2.500 Hertz, wobei bei jeder Frau spezifische Oberschwingungen vorliegen. Eines Tages werden wir diese Frequenz, für die das Kind aufgrund ihrer Schwingung im Becken der Mutter besonders sensibel ist, isolieren können. Den so gewonnenen »reinen« Klang werden wir zum Erzielen einer maximalen Wirkung einsetzen können.

Wir haben also die klangliche Umgebung und die Wahrnehmung, die der Fetus davon haben kann, aber da ist auch das Erwachen der Hirnrinde dieses kleinen werdenden Wesens. Wenn wir »evozierte Potentiale« von anderen Zonen als dem auditiven Feld herstellen, werden wir erfahren, was durchdringt und was nicht, welche Frequenzen übertragen werden und welche nicht. In dieser Lebensphase ist lediglich die auditive Zone schon richtig myelinisiert, aber es wäre interessant, die Studie auszuweiten.

Die Möglichkeit einer Stimulation im Uterus eröffnet immense Perspektiven zum Wohl von Mutter und Kind, insbesondere in bezug auf die Gehirnentwicklung. Bei psychisch gestörten Müttern – wenn eine Frau ihrem Baby indifferent gegenübersteht, weil sie diese Schwangerschaft nicht wollte, oder gar ablehnend ist – kann das elektronische Ohr ihr helfen, ihr Kind zu stimulieren und ihm die nötige Energie und stimmliche Aufladung liefern. Wenn wir gezwungen sind, ein Kind frühzeitig zur Welt zu bringen, weil die Mutter während der Schwangerschaft Medikamente eingenommen hat oder aus anderen Gründen, erweist sich das elektronische Ohr als sehr nützlich, um die Notsituation des Babys, die durch anormale Erregung deutlich wird, zu überwinden. Wir verschaffen ihm sofort größtmögliche Anregung. Dadurch werden die intrauterinen Bedingungen wiederhergestellt, und das Kind beruhigt sich schnell.

Alfred Tomatis behauptet, daß der Fetus nur die hohen Töne wahrnimmt. Aber er interessiert sich vor allem für die funktionale Entwicklung des Gehirns, den zerebralen Prozessor, das, was das Kind im Mutterleib stimuliert. Das ist nicht unvereinbar mit der Anwesenheit – selbst der Dominanz – von tiefen Tönen. Die Nervenendigungen, die für hohe Töne sensibel sind,

sind viel zahlreicher als die für tiefe: 24.000 Zellen gegenüber nur wenigen hundert. Die hohen Frequenzen werden also besser weitergeleitet. Diese physiologische Tatsache ist Wasser auf die Mühlen von Tomatis.

Wenn man einen Vibrator am Hinterhaupt der Frau anbringt, kann man die Auswirkungen der Weiterleitung des Klangs über die Knochen auf das Kind mechanisch messen. Man braucht nur die Bewegungen des Fetus und seinen Herzrhythmus vor und nach einer klanglichen Stimulierung zu vergleichen. Es ist festzustellen, daß das Kind anfängt, sich zu bewegen, und daß sein Herzschlag sich beschleunigt. All das ist sehr mechanisch, doch es bewirkt ein Erwachen der Hirnrinde. Eine deutsche Studie hat einen Zusammenhang zwischen der Steißlage (die unbedenklich ist, aber von den Frauen immer noch schlecht verkraftet wird) und gewissen Störungen der Gehirnreife nachgewiesen. Mit unseren Statistiken haben wir diese These indirekt bestätigt: Durch eine Verstärkung der sensorischen Stimulierung mit Hilfe des elektronischen Ohrs, sank der Anteil der Steißlagen rapide ab. Anstelle von 4 % waren bei 170 Fällen nur zwei Steißlagen zu verzeichnen, was einem Anteil von ungefähr 1 % entspricht.

Das Ziel ist herauszufinden, ob es durch eine Stimulierung der Mutter gelingen kann, das Paar, das sie mit dem Kind bildet, zu stimulieren. Gibt es andere Mittel als das elektronische Ohr, um das Kind zu stimulieren? Es gibt Entbindungsvorbereitungen, die Gesangsstunden für die werdenden Mütter vorschlagen. Sie knüpfen damit an eine Praxis an, deren Ursprung in grauer Vorzeit liegt, wie das Magnifikat Mariens im Neuen Testament beweist. Ist es nicht lustig, sich Jesus derart im Mutterleib stimuliert vorzustellen? Eine Szene, an die Martin Scorcese für seinen berühmten Film nicht gedacht hat! Die buddhistischen Mantras sind Klangsysteme, die bestimmte ausgewählte Teile des Organismus stimulieren. Man verwendet das »A« für den Brustkorb, das »M« für den Kopf usw. Indem man bestimmte Organe stimuliert, das heißt, in Schwingung versetzt, erzielt man eine positive (oder negative!) Wirkung. So ist auch die Wirkung des Ultraschalls bei der Behandlung von bestimmten Brüchen hinlänglich bekannt. Es tut weh, aber es heilt!

Vor kurzem wurde in Deutschland eine Umfrage in der Bevölkerung gemacht, um eine »Hitparade« der Leute aufzustellen, die ihrem Land am meisten gebracht haben. Man fand Namen wie Einstein und Oppenheimer, Wissenschaftler, die die Atombombe entwickelt haben und solche, die die moderne Physik und Chemie vorangebracht haben. All diese Genies haben eines gemeinsam: Ihre Mutter sang während der Schwangerschaft oder sprach mehr als drei Stunden täglich mit ihrem werdenden Kind.

In der Geburtshilfe finden Methoden, die auf einer allgemeinen sensorischen Stimulierung beruhen, immer stärkere Anwendung. So werden zum Beispiel Frühgeborene und mit einer schweren Behinderung geborene Kinder immer stärker mit ausgedehnten Massagen gekräftigt (und oftmals gerettet). Mir scheint der Fetus wenig empfänglich für taktilen Kontakt im Stil der »Haptonomie« zu sein. Andererseits können diese Techniken, da sie das Wohlbefinden des Paares fördern, sich indirekt günstig auf die Entwicklung des Fetus auswirken. (In der Haute-Saône, der Region, in der ich praktiziere, erlebe ich immer noch Unglaubliches, was die Beziehungen anbelangt. Sexualität heißt dort oft nichts anderes als regelmäßige Vergewaltigung, selbst bei Ehepaaren!) Das elektronische Ohr scheint mir allerdings noch wirksamer zu sein, da es auf das Vestibulum wirkt, welches den größten Teil der Motorik steuert. Es ermöglicht eine direkte, intensive Stimulierung, die ihresgleichen sucht.

Unter dem elektronischen Ohr erwacht die Kreativität

Wir verwenden ein vom Tomatis-Zentrum in Paris zur Verfügung gestelltes Standardprogramm, in dem immer stärker gefilterte Musik ausgestrahlt wird und eine sehr schnelle Seitenverlagerung auf das rechte Ohr stattfindet. Unabhängig von den bereits abgeschlossenen und den noch im Verlauf befindlichen Studien ist festzustellen, daß wir bei den Frauen sehr vieles »erwecken«. Dank der Vibratoren gelangt der Klang direkt zum Gehirn und durchdringt die ganze Hirnrinde. Er überflutet die gesamte auditive Zone und, in Erweiterung dessen, eine ganze Reihe von neurologischen Schaltstellen. Manchmal verändern sich die mentale Struktur und das Verhalten der Frauen schon nach den ersten Sitzungen. Manche sehr passive Frauen werden selbstbewußter und aggressiver – zum großen Erstaunen ihrer Männer! Ihr Leben ist im Umbruch, sie entdecken sich als Mütter. Mir scheint, daß wir vergessene Mechanismen auslösen, die schwer meßbar sind.

Diese Vorbereitung hat eine heilsame Wirkung, nicht nur, was die Entspannung anbelangt. Ein ganzer therapeutischer Randbereich tut sich auf, wie eine Reihe noch schlecht lokalisierter Satelliten. Bei drei Frauen habe ich erlebt, wie sich unter dem elektronischen Ohr ihre Neigung zu Krämpfen (Spasmophilie) ganz ohne medikamentöse Hilfe verlor. Andere konnten ihre angstlösenden Mittel absetzen, weil sie sie nicht mehr brauchten. All diese Frauen haben dies aus eigener Kraft getan, ohne die Unterstützung durch Beruhigungsmittel oder ähnliches. Es stimmt, daß Frauen während der Schwangerschaft besser gewappnet sind. Sie durchleben sehr viel und entwickeln ihre eigene biologische Immunität. Das elektronische Ohr kann dabei wie ein starkes Placebo wirken.

Die Kreativität nimmt im Lauf der Sitzungen zu. Die Frauen entdecken ihr künstlerisches Potential, fangen zu malen an… Sie sind selbst am allermeisten von ihrem Talent überrascht. Diese Frauen haben noch etwas gemeinsam: Sie zeigen ein unglaublich starkes Interesse für ihr Kind. Gleich nach der Geburt wollen sie es in den Armen halten, es berühren, mit ihm sprechen… Diesen Reflex findet man heute immer seltener in den Frauenkliniken, weil heute bei den Entbindungen so viel mit Medikamenten gearbeitet wird – was ich übrigens nicht in Frage stellen will, wenn die Sicherheit es erforderlich macht. Es ist schwierig, nach einer heiklen Epiduralanästhesie oder einem Kaiserschnitt eine psychologische Dynamik mit dem Kind herzustellen. Das erste Ziel eines Entbindungshelfers ist, dafür zu sorgen, daß die Frau sich wohlfühlt. Insofern ist die Epiduralanästhesie von Nutzen, da sie den Schmerz nimmt und die Frau doch die Geburt miterleben läßt. Wenn all diese Bedingungen beachtet wurden, tritt das Team der Entbindungshelfer hinter dem Paar zurück, das einen großartigen Augenblick seiner Geschichte erlebt, ein richtiges Fest, an dem der Vater im Kreißsaal auch teilhaben kann.

Es gibt keine vollkommene Methode, eine jede hat ihren Nutzen. Aber das elektronische Ohr vereint mehrere Vorteile in sich: Die Frauen sind entspannt, die Entbindung vollzieht sich unter günstigsten Bedingungen, und die Mutter-Kind-Beziehung ist gut. Kann man noch mehr verlangen?

In unserer Abteilung kam es einmal zu einer Notaufnahme, ein Neugeborenes, das die Mutter zu Hause zur Welt gebracht hatte – ich weiß nicht, aus welchem Grund. Es gelang uns nicht, das arme Kleine zu reanimieren, und es starb kurz nach seiner Einlieferung. Man kann sich gut vorstellen, wie niedergeschmettert das junge Paar war, das sich auf die Geburt des ersten Kindes gefreut hatte. Einige Monate später kam die Frau zu mir in die Sprechstunde. Mit einer Mischung aus Freude und ängstlicher Sorge verkündete sie mir, daß sie wieder schwanger war. Ich empfahl ihr die Tomatis-Methode. Sie willigte ein. Später sagte sie selbst: »Die Ängste nahmen spürbar ab, schon nach den ersten Sitzungen.« Und die Entbindung verlief – trotz der vorangegangenen schmerzlichen Erfahrung – so gut, daß ich nur in den allerletzten Minuten eingreifen und mit einer Zange ein wenig nachhelfen mußte. Die Austreibungsphase hatte nur eine knappe Stunde gedauert. Die Eltern waren von Freude und Rührung ergriffen, als sie sahen, wie ihr zweites Kind mit ärgerlichen, energischen Schluchzern seinen Lebenswillen bekundete.

Meine Hoffnungen

In dem Krankenhaus, in dem ich seit siebzehn Jahren Stationsleiter bin, führen wir jährlich 17.000 Konsultationen, 1.000 Entbindungen und 200 gynäkologische Operationen durch. Wenn eine werdende Mutter zu uns kommt, schlage ich immer die Vorbereitung unter dem elektronischen Ohr vor und erkläre, daß es sich dabei um eine Entspannungsmethode mit Musik handelt. Ich hatte das Glück, daß die DRASS mein Projekt akzeptierte und ich sogleich meinen Verpflichtungen gegenüber dieser Institution nachkommen konnte. Die Versuchsreihe läuft nun schon seit zwei Jahren, und der Regionalinspektor – der inzwischen pensioniert ist – sagte mir: »Ihre Methode sollte man in allen Frauenkliniken einführen.« Das ist das schönste Kompliment und die höchste Anerkennung, die ich mir wünschen konnte.

Die Entbindungsvorbereitung unter dem elektronischen Ohr stellt nur 2 % unserer Aktivitäten dar. Mehr nicht. 20 % der Frauen willigen ein. Unsere Idealvorstellung wäre, 50 % zu erreichen. Diese geringe Beteiligung ist sehr bedauerlich, und dies um so mehr, als die Sitzungen voll und ganz von der Krankenversicherung und der Klinik getragen werden. Privat wäre eine solche Vorbereitung recht kostspielig... und paradoxerweise vielleicht häufiger. Unsere Versuchsreihe ist nicht hinlänglich bekannt, und ihre Ergebnisse werden nicht entsprechend gewürdigt. Also gelangt die Information nicht in ausreichendem Maße in die Öffentlichkeit. Trotzdem sind wir uns darüber im klaren, daß wir hier auf etwas Wichtiges gestoßen sind. Die Stunden, die wir dem elektronischen Ohr widmen, sind genauso interessant wie die, die wir mit plastischer oder konservierender Chirurgie im Operationssaal verbringen.

12 Im Ozean des Mutterleibs

Nach künstlicher Sprengung der Fruchtblase gelang es Dr. Querleu und seinem Team Mikrophone in die Amnionhöhle einer geburtsbereiten Frau einzubringen. Dieses Experiment dient heute als Grundlage für die Analyse der unterschiedlichen Komponenten der intrauterinen Klangwelt. Es hat uns eine Vorstellung von der akustischen Umgebung des Fetus geliefert. Catherine Dolto hat einem Buch zum Thema Schwangerschaft sogar eine kleine Schallplatte beigelegt, die diese Klangwelt wiedergibt.
Wie setzt sie sich also zusammen? Zunächst einmal ist da ein permanentes Hintergrundrauschen, das aus verschiedenen, hauptsächlich tiefen Tönen besteht (die Transmission ist »null oberhalb 1.000 Hertz«, heißt es in dem Bericht von Querleu), die von den Bewegungen der mütterlichen Gefäße und Organe (Atmung, Verdauung, Herzschlag usw.) herrühren. Dieses Grundgeräusch ist sehr laut: 60 Dezibel im Durchschnitt, das entspricht einer angeregten Unterhaltung.
Die Außengeräusche werden aufgrund der Dicke der Bauchdecke, die vor allem auf die hohen Frequenzen wie ein Filter wirkt, stark abgeschwächt. Dies betrifft auch die Stimmen, die ihre Klangfarbe und ihre hohen Frequenzen auf dem Weg in den Uterus einbüßen. Sie sind stark gedämpft, wenn sie in der Fruchtblase ankommen. Dennoch heben sie sich deutlich von dem permanenten Hintergrundgeräusch ab, und man kann die tiefen Konsonanten oder Vokale leicht ausmachen.
Nach Angabe der Autoren unterscheidet sich die mütterliche Stimme von den anderen klanglichen Elementen des fetalen Universums. Sie taucht (wie auch die anderen Frauenstimmen

der Umgebung) in einer Zone auf, in der das intrauterine Rauschen nicht so stark und die abschirmende Wirkung gemildert ist. Sie ist in der Höhle des Uterus erstaunlich gut präsent. Tatsächlich ist sie das am stärksten ausgeprägte klangliche Element. Sie besitzt dort sogar eine größere Klangstärke als auf Bauchhöhe im freien Raum. Qualitativ gesehen sind die hohen Frequenzen, aus denen sie sich zusammensetzt, gut zu erkennen.

Wie kann man feststellen, daß der Fetus hört? Die Beobachtungen wurden im allgemeinen um die 25. Schwangerschaftswoche gemacht. Schon seit 1933 wurden »motorische Antworten« konstatiert, doch geschah dies – wie wir weiter oben bereits erwähnt haben – auf recht undifferenzierte Art und Weise.

Das Prinzip besteht darin, dem Kind akustische Reize von sehr starker Intensität zukommen zu lassen und zu messen, welche Veränderungen im Bereich der Motorik und des Herzschlags sie auslösen. Um sicherzugehen, daß die Frequenzen die Gebärmutterwand auch durchdringen, strahlt man Töne bis zu einer Stärke von 120 Dezibel aus, was dem Krach eines auf Hochtouren laufenden Düsentriebwerks entspricht! Der Erfolg des Experiments hängt von seiner Dauer, seiner Intensität und seiner zeitlichen Begrenztheit ab. In der überwiegenden Zahl der Fälle wurden die Experimente um den siebten Schwangerschaftsmonat gemacht. Allgemein läßt sich sagen, daß eine Stimulation von starker Intensität und eher hoher Frequenz eine beschleunigende Wirkung hat.

Differenziertere elektrophysiologische Reaktionen wurden gemessen, wenn während der Geburt oder bei Frühgeborenen während des ganzen Zeitraums bis hin zum eigentlichen Geburtstermin kleine Vibratoren am Kopf des Kindes angebracht wurden. Das ist die klassische Technik der »evozierten Potentiale«. In zwanzig Jahren wurde eine Vielzahl von Experimenten durchgeführt, und seither besteht kein Zweifel mehr daran, daß der Fetus hört, was aus seinen mechanischen oder elektrischen Reaktionen eindeutig hervorgeht. All die in jüngerer Zeit gemachten Experimente bestätigen also, was ich, ausgehend von meiner Forschungsarbeit und meiner täglichen Praxis, schon in den 50er Jahren behauptete.

Die Schule des Uterus

Da man festgestellt hatte, daß die Reaktionen des werdenden Kindes bei Wiederholung der Reize abnehmen, fragten sich gewisse Forscher, ob diese Gewöhnung nicht ein Zeichen für die Lernfähigkeit des Fetus sei. Y. Ando und H. Hattori (»Effects of intense noise during fetal life upon post natal adaptability«) interessierten sich für Kinder, deren Mütter in der Nähe einer intensiven, permanenten Lärmquelle leben. Sie spezialisierten sich auf Familien, die in der Einflugschneise eines internationalen japanischen Flughafens wohnten.
Manche Babys fühlten sich durch den Fluglärm gestört, andere wiederum überhaupt nicht. Nun hatten die beiden Gruppen aber eine unterschiedliche pränatale Vergangenheit: In den Fällen, wo die Mutter erst nach dem vierten Schwangerschaftsmonat in diese laute Gegend gezogen war, wachte fast die Hälfte der Babys auf und weinte, wenn ein Flugzeug vorbeiflog. Hatte der Umzug im ersten Monat stattgefunden, waren es nur noch 12 % der Babys, und in den Fällen, wo die Mutter schon immer in dieser Gegend gelebt hatte, nur noch 6 %!

Der Non-Stress-Test

In Kanada haben Wissenschaftler einen Test entwickelt, der, ausgehend vom Herzschlag und den spontanen Aktivitäten des Fetus, dessen »Wohlbefinden« mißt. Es besteht nämlich ein Zusammenhang zwischen einem Rückgang der Bewegungen und gesundheitlichen Schäden des werdenden Kindes. Angelsächsische Forscher (Miller 1976, Trudinger 1980, Boylan 1980) verbanden eine akustische oder vibratorische Stimulierung mit diesem NST (Non-Stress-Test). Der FAS-Test (mit *a*kustischer *S*timulierung des *F*etus) besteht darin, einen künstlichen Kehlkopf auf dem Bauch der Schwangeren anzubringen und eine Stimulation zu erzeugen, die sich hauptsächlich aus tiefen (also eher vibratorischen) Frequenzen zusammensetzt, und das mit relativ hoher Lautstärke: 80 Dezibel (das entspricht dem Lärm an einer stark befahrenen Straße). Andere Forscher stimulieren direkt den Kopf des Fetus über einen auf dem Schädelknochen angebrachten Vibrator (2.000 Hertz). Querleu verwendet »weißes Rauschen« (ein Tongemisch, das alle Frequenzen »überstreicht«) von großer Lautstärke: 120 Dezibel, wie sie etwa ein starker Lautsprecher bei einem Rockkonzert produziert.

Alle bestätigen die Nützlichkeit des FAS-Tests für die Früherkennung bestimmter Erkrankungen wie der Taubheit (die z.b. durch Röteln hervorgerufen werden kann) und ziehen sie der Anwendung folgenreicherer Techniken (z.b. Fetalchirurgie und Amniozentese) vor. Der amerikanische Arzt Myers kommt zu dem Schluß, daß die ersten von irgendeiner Krankheit erfaßten Regionen des Zentralnervensystems die sind, die zu Beginn des intrauterinen Lebens schon funktionstüchtig sind, z. B. das Hörfeld. Damit erhält der FAS-Test einen sehr hohen Stellenwert.

Ein hundertjähriger Krieg des Klangs?

Vor noch vierzig Jahren hätte niemand sich vorstellen können, daß der Fetus hören oder auf akustische Stimulation reagieren kann. Heute wird das fetale Hören, wie wir in dem kurzen Überblick zeigen konnten, als unbestreitbare Tatsache angesehen und ist fast zum Gemeinplatz geworden. Allerdings beruhen die Untersuchungen auf zwei Schulmeinungen, die Gesetzeskraft besitzen: der Annahme der Übertragung des Klangs auf äußerem Wege (dem Luftweg) und der Behauptung, daß das Kind nur die tiefen Töne wahrnimmt.

Ist es nicht widersinnig, sich abzumühen, Töne durch die Bauchwand zu schicken (und mit was für Lautstärken!), wenn man doch weiß, daß diese eine akustische Barriere darstellt und wie ein deformierender Filter wirkt? Die intrauterine Klangwelt – die im übrigen bei gesprengter Fruchtblase nur unzureichend erforscht werden kann – setzt sich, wohlgemerkt, aus tiefen Frequenzen zusammen, die durch die andauernde Aktivität der inneren Organe der werdenden Mutter erzeugt werden. Aber nimmt das Ohr des Fetus sie auch wirklich auf? Ist es nur für dieses unzusammenhängende, aggressive Getöse empfänglich? Kann man die Fähigkeit des werdenden Kindes, auf Reize zu reagieren und sie sogar zu integrieren, messen und ihm gleichzeitig jegliche auditorische Unterscheidungsfähigkeit absprechen?

Einerseits behaupten die Forscher, daß die mütterliche Stimme im Uterus mit höchster Intensität wiedergegeben wird, andererseits befleißigen sie sich, Vibrationen oder Stimulationen auszusenden, die hauptsächlich aus tiefen Frequenzen bestehen. Liegt es nicht vielmehr an einer besonderen Übertragungsart, bei der die Knochenleitung Vorrang vor der Übertragung durch die Luft hat, daß die Stimme der Mutter so gut durchdringt? Würde eine sorgfältige Untersuchung uns nicht ein anderes akustisches Universum enthüllen, das im Widerspruch zu dem eben beschriebenen steht? Und stellt, wenn dies so ist, die Verabreichung von hohen Dosen tiefer Töne, wie sie bei den oben geschilderten Tests praktiziert wird, nicht eine ernste Gefährdung des Kindes dar?

Ein junger Mediziner eröffnet neue Horizonte

Diese und ähnliche Fragen brachten den jungen Arzt Christophe Petitjean in der Nachfolge von Dr. Klopfenstein dazu, sich 1989 an ein Experiment zu wagen, das die traditionelle Sichtweise verläßt und statt dessen die Übertragung des Klangs durch die Knochenleitung favorisiert. Bevor Petitjean jedoch die Bewegungen des Fetus und den Rhythmus seines Herzschlags untersuchte, wollte er sichergehen, daß der Weg des Klangs über die Wirbelsäule, wie ich ihn mehrere Jahre vorher hypothetisch formuliert hatte, nicht nur eine fixe Idee meinerseits war. Die Ergebnisse dieses Experiments, das wir im folgenden darstellen, werden hier zum ersten Mal publiziert. Sehen Sie also, wie Christophe Petitjean vorging.

Das von ihm geleitete Team plazierte einen Vibrator auf dem Schädeldach einer gewissen Anzahl von Schwangeren und forderte sie auf, den Vokal »i« in ein Mikrophon zu sprechen. Ein Beschleunigungsmesser, der an einem vorstehenden Beckenknochen angebracht war, hatte die Aufgabe, die Vibrationen des Empfängers »aufzugreifen« und Frequenz für Frequenz zu analysieren. Ein zweiter Empfänger für Bewegungen wurde auf dem Bauch der Frau fixiert, um die Reaktionen des Fetus zu registrieren.

Zwei Bildschirmgeräte ermöglichten eine sichtbare Umsetzung der Ergebnisse. Das erste war ein »Spektrenanalysator«, der Frequenz für Frequenz die akustischen Kurven in dem kurzen Augenblick ihrer Emission und ihres Empfangs auf dem Becken unmittelbar in Bilder umsetzte. Ein Ton besteht aus einer Hauptschwingung, die seine Höhe bestimmt, und einer Reihe von Oberschwingungen, die seine Klangfarbe ausmachen. Die Aufgabe dieses Apparates ist es, sie als vertikale Linien darzustellen.

Ein anderer, mit einem Computer verbundener Bildschirm stellte den kompletten Film der Ausbreitung des Klangs in ihrer Dauer dar. In Form von steigenden oder fallenden Linien zeigte er den in dem Experiment tatsächlich beanspruchten Klangraum.

Ergebnis: Das Skelett spricht

Die Analyse ergab, daß der Grundton tatsächlich auf dem Beckenknochen wiederzufinden war, überraschenderweise mit all seinen Obertönen. Manche davon waren abgeschwächt,

andere wiederum verstärkt. In allen Experimenten (insgesamt wurden 38 Aufzeichnungen vorgenommen) erwiesen sich die hohen Frequenzen (zwischen 1.000 und 3.500 Hertz) als ganz besonders für die Weiterleitung auf dem Knochenwege geeignet. Dieses Ergebnis gibt den Bemerkungen, die ich schon 1955 über die mütterliche Stimme machte und die Querleu etwa dreißig Jahre später verifizieren konnte, eine neue Dimension. »Die mütterliche Stimme«, so schreibt er, »ist im Universum des Fetus überreich vorhanden (quantitativ) und wird mit großer Intensität übertragen (qualitativ)« (zitiert nach Petitjean).
Im Experiment dieses jungen Mediziners können die beiden Kurven jedoch nur qualitativ verglichen werden. Die verwendete Apparatur liefert keine hundert Prozent verifizierbaren Daten über die vorhandene Tonstärke. Doch haben uns schon die Arbeiten von Dr. Klopfenstein verdeutlicht, was unter »Resonanzkörper, ja sogar Verstärker« zu verstehen ist.
Der zweite Bildschirm war noch aufschlußreicher. Er zeigte, daß der Grundton einwandfrei mit 1.500 Hertz auf dem Beckenknochen reproduziert wurde. Er stieg sogar bis auf 14.000 Hertz! Zwei Oberschwingungen waren besonders deutlich: Eine von ihnen erreichte 19.000 Hertz, womit die Kapazität der Apparate allerdings erschöpft war. Diese Ergebnisse erfüllen mich mit großer Freude, denn sie fügen sich wunderbar in das durch Hochpaßfilter erzeugte Klanguniversum ein, auf das ich die Horcherziehung mit dem elektronischen Ohr aufgebaut habe und das so gute Resultate erbracht hat.
Nur die Knochenleitung vom Kehlkopf über die Wirbelsäule bis hin zum Becken kann erklären, daß die wesentlichen Komponenten der mütterlichen Stimme, nämlich die hohen Töne, so gut bewahrt bleiben. Wenn die Schwingungen sich auf anderem Wege fortpflanzen müßten, würden sie vom weichen Körpergewebe (Organe, Eingeweide usw.) erstickt.

Dialog

Die Stimme der Mutter auf dem Beckenknochen wiederzufinden ist eine Sache. Zu beweisen, daß der Fetus darauf reagiert, ist eine andere. Dieses Ziel verfolgte Christophe Petitjean im zweiten Teil seiner Arbeit.

Nach zehnminütiger Ruhepause wurden die Schwangeren aufgefordert, zwei Minuten lang akustische Signale auszusenden, worauf wieder eine Ruhephase folgte. Der Empfänger für die Bewegungen des Fetus (Körperbewegungen und Herzrhythmus) konnte also in Aktion treten.

Der Fetus reagiert ganz eindeutig auf die Frequenzen zwischen 1.000 und 3.000 Hertz. So wurden 58 Bewegungen bei einer Frequenz von 2.000 festgestellt, 11 bei 500, 26 bei 750 und 17 bei 8.000. Was den Herzrhythmus anbelangt, wurde eine Beschleunigung um 15 oder mehr Schläge pro Minute über einen Zeitraum von wenigstens 15 Sekunden als signifikant angesetzt. Auch hier wurden die besten Resultate im Frequenzbereich zwischen 1.000 und 3.000 Hertz erzielt.

Dieser akustische Bereich ist in doppelter Hinsicht interessant. Zum einen, weil er sich in einem oberen Spektrum befindet, das hauptsächlich aus hohen Tönen besteht. Zum anderen, weil er dem Klanguniversum der Unterhaltung entspricht. Es ist der Bereich schlechthin, in dem Sprache und menschliche Kommunikation anzusiedeln sind. Niemals zuvor war eine Reaktivität des Fetus auf so hohe Frequenzen beobachtet worden, weil man in früheren Studien immer von der Übertragung des Klangs durch die Luft ausgegangen war.

Schlußfolgerungen: Es besteht eindeutig eine Knochenleitung, die alle Eigenschaften eines von der mütterlichen Stimme erzeugten Tons beibehält und in ausreichender Stärke reproduziert, um bei dem werdenden Kind eine Reaktion auszulösen. Die Stimme der Mutter ist reich an hohen Frequenzen.

Eine aufsehenerregende Entdeckung

Als ich vor mehr als vierzig Jahren behauptete, daß die akustische Wahrnehmung des Fetus von der Übertragung über die Knochen abhängig ist, und daß eigentlich nur hohe Töne ankommen, glaubte mir niemand. Das Schönste daran ist, daß diese Entdeckung auf einen »Laborfehler« zurückzuführen war! Die damaligen Instrumente waren nicht so ausgefeilt wie die, derer sich Dr. Petitjean bedienen konnte. Die Mikrophone und Analysatoren meiner Zeit waren ausgezeichnet, was die hohen Töne anbelangt, aber für den Empfang der tiefen Frequenzen waren sie taub!

Ich fand also nur hohe Frequenzen vor und interessierte mich sofort, wie ich oben schon dargelegt habe, für die Wirkung dieser gefilterten Klänge auf das intrauterine Leben, bis ich sie schließlich zum Wohle hilfsbedürftiger Kinder einsetzte. Wenn ich nicht anfangs auf diese »falsche Fährte« gekommen wäre, würde ich heute noch den Einfluß der tiefen Töne auf die intra- und extrauterine Entwicklung des Menschen untersuchen. Und wie so mancher meiner Kollegen wäre ich in einer regelrechten Sackgasse gelandet.

Das intrauterine Universum, so will man uns immer wieder glauben machen, besteht aus tiefen Klängen, die in großer Zahl und Stärke (durchschnittlich 60 Dezibel) vorhanden sind. Aber welche Wirkung hätten sie, wenn der Fetus sie vernähme? Alle mit Säuglingen gemachten Experimente kommen zu demselben Ergebnis: Wenn man ihnen tiefe Frequenzen zuspielt, verlieren sie ihre Lebhaftigkeit, kommen in einen Zustand allgemeiner Schlaffheit – eine Art hypnotischer Entspannung – und schlafen schließlich ein. Japanische Ärzte haben vor einigen Jahren eine Schallplatte auf den Markt gebracht für Mütter, die ihre schreienden Babys einschläfern wollen. Diese Aufnahme bestand ausschließlich aus tiefen Frequenzen! Sie wirkte erschreckend gut – aber wollen wir wirklich Murmeltiere aus unseren Kindern machen? Sobald man ihm hohe Töne zuspielt, wird das Kind lebhafter, wacher und bewußter. Es ist dynamischer und zeigt sich euphorisch. Die hohen Töne wirken eindeutig streßhemmend.

Mir wurde mit der Kriegserklärung der tiefen gegen die hohen Töne der Fehdehandschuh hingeworfen. So mancher fand alles andere als liebenswürdige Worte über meine Arbeiten: »schlampig durchgeführtes Experiment«, »primitive Versuchsanordnung«, »Gebastle«, »genialer Irrtum«, »intellektuelle Vergiftung« und so fort. Und die Folge? Die »Parapsychoanalytiker« reißen sich ein Bein aus, um die tiefen Töne durch die Gebärmutterwand zu befördern. Die Arbeiten von Dr. Klopfenstein und das Experiment von Dr. Petitjean kommen gerade rechtzeitig, um Wasser auf meine Mühlen zu gießen, obwohl mir die Sache schon seit langem klar ist. Wozu die Dinge unnötig komplizieren: Die beobachtete Wirkung ist klinischer Beweis genug. Die durch einen Hochpaßfilter gegangenen Töne haben eine kolossale Wirkung auf das menschliche Verhalten. Die Tausende von Patienten, die sich eines Tages einen mit dem elektronischen Ohr verbundenen Kopfhörer aufgesetzt haben, konnten das am eigenen Leibe erfahren.

Man wächst mit seiner Stimme

Ich kann es nicht oft genug wiederholen: Der Fetus hört im Mutterleib die tiefen Töne nicht. Die tiefen Frequenzen werden eliminiert, um zu verhindern, daß das Kind von einem fürchterlichen Radau überschwemmt wird. Ich sage für gewöhnlich, daß das Ohr als Kommunikations- und Hörorgan dafür gemacht ist, sowohl zu hören als auch nicht zu hören. Jeder Klang befindet sich in Harmonie mit dem Körper. Die Stimme eines Menschen hängt ab von seinem Gewicht, seiner Größe, seinem Körperbau. Ein langgliedriger Mann verteilt die Frequenzen auf seiner ganzen Länge und kann eine harmonische Baßstimmlage entwickeln. Ein kleiner Dicker wird eher

wie ein Tenor singen usw. Das werdende Kind macht ebenfalls einen Unterschied bei den Klängen, je nach seinem Körperbild. Nun ist aber der Körper im Uterus auf wenige Dinge reduziert, und das Gehör »wächst« mit dem Kind. Erst in der Pubertät – also erheblich später – wird es seinen Körper mit anderen, viel tieferen Frequenzen überfluten.
Jedes Alter hat seine Stimme. Die eines Kindes besteht hauptsächlich aus hohen Frequenzen. In der Pubertät kommt es zum Stimmbruch, um der neuen Körperstruktur Rechnung zu tragen: veränderte Größe, ungewohnte Hormonschübe... Das Ohr verändert sich und vermittelt dem werdenden Erwachsenen ein verstärktes Körperbild und eine neue Zuordnung.
Die Ärzte und Psychologen, die Kinder mit tiefen Frequenzen überfluten, spielen mit dem Feuer. Sie laufen Gefahr, fundamentale Mechanismen zu zerstören: Wachstumsfaktoren, endokrine Elemente... Was wissen wir schon darüber? Falsche Körperbilder entstehen, die nicht mit den Möglichkeiten des Kindes in Einklang stehen.

Ein Megaphon für den Fetus?

Niemand bezweifelt mehr, daß der Fetus hört. Doch der Weg, den ein im Kehlkopf der Mutter erzeugter Ton bis zum Ohr des Fetus im Uterus zurücklegt, bleibt den meisten Forschern schleierhaft. Das Ohr bleibt – wie die Form der Ohrmuschel – ein großes Fragezeichen. Seine Mechanismen sind uns von Anfang an unverständlich. Wenn die akustische Botschaft auf dem Luftweg übermittelt wird, wie dringt sie dann durch die Gebärmutterwand? Mund und Bauch befinden sich nicht auf derselben Achse, sie sind beide horizontal ausgerichtet und folglich dazu verdammt, sich nie zu treffen. Mit Belustigung habe ich davon gehört, daß ein schrulliger amerikanischer Arzt (allerdings ein gewitzter Geschäftsmann) schwangeren Frauen rät, über einen speziellen, nach unten gekrümmten Lautsprecher, der an einen Elefantenrüssel erinnert, mit ihrem werdenden Kind zu sprechen. Dieses Gerät soll die Verbindung zwischen dem Mund der Mutter und dem Ort, an dem der Kopf des Kindes vermutet wird, herstellen! Nun sind aber die organischen Gewebe so dick, daß die Mutter, um gehört zu werden, dermaßen in diesen Apparat brüllen müßte, daß sie das werdende Baby wahrscheinlich nur erschrecken würde, da aus ihrer Stimme alle Zärtlichkeit getilgt wäre. Man wird mir sicher zustimmen, daß dies wohl kaum der Zweck der Übung sein kann. Ich habe schon immer gesagt, daß die Übertragung sich auf dem Weg über die Knochen vollzieht, im Körperinneren, über die Wirbelsäule. Dies hat Dr. Klopfenstein im vorstehenden Kapitel eindrucksvoll bestätigt. Er hat mit seinem Experiment nachgewiesen, daß die Klänge, wie sie aus dem Mund kommen, sich bis auf wenige Obertöne unverändert und mit vergleichbarer Tonstärke auf dem Beckenknochen wiederfinden. Die Knochenleitung funktioniert also! Dieses Ergebnis ist um so erstaunlicher, als die Haut und das Fleisch die ausgesandten oder aufgefangenen Schwingungen abschwächen. Zweifellos wäre das Ergebnis noch spektakulärer, wenn man Vibratoren auf den Zähnen anbrächte.

Die Einheit, die aus den beiden Beckenknochen auf der Seite, dem Kreuzbein hinten und dem Schambein vorne besteht, bildet mit seinen Worten einen »Resonanzkörper«, ja sogar einen Verstärker des Klangs: Da haben wir also die Quelle für die akustische Prägung des Kindes. Dr. Klopfensteins Recherchen wenden sich jetzt der quantitativen und qualitativen Analyse der in dem physiologischen Lautsprecher der Fruchtblase aufgefangenen Frequenzen zu. Durch das Anbringen kleiner Empfänger auf dem Schädel des im Uterus befindlichen Kindes – entsprechend der Technik der »evozierten Potentiale« – hofft er auch messen zu können, was sich tatsächlich in seinem Schädelgehäuse abspielt.

Die Zelle »hört«

In Kanada erstellte man wenige Minuten vor der Geburt »evozierte Potentiale«. So konnten die Ärzte verifizieren, daß hohe Töne elektrophysiologische Reaktionen auslösen. Dieses Experiment ist von seiner Durchführung her einigermaßen schwierig. Es erfordert eine ganze Apparatur und eine gewisse Geschicklichkeit von seiten des Krankenhauspersonals.

Alle Initiativen in Frankreich, die darauf abzielen, solche Experimente durchzuführen, sind natürlich begrüßenswert. Doch dabei läuft man Gefahr, eine mechanische und damit etwas vereinfachte Sichtweise von der Entwicklung der Hirnrinde einzunehmen. Diese Experimente gehen davon aus, daß die Töne sich unmittelbar im gesamten Gehirn ausbreiten. So liegen die Dinge aber keineswegs. Das Gehirn hat einen Wachstumsrhythmus, der überhaupt nicht dem des Ohres entspricht. Im Innenohr, den Vestibularkernen und anderen ursprünglichen Elementen bestehen bereits Funktionen, während das Gehirn noch nicht zu seiner Reife gelangt ist. Mit dem Erscheinen des Kleinhirns gehen die Funktionen auf das höhere Stockwerk über. Das Gehirn integriert und speichert in seiner vollen Kortikalität das vorher Dagewesene und verleiht den in ihrem archaischen Gedächtnis aufbewahrten Informationen eine neue Dimension, eine neue Zielrichtung und eine neue Verbreitung. Bestimmte Kerne werden berührt, aber die Kortikalität kommt viel später. Die Reifung des Gehirns vollzieht sich erheblich später als die des Ohrs, mit der schon beschriebenen Ausnahme der Schläfenlappen, die mit dem Ohr verbunden und von ihm abhängig sind.

Das Gedächtnis eines Klons

Während der Therapie mit gefilterten Tönen (dem elektronischen Ohr) liefern uns die Klienten Darstellungen ihres Lebens als Zelle: Bilder von der Durchquerung des Eileiters, von der Einnistung in die Gebärmutter... Die Zeichnungen beweisen es: Wo eine Zelle ist, ist ein Gedächtnis. Die Zelle und das Gedächtnis gehen Hand in Hand. Nach und nach – mit der Herausbildung des Embryos – setzt sich das zelluläre Gedächtnis auf der Ebene des Vestibulums und des gesamten Innenohrs fort, bis es schließlich auf das gesamte Gehirn übergeht, wie wir bereits gezeigt haben. All diese Eindrücke werden sehr stark, sehr intensiv bewahrt. Jahre später kommen sie unter dem Einfluß einer sensorischen Stimulierung wieder genau so zum Vorschein, wie sie anfänglich erlebt wurden. Der Zahn der Zeit nagt nicht an den ursprünglichen Erinnerungsinhalten. All diese Bilder und Erinnerungen entfalten sich wie ein Teleskop oder ein Fächer und sind genauso präsent wie am ersten Tag. Wer am Anfang keine Empfindungen hatte, ist später auch sehr empfindungsarm.

Dieses Gedächtnis öffnet und entfaltet sich mit unseren Sinnesorganen, von denen ein jedes zu gegebener Zeit an eine Tür im Gehirn klopft, die Bewegung determiniert, in die Muskeln gelangt... So bahnt sich das Gedächtnis einen Weg. Es funktioniert immer auf dieselbe Weise. Jedesmal ist es eine sensumotorische Reaktion, die das Raumbild unserer Handlung und unserer Position im Raum schafft, sei es im Mutterleib oder im Universum.

Ist die Befruchtung der Startschuß für dieses Imprinting? Warum sollte die Zelle nicht schon ein Gedächtnis besitzen, bevor sie auf ihren »Partner« trifft? Hat ein Klon kein Gedächtnis? Zumindest hat er dasjenige seines Alter ego, also dasselbe Gedächtnis. Was wir Tag für Tag beobachten können, ist die Reise durch den Uterus, die sich immer wieder und bei jedem Kind mit Höchstgeschwindigkeit und größter Selbstverständlichkeit vollzieht. Es hat noch nie etwas von »Uterus« oder »Geburt« gehört, und doch weiß es darüber Bescheid wie ein Gynäkologe am Ende seiner Laufbahn!

Im Reich der Stille gibt es keine Tauben

Als ich begann, mich für das Hören im Mutterleib zu interessieren, hatte ich die Vorstellung, daß der Klang nach seinem Weg über die Wirbelsäule das Fruchtwasser zum Klingen bringt und der Fetus auf diese Weise hört. Sehr schnell stellte ich aber fest, daß die Ausbreitung des Klangs so nicht funktionieren kann, aus dem einfachen Grunde, weil beim Fetus die Ohrtrompete geöffnet und von Flüssigkeit ausgefüllt ist und folglich weder das Trommelfell noch das Mittelohr funktionstüchtig sind. Eine sehr starke Schwingung des Fruchtwassers wäre vonnöten, um von außen in das Mittelohr einzudringen und das Vestibulum zu erreichen. Im Uterus funktioniert aber nur das Innenohr. Wie wir weiter oben schon darlegen konnten, hat sich in der Entwicklungsgeschichte das Außenohr erst mit dem Auftreten der Amphibien entwickelt, den ersten Tieren, die ihren Fuß auf festes Land setzten. Das Trommelfell erscheint noch später: Es findet sich erst bei den Säugetieren.

Sirene

Der Fetus befindet sich auf dem Stand der niederen Fische: Nur der innere Teil seines auditiven Systems funktioniert. Das Kind drückt seinen Kopf gegen die hintere Gebärmutterwand, um eine Knochenschwingung aufzuspüren. Es drängt sich zum unteren Ende des Rückens hin, dort, wo die Wirbelsäule endet. Um den achten Schwangerschaftsmonat wird sein Bedürfnis nach Kommunikation mit der Mutter noch größer, und es senkt sich zum Beckeneingang hinab (jenem Ring, der aus den Beckenknochen gebildet wird), der einen extrem starken Resonanzkörper darstellt.
Wenn man den Kopf unter Wasser hält, verliert das Ohr jäh an Leistungsvermögen und nimmt nur noch dumpfe Schwingungen, tiefe Töne und ein unscharfes Gluckern wahr. Dieses ba-

nale Experiment, in dem das Trommelfell wie gelähmt erscheint, weil die Schwingungen blockiert sind, wird oft zum Vergleich mit dem, was der Fetus hört, herangezogen. Um aber davon einen Eindruck zu bekommen, müßte man das Mittelohr öffnen und die Ohrtrompete mit Wasser anfüllen. Dann würde das Trommelfell ganz anders schwingen. Ich rate allerdings niemandem, sich in dieses Abenteuer zu stürzen – und sei es in der sehr löblichen Absicht, die Wissenschaft vorantreiben zu wollen.

Wer im Kino den Unterwasserfilm *The Big Blue* von Luc Besson gesehen hat, wird sich erinnern, mit welch unendlicher Vorsicht die Taucher vorgehen. Beim Hinabsteigen in große Tiefen halten sie genauestens bestimmte Schwellen ein, um ihrem Vestibularapparat zu ermöglichen, sich durch Anpassung des Mittelohrs an den Druck zu gewöhnen.

Knochenlärm

Mit dem gleichen Material (einem Vibrator auf dem Schädel einer Schwangeren und einem Beschleunigungsmesser auf ihrem Becken) hat Dr. Klopfenstein in einer jüngeren Studie als der oben beschriebenen (Juni 89) die Analysen der Klangübertragung über die Knochen, die der Gegenstand der Doktorarbeit von Christophe Petitjean waren, noch weiter vorangetrieben. Diesmal ging es darum, die Wirkung Frequenz für Frequenz zu messen, um herauszufinden, welche Schwingungen am stärksten vertreten sind.

Er hat nachgewiesen, daß eine Schwingung, die vom tiefen zum hohen Bereich übergeht und lange genug anhält, um auf dem Bildschirm des Computers richtig dargestellt zu werden, erst ab etwa 1.500 Hertz sichtbar und von da an immer stärker wird. Das beweist, daß die hohen Frequenzen bei der Knochenschwingung am stärksten vertreten sind. Unterhalb von 1.500 Hertz (dem Bereich der tiefen Töne) ist die Weiterleitung über

das Skelett praktisch gleich Null. Die Detailaufzeichnungen bestätigen, daß die tiefen Töne ausgefiltert werden. Zwischen 5.000 und 8.000 Hertz ist die Übertragung gut. Im darüberliegenden Bereich (10.000, 14.000, 16.000 Hertz) weisen die Geräte eine exzellente Knochenleitung aus. Der Umstand, daß manche Obertöne nicht mehr aufgezeichnet werden, ist darauf zurückzuführen, daß das Becken in Bereichen schwingen kann, die unsere Meßkapazität übersteigen!
Zwei Gegenstände aus gleichem Material aber von unterschiedlicher Größe erzeugen nicht den gleichen Ton, wenn man sie anschlägt. Ein Holzstück oder ein Metallstab machen nicht das gleiche Geräusch, wenn sie zu Boden fallen. Ein Ton wird durch die Länge bestimmt, ein anderer durch das Volumen. Vor allem aber hat jedes Material eine ganz spezifische Resonanz. Was das intrauterine Hören anbelangt, verfügt die Stimme der Mutter mit dem Knochenapparat zwischen Kehlkopf und Becken über einen spezifischen Resonator, der gleichzeitig als außergewöhnlicher Filter wirkt. Die Frequenzen, die am besten passieren, sind mit Sicherheit in der (Sing- oder Sprech-)Stimme der Mutter enthalten. Ihre Oberschwingungen und Klangbündel finden sich wieder, allerdings werden ihre tiefen Frequenzen durch die materialtypische Absorption getilgt.
Man braucht nun nur noch die Töne zu verstärken und an allen Körperstellen, an denen der Knochenbau hervortritt, Vibratoren anzubringen. Die Analysen werden die unglaubliche Ausbreitung der hohen Töne im gesamten Körper, vom Kopf bis zu den Füßen, auf dem ganzen Skelett aufzeigen. Die Knochen schwingen alle mit derselben Frequenz. Ob man eine Stimmgabel an einen Fuß, einen Zahn oder eine Rippe hält: Die Schwingung ist total, unglaublich und unmittelbar. Der Körper ist eine vibrierende Antenne.
Das Skelett, das die Ausbreitung der hohen Frequenzen begünstigt und die Bässe aufgrund seiner Molekularstruktur ausfiltert, wird so zur Stimmgabel für die Hörzellen (die sogenannten Corti-Zellen) im Innenohr. Auch sie weisen die Besonderheit

auf, für die hohen Töne empfindlich zu sein. Das Kind im Uterus findet in dem akustischen Universum einen Stützpunkt, der vom Knochenapparat geschaffen ist. Es lauscht auf jene Töne, die reichhaltiger, angenehmer und weniger aggressiv sind, als die, die die weichen Gewebe und die Organe mit ihrer Aktivität erzeugen.

Dr. Klopfenstein führte seine Untersuchungen an Frauen durch, die kurz vor dem Geburtstermin standen. Man müßte diese Studien noch verfeinern, Monat für Monat. Dann würde man feststellen, daß die Haltung der Frau von besonderer Bedeutung ist und sich mit fortschreitender Schwangerschaft entwickelt. Nichts dringt durch, wenn sie daliegt oder sich in einen Sessel lümmelt. Die Ausbreitung funkioniert weniger gut, wenn die Frau sich schlecht hält, den Rücken beugt und die Hüften einzieht. Dann besteht keine Muskelspannung mehr, und die Sehnen sind schlaff wie Kaugummi. Der Klang dringt nicht durch. Der Dialog wird schwächer. Eine maximale Ausbreitung wird erreicht, wenn die Frau steht oder aufrecht sitzt, denn dann ist die Wirbelsäule gut aufgerichtet und gespannt wie eine schwingende Saite.

Wenn ein Gesangslehrer einem Kind Unterricht gibt, verlangt er von ihm eine bewußte, wohlkontrollierte aufrechte Haltung. Entsprechend zieht der Bauch die Schwangere nach vorne, und die Wirbelsäule wirkt als Gegengewicht. Muskeln und Sehnen spannen sich. Alles zusammen bildet einen gut gespannten, vibrierenden Bogen. Der Klang kann mit größerer Leichtigkeit zirkulieren.

Sobald wir eines Tages die Kreißsäle selbst mit elektronischen Ohren ausstatten und die Frauen in den Genuß eines speziellen Programms für die eigentliche Entbindung bringen können, werden die Resultate noch spektakulärer sein als die, die durch eine bloße »Vorbereitung« erzielt werden. Eine schnellere »Austreibung«, eine bessere Kommunikation zwischen Mutter und Kind, ein noch deutlicherer Rückgang der Angst... das sind die wesentlichen zu erwartenden Erfolge.

Belagerungszustand

Der Umstand, daß der Beckenraum solchermaßen zum Resonanzkörper wird, erklärt so manches in bezug auf die Geschichte des Fetus im Laufe seines intrauterinen Lebens. Um den achten Monat senkt sich das Kind ab, um seinen Kopf zum Muttermund hin auszurichten. Diese Bewegung konnte man sich nie so recht erklären. Man dachte, daß sie irgendwie durch die Erdanziehungskraft bedingt sei. Wie sich nun herausstellt, wußte man gar nichts.

Das außergewöhnliche akustische Universum innerhalb des Beckenraums erklärt dieses uralte Phänomen: Das Kind dreht sich, um stärkere Klänge und eine stärkere Kommunikation mit seiner Mutter zu suchen, indem es seinen Kopf in engen Kontakt mit diesem tönenden Kranz bringt, den die Beckenknochen und das untere Ende der Wirbelsäule bilden. Die Kommunikation mit der Mutter erfolgt über die quasi direkte Knochenleitung in einer Art unmittelbarer Korrespondenz.

Weiß man denn, wie viele Kinder, bei denen bei der Geburt das Gesäß vorangeht (die sogenannte Steißlage), sich aus psychologischen Gründen nicht drehen wollten? Eine müde, verstörte, ihre Schwangerschaft ablehnende Mutter wird eine mangelhafte oder entstellte Kommunikation mit ihrem werdenden Kind haben und ihm nicht die ganze Fülle einer von Liebe durchdrungenen Beziehung eröffnen können. Nimmt das Kind aus diesem Grund automatisch eine Steißlage ein? Hat diese Lage immer mit einem Beziehungsproblem zu tun? Es ist sehr kompliziert, auf solche Fragen eine Antwort zu geben, da es schwierig ist, daraus Schlußfolgerungen zu ziehen. Immerhin haben aber unsere klinischen Erfahrungen und die Erfahrungen, die Dr. Klopfenstein gemacht hat, gezeigt, daß es beträchtlich weniger Steißlagen gab, wenn die Mutter sich einer Vorbereitung unter dem elektronischen Ohr unterzog.

L. Salk hat schön aufgezeigt, daß eine Mutter die Psyche ihres Kindes während seiner Entstehung beeinflußt. Eine unausgeglichene Mutter hat eine Stimme, die »falsch klingt«, ihr Sprechrhythmus ist abnormal. Alles an ihr ist widersprüchlich, angefangen von ihrem Sprechrhythmus bis hin zum Bedeutungsgehalt dessen, was sie sagt. Ist es vorstellbar, ein psychisch krankes Kind schon während seines Lebens im Mutterleib zu behandeln? Ja, das ist bestimmt möglich, indem man die Stimme seiner Mutter mit dem Ziel behandelt, einen echten Dialog zwischen ihr und ihrem Kind herzustellen. Wenn eine Frau psychisch gestört ist, kann man davon ausgehen, daß der Fetus, wenn er ein klein wenig schizoid ist, nach der Geburt ernste Schwierigkeiten haben wird. Eine Prävention ist durchaus vorstellbar.

13 Der Kopf der Zelle

Wird man im vierten Monat des pränatalen Lebens zum Menschen?

Der Fetus ist Tausenden von Empfindungen ausgesetzt. Sein Vestibulum – jener Teil des Innenohrs, dessen Aufgabe es ist, die Körperbewegungen zu »kontrollieren« – ist schon sehr früh funktionsfähig. Das Kind hat also schon vor der Geburt eine Empfindung, eine Wahrnehmung für seine Gliedmaßen, auch wenn diese noch recht undifferenziert und archaisch ist. Auch seine Cochlea (Gehörschnecke) – ein anderer Teil des Ohrs, der darauf spezialisiert ist, jene ganz feinen Bewegungen, welche die akustischen Schwingungen darstellen, aufzuspüren – funktioniert schon. Das Kind hört die Geräusche, die es im Fruchtwasser verursacht, dieses kleine Gluckern und Plätschern. Und es hört tiefe, von weit her kommende Rhythmen.

Die ersten Integrationsvorgänge der Zelle (während der Entstehung im Mutterleib) und die Ausformung des Gehirns (weit nach der Geburt) verbindet ein und derselbe Weg, der sich immer mehr verbreitert. Für das Ei beginnt mit der Befruchtung eine Evolution, eine unaufhaltsame Lebensdynamik. Aus praktischen Erwägungen heraus hat die Medizin den Embryo vom Fetus getrennt. Diese Anschauung verleitet zu der Annahme, daß nur letzterer über jenen erhabenen Wert verfügt, der Leben heißt, und daß man ersteren manipulieren oder wieder loswerden kann, ohne sich große Gedanken machen zu müssen, da man ihn zu einem bloßen Zellklumpen degradiert, dem man jede menschliche Dimension abspricht. Doch es handelt sich um dasselbe Wesen, und aus diesem Grund ziehe ich es vor, die beiden zu verbinden und vom Embryo-Fetus zu sprechen.

Allerdings vollzieht sich nach etwa viereinhalb Monaten eine wichtige Entwicklung im Uterus, die zu dieser Trennung von Embryo und Fetus Anlaß gab. Eine Etappe geht zu Ende, und eine andere beginnt. Aus anatomischer Sicht ist diese Trennung praktisch. Aber wie viele Mechanismen haben wir nicht schon erworben, bevor wir laufen konnten? Haben wir diese ganze unterschwellige Entwicklung bewußt erlebt? Und doch sind wir dieselben geblieben. Im Embryonalstadium entsteht ein richtiges Informationsgebräu und grundlegende vitale Mechanismen, die bereits funktionstüchtig sind, bilden sich heraus. Unterirdische Arbeiten bereiten die Fundamente des Gebäudes vor.

Bildet das künftige Baby nicht schon beim Passieren des Eileiters ein Gedächtnis heraus? Woche für Woche präsentieren Kinder uns Bilder, auf denen diese fabelhafte Reise vom Eileiter in den Uterus dargestellt ist. Anscheinend haben sie diesen Weg bei vollem Bewußtsein zurückgelegt und können ihn dank eines Urgedächtnisses rekonstruieren. Die in die Zellen eingravierten Informationen »steigen auf« zu den sich herausbildenden Organen und warten dort auf die große Verteilung, die das Gehirn schließlich vornehmen wird. Und wenn ein Patient mit Hilfe der neuen elektronischen Technik in die akustischen Verhältnisse des Uterus zurückversetzt wird, entdeckt er die komplexen Wege seines pränatalen Universums wieder.

Die Fahrt durch den Tunnel

Sobald sich Information ansammelt, gibt es eine unterschwellige Seele, die mit irgend etwas mitschwingt. Allem, was nicht menschlich und erwachsen, sichtbar und Träger eines Gesichts ist, sprechen wir grundsätzlich ab, eine Psyche zu haben. Descartes betrachtete das Kind wie ein Tier und erkannte ihm kein Seelenleben zu. In der Antike war man großzügiger und gab auch dem Tier eine Seele (lat. *animal* ›Tier‹ und *anima* ›Seele‹ haben übrigens denselben Wortstamm). Der Embryo-Fetus kann keinen Gedanken bis zur Verbalisierung, Mitteilung und Äußerung entwickeln. Trotzdem hat das Seelenleben schon tiefsitzende Mechanismen berührt, auf denen sich ein ganzes Gebäude errichten wird. Der Beweis? Wir können ganz plötzlich Situationen einordnen und Empfindungen wiederfinden, die zeigen, daß die Psyche schon zu jener Zeit eine Rolle spielte. Dies macht auch das spontane Auftauchen der Bilderwelt deutlich, von der wir weiter oben bereits gesprochen haben.

Wenn jemand zehn, fünfzehn, zwanzig oder dreißig Jahre später (da gibt es keine Grenze) ins intrauterine Hören zurückversetzt wird, erlebt er sehr intensiv in Form von Eindrücken diese erstaunliche embryo-fetale Reise noch einmal. Ist die Bilderfolge, die er uns präsentiert, nicht die Erzählung seiner Odyssee? Es gibt zahlreiche Anhaltspunkte dafür, daß die Psyche schon vor jenem »großen Augenblick« da ist, in dem ein auf sehr hohem Niveau stehender Integrationsmechanismus den Bestand der Informationen aufnimmt und ihnen eine neue Grundlage, eine neue Spannweite und eine neue Dimension gibt.

Viele unerklärliche Phobien haben so ihren Ursprung im Uterus. Jemand, bei dessen Geburt es zu Komplikationen kam, jemand, der nicht geboren werden wollte und sein ganzes Leben lang am liebsten wieder in den Mutterleib zurückkriechen möchte – all diese Männer und Frauen werden später einen Psychologen aufsuchen und darüber klagen, daß ihnen die Vorstellung, einen Tunnel passieren oder in einem Aufzug fahren zu müssen, unerträglich ist. Sie sind Opfer von Phobien, die die Psyche blockieren und immer wiederkehrende Ängste erzeugen.

Wir haben schon so manches erlebt. Auch wenn für die meisten von uns die Fahrt durch einen Tunnel oder in einem Aufzug nichts Besonderes darstellt, so ist doch das eingeprägte Muster unseres ersten Durchschreitens der Wände nicht ausgelöscht: Es hat nur andere Formen als Angst oder lähmendes Grauen angenommen.

Wir ziehen unsere Kreise

Das Seelenleben des Fetus beginnt nicht erst, wenn sein Gesicht ausgeformt ist. Es ist im übrigen unmöglich, eine gerade Linie zu ziehen, auf der wir von links nach rechts unsere Entwicklung verfolgen könnten. Sie beschreibt vielmehr eine Spirale, wir kehren immer wieder zurück und führen kleine Kreisbewegungen um eine Achse herum aus. Wir bewegen uns vorwärts und kehren doch immer wieder an die Stelle zurück, an der wir schon waren, nur sind wir jedesmal etwas weiter oben. Dieselben Bilder tauchen wieder auf, doch wir betrachten sie aus einem anderen Blickwinkel. Wir schreiten vorwärts – und kehren gleichzeitig zurück.
So vollzieht sich also die Entwicklung in ständiger Rückkehr, die doch das Vorankommen nicht verhindert. Manche aber treten auf der Stelle, bleiben im selben System. Ihre Schritte werden zur Obsession, sie drehen sich im Kreis. Ein schizophrenes Kind drückt seine Verweigerung, groß zu werden, und seinen Wunsch, in den Bauch der Mutter zurückzukehren, dadurch aus, daß es die immer wieder gleichen Kreise malt, alle auf derselben Ebene, und es ist noch keine Spur vom Gesicht der Mutter zu sehen. So ein Kind verharrt im Uterus, es klammert sich daran fest und kennt nichts anderes.
Kinder, die sich gut entwickeln, beschreiben immer neue Kreise, sie gelangen von einer Integration zur nächsten, vom Rund des Uterus zur Entdeckung des Gesichts der Mutter, von der Darstellung eines Hauses zum Gefühl, einer Volksgemeinschaft anzugehören, dem Universum – und dies geschieht aufgrund einer ständigen Zunahme aller Informationen.

Das Kind, das nicht zur Welt kommen kann

Wenn diese Entwicklung aufgrund irgendeiner Störung blockiert ist, schließt sich das Seelenleben ab, es wiederholt sich, die

Maschinerie kommt nicht mehr voran, sie dreht leer durch wie Räder im Sand. Diese »Regressionen« – denn schon im Uterus ist Regression möglich –, beweisen, daß der Fetus bereits psychischen Erkrankungen oder Störungen ausgesetzt sein kann. Sie verschwinden allerdings oder schwächen sich zumindest ab, wenn eine Behandlung unter dem elektronischen Ohr vorgenommen wird. Das in die auditiven Bedingungen des Uterus zurückversetzte Kind korrigiert die Richtung und macht einen Neuanfang, diesmal auf dem richtigen Fuß.

Das Kind im Uterus ist um so sensibler für die psychischen Gegebenheiten, unter denen sich die Schwangerschaft seiner Mutter abspielt, als es ja seine ersten Eindrücke mit einem nagelneuen, ultrasensiblen Aufnahmeapparat registriert. Wenn sie die Schwangerschaft ablehnt oder sich nicht darauf freut, Mutter zu werden, spürt es das Kind sofort. Im allgemeinen kommen die Dinge im Lauf der Schwangerschaft ins Lot, aber manche Frauen fürchten bis zum Schluß den Augenblick, in dem das Baby aus ihnen herauskriecht, und weigern sich, zum Beispiel weil die familiäre Umgebung feindselig eingestellt ist, ihr Kind der Welt zu schenken. Was wird dieses kleine Wesen tun, das nicht zum Neugeborenen werden soll und dem die eigene Mutter das Startsignal verweigert?

»Soll ich gehen? Soll ich bleiben?« scheint es sich zu sagen. Und diese Fragen, diese Einstellung werden es sein ganzes Leben lang wie eine Zwangsvorstellung begleiten.

Wenn eine Mutter ihre Schwangerschaft ablehnt, beraubt sie ihr Kind einer von Liebe durchdrungenen Beziehung und eines liebevollen Dialogs, die für seine Entwicklung unbedingt nötig sind. Es ist eingeklemmt und blockiert, hat keine Zukunftsperspektive, befindet sich also schon in auswegloser Situation. Das »abwegige« Verhalten der Mutter färbt auf die psychologische Struktur des Kindes ab. Eine gestörte Mutter wird leider mit großer Wahrscheinlichkeit ein Kind zur Welt bringen, das auch schon psychisch gestört ist. Das ist nicht genetisch bedingt, sondern geht auf das Fehlen einer ausreichenden psychologischen und »kulturellen« Beziehung zurück. Denn so eine Beziehung beginnt schon im Uterus, genauer gesagt, schon mit der Empfängnis.

Der Charakter bildet sich 27 Tage nach der Befruchtung!

Zum Glück ist nichts unabänderlich, und der größte Teil der Frauen, die anfangs ihrer Schwangerschaft ablehnend gegenüberstanden, akzeptieren schnell ihren Zustand und knüpfen die komplexen Bande des Dialogs mit ihrem werdenden Kind. Alles renkt sich ein, und es bleiben nur geringfügige oder überhaupt keine Spuren zurück. Und es kommt noch besser: Das Kind einer gestörten Mutter muß nicht zwangsläufig dieselben Störungen aufweisen wie sie selbst. Oft tritt es dieses Erbe nicht an, weil ein anderes unkontrollierbares Element ins Spiel kommt: das Temperament des Kindes.

Wir kennen drei Temperamente. Der »physische« Kein-Problem-Typ ist gegen solche Dinge gefeit. Er ist von sorgloser Natur, die Prägung ist nur schwach, und die psychische Verfassung seiner Mutter kümmert ihn nicht. Er ist sehr schnell selbständig und sieht der Geburt mit heiterer Gelassenheit entgegen. Der »paranoide« Sorgenfalten-Typ hat immer den Eindruck, daß ihm die schlimmsten Unglücke widerfahren werden. Er erfährt das Universum als permanente Aggressionsquelle und bauscht die kleinste Kleinigkeit auf. Im tragischsten Fall, wenn es bei der Geburt zu Komplikationen kommt, wenn er den Eindruck erhält, daß seine Mutter die Kommunikation mit ihm abbricht, wenn..., wenn..., wenn..., steigt die Wahrscheinlichkeit, daß er autistisch wird.

Der »affektive« Typ hat, wenn er herangewachsen ist, das Gefühl, daß er die kleinste Stimmungsschwankung seiner Mutter wahrnehmen kann, selbst wenn er Kilometer von ihr entfernt ist. Er ist übersensibel, eine Eigenschaft, die er schon in seinem intrauterinen Leben erworben hat. Er saugt die kleinste Verstimmung seiner Mutter auf wie ein Schwamm. Wenn sie unausgeglichen oder bekümmert ist, leidet er darunter und entwickelt schon vor seiner Geburt ein schizophrenes Verhalten. Die klinische Erfahrung bestätigt uns Tag für Tag diese flexible Typologie (wir sind nämlich alle eine Mischung aus diesen drei Elementen). Sie entspricht den Unterschieden der Keimblätter, aus denen der Fetus gebildet wird. Es gibt drei davon. Rufen wir sie uns noch einmal ins Gedächtnis: Das erste, das Ektoderm, ist der Ursprung der Haut und des Nervensystems, das zweite, das Entoderm, ist der Ausgangspunkt der Verdauungsorgane, und das dritte, das Mesoderm, liefert die Knochen und Muskeln. Wir gehen aus allen drei Keimblättern hervor, doch eines davon kann dominant sein, woraus sich die Unterschiede bei den Menschen erklären.

»Jedes Individuum hat ein Basistemperament, das schon ab dem 28. Tag nach der Empfängnis vorhanden ist.« Es gibt drei Temperamente: »das materielle, das spirituelle und das intellektuelle«. Ihr Ursprung liegt in der »embryonalen Entwicklung«. Neben dieser »Basis« verfügt jeder Mensch über »zwei sich während der Schwangerschaft herausbildende Neigungen«. Das intellektuelle Temperament ist mit dem äußeren Keimblatt verbunden, das mit den Atmungsfunktionen in Zusammenhang steht. Seine Basis: die Lunge. Das materielle, mit dem inneren Keimblatt verbundene Temperament ist vom Ernährungsapparat abhängig, und seine Basis ist die Leber. Das spirituelle steht mit dem mittleren Keimblatt in Verbindung, es hängt von den Drüsenfunktionen ab, und seine Basis sind die Genitalorgane. Das Temperament (mit seiner Basis und den Neigungen) ist »von Geburt an unveränderlich. Doch das Gleichgewicht zwischen den drei Seiten kann während des Lebens gestört werden oder aufrechterhalten bleiben.«

Dieses längere Zitat stammt nicht aus einem neueren psychologischen Werk. Dieser Text ist mehr als 6.000 Jahre alt! Ich habe ihn einem Büchlein mit dem Titel *Diagnostic phrénologique du tempérament* nach Dr. Otoman Za-Ardusch Ha'nisch entnom-

men. Es wurde geschrieben und erdacht von den »makedonischen Philosophen«, die eine Disziplin begründeten, die im 19. Jahrhundert ihre Blütezeit fand: die Phrenologie. Unter dem Einfluß von Franz Gall wurde sie dann bekanntermaßen übertrieben und pervertiert. Dennoch ist sie als Vorläuferin der Morphopsychologie anzusehen.
Wir bestehen also aus drei Keimblättern. Das Ideal – eines von Weisheit gelenkten Lebens – wäre, sie in Einklang zu bringen. Reicht ein Leben aus, um dieses Ziel zu erreichen?

Warum sind wir für bestimmte Erkrankungen anfällig?

So ist in jedem von uns ein Keimblatt dominant, und es hat – wenn man unseren alten makedonischen Philosophen Glauben schenken darf – schon vom 28. Tag unseres intrauterinen Lebens an die Oberhand über die beiden anderen gewonnen. Woher hatten sie diese Einsicht? Was konnten sie schon darüber wissen? Aufgrund von Überlegung und Intuition konnten die Alten oft zu Erkenntnissen gelangen, die die heutige Wissenschaft mit ihrem technischen Arsenal nur bestätigen kann. Ich gebe zu, daß sie auch so manche Absurdität von sich gegeben haben. Die Griechen zum Beispiel befanden sich mit ihren Beschreibungen der Sinnesorgane auf dem Holzweg. Und heute würde abgesehen von dem phrenologisch angehauchten Wissenschaftler in der Episode »Die schwarzen Berge« von *Lucky Luke*, wohl niemand mehr den Schädel seiner Klienten betasten, um herauszufinden, ob er die Mathematiker- oder die Literatenbeule hat! Aber wenn es keine verrückten Ideen gäbe, käme die Menschheit nicht voran.
Wenn wir diese Theorie von den Keimblättern mit einer modernen Disziplin wie der Morphopsychologie vergleichen, müssen wir zugeben, daß diese auch nicht viel weiter gekommen ist. Die Grundlagen sind solide. Schon die Alten hatten die Menschen nach ihrem Temperament eingeteilt und Schlüssel

zur Erklärung ihres Verhaltens geliefert. Mehr noch: Die Theorie von den Keimblättern eröffnet uns einen Weg zur Erklärung des rätselhaften Umstandes, daß ein Mensch zu bestimmten Krankheiten neigt und anderen gegenüber völlig immun ist. Warum greift denn das Treponema der Syphilis oder das Aidsvirus bei dem einen das Nervensystem an, bei dem anderen den Blutkreislauf und bei wieder einem anderen das Skelett? Wahrscheinlich erklärt die Dominanz des einen oder anderen Keimblatts diese Anfälligkeit für bestimmte Erkrankungen.

Die Tuberkulose kann zum Beispiel die Lunge, die Haut (wesentlicher Bestandteil des Nervensystems) oder den Verdauungsapparat angreifen – was die Theorie von den drei Keimblättern ausgezeichnet veranschaulicht. Manchmal kommt es sogar zu einer tuberkulösen Meningitis (Hirnhautentzündung) – warum? Das bleibt ein Geheimnis. Im allgemeinen ist jedoch die Lunge das erste Opfer dieser Krankheit, das wird niemand bestreiten. Nun gibt es aber ein »tuberkulöses« Temperament, das viele Literaten inspiriert hat. Die Opfer dieser Krankheit weisen denselben Körperbau auf: Der Kopf ist leicht eckig, die Finger sind ein wenig länger als normal (»hypokratisch«). Das sind die Lungentypen. Ihre Kraft liegt in diesem Organ, und sie weisen gemeinsame psychische Merkmale, leicht paranoide Züge, auf.

Ein Keimblatt wird dominant, und die anderen bilden die zweite und dritte Neigung. Man muß kein großer Psychologe sein, um zu sehen, welchem Typ ein jeder von uns zuzurechnen ist. Die indische und die christliche Philosophie setzen sich als höchstes Ziel die Verschmelzung der drei Elemente. Der heitere Buddha, wie er im 9. Jahrhundert in Tibet dargestellt wurde, die majestätischen Statuen der Antike, das schöne Antlitz Christi, wie wir es aus der Renaissance kennen – in allen sehen wir das gleiche Bemühen und die gleiche Darstellung der Harmonie, die durch das Zusammenspiel der drei Keimblätter bestimmt ist. »Fortschritt«, so schrieben die Makedonier, »liegt für jedes Temperament in der Betätigung der Basis und der beiden Neigungen«.

Der verlorene Schlüssel

Wir wissen nur wenig über die intrauterine Entstehungsgeschichte psychischer Erkrankungen. Wenn wir unseren alten orientalischen Philosophen aber noch ein wenig zuhören, werden wir sicher darauf stoßen, daß der Schlüssel für die Heilung bestimmt dort, im intrauterinen Leben, zu suchen ist, versteckt in einer Falte eines der drei Keimblätter.

Manche psychischen Strukturen stehen auf schwachen Fundamenten, die während unseres Aufenthalts im Uterus nur schlecht entwickelt wurden. Diese Unausgewogenheit ist die Wurzel unserer Probleme. Wenn der Psychologe ein Kind oder einen Erwachsenen mit psychischen Problemen behandelt, dann bemüht er sich darum, sie ein älteres Fundament aufsuchen zu lassen, von dem aus sie auf dem richtigen Fuß noch einmal anfangen und der Zukunft gelassen entgegensehen können. Da er aber nicht weiter zurückgehen kann, gibt er sich in Wirklichkeit damit zufrieden, seine Klienten in eine Sackgasse zu manövrieren.

Wenn wir bis zu den ersten Vibrationen der Zelle zurückgehen könnten, ihren Weg noch einmal verfolgen und bis zum Ei im Nest des Uterus gelangen könnten, dann ließe sich die Richtung noch einmal ändern, indem man den in einer bestimmten Lage gespeicherten Informationen eine harmonischere Verteilung ermöglichte. In diesem »neurologischen Flashback« würden wir an die eigentliche Wurzel der psychischen Erkrankungen rühren: eine Verzerrung der Funktion des Horchens. Diese ist geprägt von der willentlichen Absicht, in Kommunikation mit der Umwelt zu treten. Sie befindet sich im Inneren einer jeden Zelle.

Tatsächlich muß schon das kleinste Geißeltierchen – dieser Minimalzustand des Lebendigen – kommunizieren, um sich in seiner Nährlösung fortzubewegen und zu ernähren. Deshalb begibt es sich sofort in Horchposition, um auf seine archaische Weise die Informationen, die es erhält, zu verarbeiten. Wenn ein Vogel durch die Lüfte fliegt, wenn ein Fisch im Meereswasser schwimmt, dann kommuniziert er über unsichtbare Antennen mit diesen Elementen. Wir sind geneigt (und vermessen genug) zu glauben, daß die Kommunikation darauf beschränkt ist, Gedanken in Worte zu fassen. Nein! Es gibt tausend und abertausend Arten der Kommunikation mit der Umwelt, und alle sind Ausfluß unserer Horchfähigkeit.

Ordnung und Chaos

Wie läßt sich erklären, daß die Zellen bei der Bildung der Organe ihren Weg finden, daß sie sich nie täuschen, wenn sie da ein Auge, dort einen Darm formen? Geheimnis der Schöpfung, die uns zu mehr Bescheidenheit aufruft bei unserem Anspruch, sie kontrollieren oder auch nur erklären zu wollen.
Wir beobachten Induktionen und das Vorhandensein einer so starken Organisation, daß ein beschädigtes, verdrehtes oder künstlich verändertes Programm seine ursprüngliche Rotation und seine ursprüngliche Entwicklung wiederfindet, so stark ist die prägende Kraft der Natur. So hat man Experimente mit dem Ohr bestimmter Tiere angestellt. Wenn man die Orientierung seiner inneren Elemente (Cochlea und Vestibulum) verändert... nehmen diese Organe nach einiger Zeit wieder ihre richtige Position ein!
Das sind Kräfte, die unsere Vorstellungskraft übersteigen, auch wenn wir ihre Bewegungen nachvollziehen können. Wo sind sie lokalisiert? Ist das Programm in der Zelle selbst, in der Urzelle? Ist da vielleicht ein Programm auf einer höheren Ebene? Sind wir nicht Teil eines universellen Programms? Wir haben gegenwärtig allen Anlaß, es zu glauben. In der Quantenmechanik ist jedes Ereignis mit einem anderen verbunden, die Welt findet ihren Widerhall in jeder Partikel. Alles ist mit allem verbunden, doch den Urgrund aller Dinge kennen wir nicht.

Die großen Etappen der Zellentwicklung sind wohlbekannt. Wir haben sie bereits in groben Zügen geschildert. Jedes Keimblatt induziert die Entwicklung bestimmter Organe. So liegt der Ursprung des Kopfes des Fetus und der Sinnesorgane im Ektoderm. Das Ohr vereinnahmt einen großen Teil des Gehirns...
Aber wenn wir bei der Phylogenese der niederen Tiere noch eine ziemlich einfache Progression vorfinden, so greift beim Menschen eines ins andere und scheint nicht der geringsten Chronologie zu folgen. Früher baute man ein Haus von seinem Fundament her auf. Man sah es Tag für Tag weiter aus dem Boden wachsen, bis schließlich das Dach aufgesetzt wurde. Heutzutage ziehen die Maurer die tragenden Elemente auf und fangen dann ohne sichtbare Ordnung am Erdgeschoß, einem Stockwerk oder dem Dach an.
Der Fetus hat sich diese Art zu wachsen ausgesucht. Verbindungen entstehen im scheinbar größten Durcheinander, wenn alles noch ganz und gar unfertig wirkt. Manche Systeme scheinen einen Vorsprung zu haben, andere hinken hinterher, alles tastet herum und entsteht gleichzeitig... und das Baby kommt noch dazu unfertig auf die Welt. Die Zelle, die die Leber organisiert, die, die das Gehirn ergeben wird, und andere noch undifferenziertere sehen sich am Anfang alle sehr ähnlich. Doch ihr Programm, das unseren Augen verschlossen bleibt, tragen sie schon in sich.

Gibt es das Bewußtsein als Extra dazu?

In diesem scheinbaren Chaos erscheint allerdings ein Organ sehr früh auf der Bildfläche, und aufgrund der Nervenfasern, die von ihm ausgehen, bewirkt es eine regelrechte anatomische Verdoppelung. Dieser Vorreiter ist das Ohr, und wir hatten schon die Gelegenheit, seine großartige, frühzeitige Reife darzulegen, die ein absolut einzigartiges Organ aus ihm macht.
Die Nervenfasern stehen in Verbindung mit den Muskeln des Körpers und erhalten von ihnen Rückmeldung, sobald das Sy-

stem funktionstüchtig wird. Die Bewegungen existieren also mit einem gewissen embryonalen »Grundbewußtsein«. Schon während des intrauterinen Lebens erbaut sich der Körper sehr schnell verschiedene Stockwerke – Zwischenstufen im Hinblick auf das Bewußtsein – die schließlich zu Automatismen führen, die später das Gehen, die Statik usw. bestimmen werden.

Früher dachte man, daß der Fetus erst nach viereinhalb Monaten seines pränatalen Lebens zu Bewegungen fähig ist, da die Mütter erst in dieser Phase der Schwangerschaft seine Fußtritte gegen die Uteruswand verspüren. Ich habe schon immer gesagt, daß dem nicht so ist und daß der Embryo-Fetus sich sehr wohl bewegt, nur daß seine Bewegungen nicht spürbar sind, weil er noch sehr viel Platz um sich herum hat. Heute zeigen uns die Ultraschalluntersuchungen, daß der Embryo sich schon vom zweiten Monat an bewegt. Dank dieser neuen Technik können die werdenden Mütter sehen (und mit welcher Rührung!), daß das kleine Kerlchen, das sie in sich tragen, im Fruchtwasser schwimmt wie der wendigste Fisch in seinem Element.

Kann man in diesem Stadium schon von Bewußtsein sprechen? Als guter »nicht-philosophischer Organiker« habe ich einmal zum Dekret erklärt, daß es ohne Koordination keine Bewegung gibt. Aber vor der wohlstrukturierten Organisation gibt es Impulse, Zeichen, daß das Nervensystem dabei ist, sich zu entwickeln, und zwar mit der Geschwindigkeit des zentralen »Programms«.

Jede Vorstufe einer Koordination erscheint als chaotisch, da der Antriebsmechanismus nicht in Erscheinung tritt. Aber mit der ersten Zelle ist schon Bewußtsein vorhanden, in einem Rohzustand allerdings, so, als ob sie sich selbst nachliefe, ohne sich noch selbst in die Hand nehmen zu können, in einer langsamen Kristallisation. Vielleicht ist es das Bewußtsein, das alles entwickelt und alles auslöst.

Muß man in Roland Garros gewonnen haben, um gerne Tennis zu spielen?

Wir haben ein Bewußtsein von unserem Rücken, aber können wir ihn deswegen zeichnen oder auch nur wiedererkennen, wenn man uns eine Fotografie von ihm zeigt? Wir haben ein Bewußtsein vom Singen, aber tun wir es auch? Ein Kind hat ein Bewußtsein von der Schrift, ohne richtig schreiben zu können... Es gibt eine Menge von Bewußtsein in uns, die aber in einem Anfangsstadium verharrt. Der Fetus befindet sich in der gleichen chaotischen Situation. Etwas zu lernen, dauert immer lang, aber das Bewußtsein geht schon den ersten Versuchen voraus, so kläglich sie auch sein mögen. Dieser Fetus, der seine Muskeln aufgrund von unzusammenhängenden Impulsen herausbildet, wird morgen ein junger Mann sein, der Tennis spielen kann. Wird man ihm erst dann ein Bewußtsein zusprechen, wenn er das Turnier von Roland Garros gewonnen hat? Bevor es sich klar ausdrücken kann, durchläuft das Kind eine Phase des spielerischen Spracherwerbs. Aber wer wird ihm absprechen, daß sein Geplappere schon ein Sagen-Wollen bedeutet?
Der Fetus bewegt sich, und durch diese bis zum Überdruß hundertfach wiederholten Bewegungen, die scheinbar so gar keinen Zusammenhang haben, erhält er eine Antwort, die schon ein Bewußtsein darstellt: das Bewußtsein von der Umgebung, in der er lebt, dem Uterus seiner Mutter. Weiß er, daß er von Wasser umgeben ist? Nicht mehr, als der Fisch, der darin lebt. Aber wenn das Kind auf die Welt kommt, merkt es, daß das Element, in das er getaucht war, nicht mehr da ist, und es wird sein ganzes Leben lang danach suchen. Das beweist, daß das Bewußtsein schon da war. Diese Präsenz, dieses Vorwissen von dem flüssigen Element ist in der Tat eine Konstante in der Beziehung des Kindes zu seiner Mutter. Je mehr es sie sucht, desto wichtiger wird das Wasser. Der Pubertäre dokumentiert seine Unabhängigkeit, indem er sich weigert, sich zu waschen. Der Autist (der den Uterus niemals wirklich verlassen hat), ist

vom Wasser fasziniert, wie auch vom Licht. Er knipst das Licht an und aus und an und aus, er zögert, zur Welt zu kommen, unaufhörlich.

In unserer Überheblichkeit versehen wir nur einen ausgeformten, fertigen Akt mit dem Etikett »Bewußtsein«. Aber die Integration geht vorher vonstatten, sie ist schon im Rohzustand vorhanden. Liegt wirklich ein so weiter Weg zwischen dem Fetus, der seine Hände an der Gebärmutterwand reibt, und dem Künstler, der ein Objekt formt? Alles in allem sind wir recht begrenzt. Wir haben immer nur eine partielle Sicht der Dinge. Allumfassendes Bewußtsein besäße nur ein Wesen, das die Welt in seinen Händen hielte und das System in seiner Gesamtheit überschaute: Gott, wenn es ihn gibt.

Wer sagt uns denn, daß der Fetus in seinem uterinen Universum von diesem nicht mehr Bewußtsein hat als wir von der uns umgebenden Welt? Er kennt zumindest die Wände. Und wir, die wir so viel von uns halten, was wissen wir denn von den Wänden des Kosmos?

Der Grad des Bewußtseins ist nicht zwangsläufig mit dem Alter oder dem zivilisatorischen Entwicklungsstand verbunden. So besaßen die Griechen ein Bewußtsein vom Himmel, auf das wir heute noch neidisch sein können, zumindest in gewisser Hinsicht. Sie hatten auch einen gesetzmäßigen Zusammenhang erstellt zwischen dem Unten und dem Oben, dem Großen und dem Kleinen. Alles, was im Menschen ist, ist auch im Universum – sagten sie. Welch großartige Ausgewogenheit. Heute würde man so eine Ansicht als Hirngespinst abtun. In der Antike war sie ganz normal, offensichtlich. Wer wollte dieses Zusammenspiel gegensätzlicher Elemente bestreiten? Ist der Fetus nicht der Mikrokosmos der Mutter, die ihn in sich trägt, bilden sie nicht zusammen ein Paar mit zweifacher Polarität? Warum sollte der eine Teil ohne Bewußtsein sein, wo man es doch dem anderen zuerkennt?

Das Unbewußte? Kenne ich nicht...

Wir stoßen hier auf ein besonders schwer faßliches Problem der Definition und der Terminologie. Unsere Sprache kennt den Ausdruck »sich bewußt *werden*«. Das Gegenteil ist der Fall. Es gibt zwar unterschiedliche Grade der Aufmerksamkeit, die wir der Welt oder unseren Handlungen entgegenbringen. Einige sind höher als andere und verlangen tatsächlich eine gesteigerte, aktive Wachsamkeit. Doch das Bewußtsein ist Licht. Es kann gedämpft sein, durch ein Hindernis verdeckt, durch einen Vorhang verhüllt, doch es strahlt weiter und überrascht durch plötzliches Aufleuchten, wodurch große Bereiche erhellt erscheinen. Aber ist das Bewußtsein nicht etwas schwach, verglichen mit dem Unbewußten? Auf diesen Einwand antworte ich gewöhnlich mit der scherzhaften Bemerkung: »Das Unbewußte? Kenne ich nicht!« Seit die Psychoanalyse sich seiner bemächtigt hat, muß dieses Wort zu allem Möglichen herhalten. Das von den Analytikern gehandhabte Unbewußte ist aus einer Verwirrung von Bewußtsein und Nicht-Bewußtsein entstanden, wobei der Vorsilbe verneinende Bedeutung gegeben wurde. Nun ist aber dieses Wort (frz. »l'inconscient«) englischen Ursprungs und wurde im 16. Jahrhundert geprägt. Es bedeutet »im Bewußtsein« (in + conscious). Die idealistischen Philosophen wollten damit zum Ausdruck bringen, daß der Mensch sich in einem unermeßlich großen Bewußtsein befindet, von dem er immer nur Bruchstücke wahrnehmen kann, und das er nie in seiner Gesamtheit erfassen kann. Diese Denkweise, die sich in direkter Linie aus der Antike entwickelt hat (und im Deutschen Idealismus etwa durch Schopenhauer oder Gustav Carl ihre Fortsetzung fand) ist das absolute Gegenteil der Geisteshaltung der Psychoanalyse, die im Universum nichts als Finsternis sieht.

Das Bewußtsein ist das gesamte Universum. Der Mensch kennt nur Bruchstücke davon, losgelöste Elemente, die zu ihm vordringen. Diese fragmentarische Weltsicht bildet die wahre Definition des menschlichen Unbewußten. So mancher hat fälschlicherweise in Freuds Entdeckung »philosophisches Neuland«, eine »neue Grenze« für die menschliche Gattung gesehen, wobei das Bewußtsein wie ein Punkt am Horizont verschwand. Nun ist aber die Unermeßlichkeit die Summe aller Bewußtseinsformen, und der Freudsche »Gesichtspunkt« ist nur eine flüchtige Perspektive. Zwischen dem im Bauch seiner Mutter zusammengerollten Fetus und uns, die wir aufrecht auf unserer Erde stehen, besteht lediglich ein Unterschied im Wahrnehmungsniveau – das Bewußtsein ist das gleiche.

Das psychoanalytische Vokabular ist dermaßen in die Alltagssprache eingegangen, daß wir heute von »unbewußten Bewegungen« sprechen, wenn wir an den Fetus im Uterus denken oder an nicht absichtliche Bewegungen, die wir machen. Am Anfang des Lernprozesses versucht der Mensch mehr schlecht als recht, seine Bewegungen zu koordinieren (sich nach rechts oder links wenden, greifen...).

Werden sie deswegen unbewußt? Wenn ein Kind das Laufen lernt, setzt es eifrig einen Fuß vor den anderen und wiederholt dann die Prozedur. Anfangs ungeschickt, gewinnt es immer mehr Sicherheit, alles entwickelt sich nach und nach. Später wird es lernen, Ski zu fahren, ein Auto zu steuern... Werden die Bewegungen unbewußt, auf die Gefahr hin zu stürzen oder einen Unfall auszulösen? Nein! Sie werden automatisch, was nichts mit dem Unbewußten zu tun hat. In der Anatomie spricht man von den extrapyramidalen Vestibularbündeln und von der Pyramidenbahn, wobei erstere mit unbewußten Mechanismen verbunden sein sollen und letztere mit dem Bewußtsein verknüpft. Auch hier läßt sich diese Trennung nicht aufrechterhalten. Es handelt sich in allen Fällen um Automatismen, die durch eine Grundwachsamkeit kontrolliert sind, welche sich während der Lernphase erhöht.

14 Ein schlechter Start

Die Fähigkeit zur auditiven Wahrnehmung ist – wie wir bereits ausführlich dargelegt haben – schon im Uterus vorhanden. Der für akustische Bewegungen empfindliche Apparat (die Cochlea) bildet sich ungefähr in der fünften Woche heraus. Der Fetus reagiert auf die Stimme seiner Mutter und auf gewisse akustische Reize. Was das heißt, werden wir im folgenden noch genauer erläutern. Aber kann man sich vorstellen, daß der Fetus schon für die menschliche Sprache als Bedeutungsträger empfänglich ist?
Wie sollte es möglich sein, daß sich die Fähigkeit zu sprechen spontan im dritten oder vierten Lebensjahr entwickelt? Niemand wird wohl annehmen, daß das Kleinkind in dem Augenblick das Laufen lernt, wo man es auf den Boden setzt und es auffordert aufzustehen. Alles ist schon seit langem angebahnt. Genauso ist es mit der Sprache. In spezialisierten Zentren und Feldern findet schon eine Vorbereitung statt, und sie warten nur darauf, daß das System für ihre Freisetzung reif wird. Leider führt bei manchem ein langer Weg dorthin.

Sprachlos und auf allen vieren

Im 7. Jahrhundert v. Chr. gab es einen Pharaonen namens Psammetich, der beschloß, die Ursprache zu suchen. Er hatte eine geniale Idee: die Kinder sofort nach der Geburt in eine weltabgeschiedene Pyramide einzuschließen. Er zog sie in absoluter Stille auf und wartete darauf, daß sie zu sprechen anfangen. Zweifellos würde das erste Wort der Menschheit aus ihrem

Munde kommen! Der Legende zufolge soll dieser Pharao das Wort »Brot« gehört haben. Das ist natürlich nur ein Mythos, aber wir verfügen mit den berühmten »Wolfskindern«, die in freier Natur ausgesetzt und ohne jeglichen menschlichen Kontakt von Tieren aufgezogen wurden, über eine ebenso interessante Beobachtungsquelle.

Eines muß gesagt werden: Genauso, wie diese Kinder nicht sprechen, bewegen sie sich nur auf allen vieren fort. Wenn sie wieder in menschliche Gesellschaft gelangen und die Sprache entdecken, richten sie sich auf. Sprache und Vertikalität stehen in direktem Zusammenhang. Letztere bringt den Körper zum Horchen und zieht ihn aus wie eine Antenne. Der auf die Füße gestellte Körper wird für jene so besonderen akustischen Strömungen empfänglich, die Wörter und Sätze darstellen. Sprechen heißt, auf dem Körper des anderen spielen, mit seinem Ohr, aber auch mit seiner Haut und ihrem sensorischen Erbe. Die Sprache überflutet uns, das Ohr kontrolliert Sendung und Empfang und veranlaßt den, der diese Dimension entdeckt, dazu, eine neue Haltung einzunehmen.

Ein Opfer von Jean-Jacques Rousseau

Eines Tages kam eine 60jährige Frau mit ihrer 13jährigen Adoptivtochter in meine Sprechstunde, bei der alles auf eine Hypotonie (herabgesetzte Muskelspannung) hinwies. Ihr Blick war ausweichend, nach unten gerichtet, sie ging unsicher, und ihr Rücken war vorgewölbt. Mit einem Wort, sie glich eher einem verängstigten Tier als einem lebenslustigen jungen Mädchen. Im Lauf des Gesprächs stellt sich heraus, daß ihre Adoptivmutter sie nicht selbst aufziehen konnte und sie aus diesem Grund zu ihrer eigenen Mutter, einer 80jährigen Frau, die völlig isoliert in Fontainebleau lebte, gebracht hatte.

Man stelle sich vor, was für ein Schock das für die Kleine gewesen sein muß. Erst verliert sie die leibliche Mutter, und dann wird sie auch noch von der Frau, die sie adoptiert hat, verlassen (auch wenn das nicht in deren Absicht lag). Sie wird krank, und – sie hat einfach kein Glück – fällt einem Scharlatan in die Hände, einem Verfechter natürlicher Erziehungsmethoden, die durch eine oberflächliche Lektüre von Jean-Jacques Rousseaus *Emile* inspiriert sind. »Lassen Sie sie in Ihrem Garten, sie wird ganz von alleine groß werden«, ist im wesentlichen sein Ratschlag. Und schon findet sich unser armes Kind in die Natur ausgesetzt und wird mit den Hühnern aufgezogen – so ungefähr zumindest. Der Erfolg läßt nicht lange auf sich warten: Ein paar Monate später verliert das Mädchen seine Sprache und flüchtet sich in eine sehr regressive Haltung. Es wird zu einem richtigen kleinen Affen und verlernt sogar zu laufen. Bei solchen Kindern verkümmert der Wunsch zu kommunizieren ganz plötzlich. Er verschwindet nicht völlig, stagniert aber. Im Lauf der Zeit bleiben sie immer stärker zurück und erscheinen ihren Altersgenossen als richtige Zombies. Dabei hatten wir alle im Uterus den Wunsch zu kommunizieren, diesen Reflex, der uns auf den anderen lauschen läßt. Das ist unsere Chance als Mensch, und darin sind wir alle gleich.

Durch unsere Techniken (die auf intensiver auditiver Stimulation beruhen) gelingt es, diesen Wunsch wiederzubeleben, unabhängig vom Alter der zu behandelnden Person. Diese Möglichkeit ist so stark in uns angelegt, daß kein Mißgeschick, das uns widerfahren ist, sie wirklich zu zerstören vermag.

Die Geschichte dieses kleinen »Wolfskindes« nahm ein gutes Ende. Nach relativ vielen Sitzungen (die angesichts ihres Zustands nötig waren), fand sie wieder Geschmack am Leben, wurde eine nahezu normale Schülerin und folgte schließlich ihrer Adoptivmutter auf deren Arbeitsplatz nach.

Ein stummer korsischer Fischer

Zu Beginn meiner Laufbahn widerstrebte es mir, zu alte Kinder in Behandlung zu nehmen. Ein korsischer Rechtsanwalt hatte einen Jungen adoptiert, der als Neunzehnjähriger über keinerlei Kommunikationsmittel verfügte. Er brachte ein paar korsische Wörter, die für seinen Beruf unerläßlich waren (er war Fischer) heraus, war aber unfähig, das simpelste Gespräch zu führen. Zu seinem Unglück verstand ich noch nicht einmal diese Sprache, obwohl sie nicht so weit von der Mundart meiner Heimatstadt Nizza entfernt war. Die Ärzte hatten ihn als taubstumm diagnostiziert. Was konnte ich tun? Ich fand, daß er schon viel zu tief in seinem System der Nichtkommunikation steckte, als daß ich mir irgendwelche Erfolge erhofft hätte. Aber angesichts der Überredungskunst seines Vaters (er war nicht umsonst Rechtsanwalt) und der Intelligenz, die ich im Blick dieses jungen Mannes spürte, ließ ich mich auf eine Behandlung ein, ohne allerdings gewagte Versprechungen zu machen.

Nach nur wenigen Sitzungen hatte er den Gebrauch seines Ohres schon wiedergefunden. Mit erstaunlicher Leichtigkeit begann er, Französisch zu lernen, und fand sogar Gefallen daran zu singen, was er wahrscheinlich auf seinem Boot im Mittelmeer immer noch praktiziert. Heute habe ich keine Komplexe mehr. In *Les troubles scolaires* (Ergo Press) habe ich den Fall jener Großmutter aus Athen dargestellt, die sich mit über 80 Jahren noch einmal aufgerappelt hat, wieder zu Kräften kam und zur Rechtshänderin wurde. Es gibt kein Alter dafür, ein Nervensystem durch eine verbalisierende Dynamik zu regenerieren.

Die Sprache scheint sich sehr schnell zu etablieren, aber sie kommt nur in kleinen Schritten voran, die eine erfolgreiche Entwicklung im Vorverlauf voraussetzen. Oft werden schwere Sprachstörungen mit Hypotonie erklärt. Diese geht auf eine fehlende Myelinisation (Bildung der Markscheide) gewisser Elemente des Nervensystems zurück und hat eine lawinenartige Wirkung. In den ersten Lebensmonaten geht alles sehr schnell.

Wenn sich zum Beispiel das Vestibulum im Uterus eine Woche zu spät myelinisiert, wird das Gehirn davon beeinträchtigt, und das Kind verpaßt die folgenden Etappen und wird immer stärker hypotonisch. Bei der Geburt ist es nicht auf der Höhe seiner Entwicklung. Der Eintritt in die Sprache wird behindert oder vollkommen vereitelt. Das ist ein Teufelskreis.

Indem wir solcherart beeinträchtigte Kinder in die Bedingungen ihres intrauterinen Horchens zurückversetzen, geben wir ihnen »künstlich« eine zweite Chance, die sie zu einem guten Start brauchen. Sie schlagen den richtigen Weg ein und fangen noch einmal von vorne an. Sie fallen in die Kategorie derer, die einen »schlechten Start« hatten, und denen wir von großem Nutzen sein können.

Ein kräftiger Schluck Milch und eine schöne Gelbsucht

Der Begriff »Abstillen« hat eine negative Bedeutung angenommen und ist zum Synonym für Frustration geworden. Demnach ist die Entwöhnung von der Brust für das Kind ein traumatisches Erlebnis. Aber hat nicht in Wirklichkeit die Mutter Schwierigkeiten damit und wehrt sich dagegen, daß man ihr das über alles geliebte Kind von der Brust reißt? In den ersten Lebenswochen kann das Verdauungssystem des Neugeborenen keine andere Nahrung verarbeiten. Dann setzt eine andere Dynamik ein. Man sollte also respektieren, daß alles seine Zeit hat. Jahrelang war das Stillen verpönt. Heute kommt man wieder darauf zurück, weil die Ärzte entdeckt haben, daß die Muttermilch sehr wichtige Immunstoffe enthält. Die Stillzeit ist unterschiedlich lang und kann bis zu zehn Monaten, ja einem oder zwei Jahren gehen, manchmal bis zur Ankunft des nächsten Sprößlings. Eigentlich sollte abgestillt werden, wenn die Mutter keine Milch mehr hat.
Wenn sie nicht stillen kann, greift man auf Milch tierischen Ursprungs zurück. Welch dramatische Folgen das haben kann,

zeigte der Fall eines renommierten Nahrungsmittelerzeugers, der sich in der Normandie niedergelassen hatte. Es stellte sich nämlich heraus, daß die Moleküle der Milch der normannischen Kühe zu groß für einen Babymagen sind. Sie sind unverdaulich. Nun war es aber am Anfang des Jahrhunderts in den besseren Kreisen der Großstädte in Mode gekommen, die Kinder in diese Region zu schicken, damit sie »frische Luft und einen kräftigen Schluck Milch« bekommen. Die meisten von ihnen kamen mit schlimmer Gelbsucht zurück. Die Forscher haben nun Möglichkeiten gefunden, die Moleküle aufzubrechen und dem Verdauungssystem der Kinder anzupassen. Aber das kann niemals die Muttermilch ersetzen!
Früher konnte eine Frau, die keine Milch hatte, die Dienste einer Amme in Anspruch nehmen. Man fand diese sympathische Erscheinung in allen Krankenhäusern, die je nach ihren eigenen Schwangerschaften und ihren Möglichkeiten ihre Brust gab. Heute kommen wir nur noch selten auf sie zurück.
Unmittelbar nach dem Krieg war ich Assistenzarzt im Hospital Bretonneau in Paris. Ich war insbesondere für die Säuglingsstation und die Problemfälle unter den Neugeborenen zuständig. Ammen mit üppigen Brüsten spendeten mit faszinierender Freigebigkeit den Babys, deren Mütter nicht stillen konnten, ihre Milch. Eine von ihnen gehörte praktisch schon zum Inventar und mußte eine Schwangerschaft nach der anderen haben, denn ich sah sie immerzu mit einem Baby am Busen. Eines Morgens, als ich meinen üblichen Rundgang bei den Neugeborenen machte, saß sie gerade da und schrieb einen Brief. Mein Blick fiel auf die Rückseite des Kuverts, das sie schon mit ihrem Absender versehen hatte, und ich las erstaunt:
Madame X, Hôpital Silence, Paris.
Silence (»Ruhe«) – sie hielt ein Hinweisschild für Autofahrer für das Namensschild des Krankenhauses, in dem sie seit so vielen Jahren arbeitete! Ich hoffe, daß ihre Milch zumindest nicht die Intelligenz der Kinder beeinträchtigte, die sich an ihrer Brust gütlich taten!

Massensterben im Krankenhaus

Damals gab es noch keine Antibiotika, und bei der kleinsten Infektion starben die Babys, eines nach dem anderen. Wenn ein Neugeborenes Grippe bekam – was die Hauptursache der damaligen Kindersterblichkeit war –, entwickelte es ein »toxisches Syndrom« und hatte nur sehr geringe Aussichten, sich davon wieder zu erholen. Die Ärzte hatten ein für allemal beschlossen, daß die Infektion von einer Mastoiditis (Entzündung am Schläfenbein) herrühre. Deswegen waren wir angewiesen, beidseitig die Ohren zu eröffnen. Meist führte das zu nichts: Der Gehörgang war gesund. Aber der Wahnsinn nahm seinen Lauf. Wir operierten bis zu 54 Babys pro Monat, Kinder, die nur wenige Tage alt waren. Mehr als die Hälfte überlebte diesen Eingriff nicht! Für einen jungen Assistenzarzt ist es problematisch, das von seinen Vorgesetzten etablierte System in Frage zu stellen. Aber ich konnte nicht länger stillschweigend zusehen, als ich feststellte, daß die Babys vor allem an Dehydratation (Entwässerung) litten. Ihr Körper wurde grau und sie verloren 800 Gramm binnen weniger Stunden. Die Atmung wurde flach, der Blick starr. Ein erbärmlicher Anblick.

Als Infusionsgeräte auf den medizinischen Markt kamen, konnte ich meine Hypothese verifizieren. Ich verlangte, daß man sie bei diesen Babys einsetzt und nicht gleich zur Operation schreitet. Ich erklärte, daß sich das Ohr durch die Hydratation mit Eiter füllen müßte, wenn sich der Infektionsherd wirklich dort befand. Dann wäre die Operation gerechtfertigt. Anderenfalls würde ein einfacher Trommelfellschnitt (Parazentese) genügen. Ich war bereits überzeugt von der Sinnlosigkeit der Mastoidektomie. Mit dem Vorschlag einer Parazentese ging ich kein Risiko ein. Dieser Eingriff ist für das Kind weniger folgenschwer und entscheidet das Spiel zugunsten des Arztes. Wenn man nämlich in der Trommelfellregion einen Schnitt setzt, kommt es immer zu einer Blutung, und das Blut verwandelt sich wegen der Körpertemperatur ganz automatisch in eine Nährlösung für

Bakterien. Am nächsten Tag eitert die Wunde, und der Arzt kann einem ganz stolz verkünden: »Sehen Sie, ich hatte Recht, es war vereitert!«, auch wenn vor dem Eingriff keine Infektion vorlag! In der überwiegenden Mehrheit der Fälle waren die Ohren der Babys gesund, ohne sichtbare Infektion. Ich beschloß, das Ohr mit Alkohol zu spülen, trocknete es wieder gut aus, und nachdem ich es auf diese Weise gut sterilisiert hatte, setzte ich erst meinen Schnitt. Und es eiterte nicht!
Vier oder fünf Jahre später wurde nur noch eine Mastoidektomie pro Monat durchgeführt. Nur noch bei bestimmten Ohrenentzündungen wurde operiert. Ich hatte den Kinderärzten beigebracht, erst das Trommelfell genau zu begutachten, bevor sie sich zu einer Operation entschlossen. Damals wurde soviel Unheil angerichtet. Die Leute glaubten, man könne ungestraft ein Ohr öffnen!

Joghurts und Jo-Jos

Im Fall wiederholter Ohrenentzündungen führten die Ärzte noch vor nicht allzu langer Zeit eine Parazentese durch, eine einfache und doch immer heikle Operation, die grausame Folgeerscheinungen bei dem Kind hatte, wenn sie schlecht gemacht war. Heute bringen die Ärzte in einem weniger riskanten Eingriff ein kleines Plastikelement hinter dem oberen Teil des Trommelfells an, das wie eine Niete befestigt wird. Dieses Paukenröllchen wirkt wie ein Ventil für die Ohrtrompete und stellt die Druckverhältnisse wieder her, die durch eine Infektion gefährdet sind. Aber eines Tages fällt es wieder heraus. Diese Technik liefert recht gute Ergebnisse, aber das »Jo-Jo«, wie wir es auch nennen, muß sehr lange getragen werden (mehrere Monate), und es muß des öfteren ersetzt werden, weil es sich nach einiger Zeit spontan löst.
Schon immer hat es bei Kindern Ohrenentzündungen gegeben. Aber warum werden immer mehr »Jo-Jos« eingesetzt? Die Art

der Ohrenentzündungen hat sich verändert: Die Kinder haben weniger eitrige Entzündungen. Heute sind sie meist Opfer einer serösen Otitis, die große Schäden im Mittelohr verursacht, was sich auf das Gehör auswirkt. Ein Verlust von 30 bis 40 Dezibel ist festzustellen!
Ich bin ein wenig skeptisch gegenüber dieser Zunahme an serösen Ohrenentzündungen, die diagnostiziert werden. »Aha, das ist in Mode.« Trotzdem ist es eine Realität: Das Kind ist taub, das Ohr ist mit Flüssigkeit gefüllt. Das ist eine schreckliche Krankheit unserer Tage, die auch das kleine Röllchen nicht vollkommen unter Kontrolle bringen kann. Das Ende vom Lied ist, daß wir immer mehr Kinder behandeln müssen. Nun hat unsere Erfahrung allerdings gezeigt, daß ein Kind, das akzeptiert zu horchen, praktisch nie mehr eine Ohrenentzündung bekommt. Diese Infektion hat nämlich eine psychische Dimension, die meist übersehen wird: Das Ohr verschließt sich vor einer Umgebung, die als Angstquelle erlebt wird.
Heute wird diese psychisch motivierte Erkrankung durch falsche Ernährung zusätzlich verkompliziert. Die Kinder nehmen nämlich zu viele Säuren zu sich, zuviel Getreide, zu viele Kartoffeln, zuviel Reis... Schon ihr Frühstück widerspricht allen Prinzipien guter Ernährung. Ich habe nichts gegen Frischkäse, aber alle fermentierten Milchprodukte sind ein Anschlag auf die Gesundheit. Und das Joghurt, das sie mit Begeisterung verschlingen, ist noch dazu viel zu säurehaltig. Zu häufiger Genuß von Orangensaft greift die Schleimhäute des Verdauungstrakts an, dasselbe gilt für kohlensäurehaltige Getränke. Der Darm kommt damit nicht zu Rande, die Niere kann nicht alles ausfiltern, und schon reagiert der Körper mit Übelkeit, verstopfter Nase, Entzündungen der Nasen- und Rachenschleimhäute... und Ohrenentzündungen. Spanisch »constipado« und das italienische Äquivalent »constipato« beziehen sich auf den Schnupfen (die Hals-Nasen-Ohreninfektion par excellence). Wer aber Schnupfen hat, leidet oftmals auch an Verstopfung. Wenn wir solche Kinder in Behandlung nehmen, bitten wir die Familie

immer, eine genaue Diät zu befolgen und wenigstens drei Wochen lang Säuren zu vermeiden. Zitrusfrüchte, Erdbeeren und anderes Beerenobst, fermentierter Käse, Speisewürze auf Essigbasis usw. sind vom Speiseplan zu streichen, bevor wir die nötigen Maßnahmen ergreifen, um sie wieder in die Welt des Horchens einzuführen.

Babys mit Kopfhörer

Mir werden von Eltern, die vom elektronischen Ohr gehört haben, immer jüngere Kinder gebracht. Ich habe sogar eine Methode entwickelt, um Säuglinge zu behandeln. Manche meiner Patienten sind erst wenige Tage alt. Dabei handelt es sich meist um hypotonische Kinder. Die Hypotonie geht oft auf eine fehlende Myelinisation zurück. Der Nerv ist zwar vorhanden und dort, wo er sein soll, aber der Strom fließt nicht. Manchmal funktioniert das Nervensystem nicht oder das Vestibulum, das nicht stimuliert wurde. Das Kind hat sich im Mutterleib nicht genügend bewegt. Es hat dort keine ausreichenden Anreize bekommen und besitzt keine Energie. Es erscheint apathisch und ist unfähig, die großen Entwicklungsschritte mitzuvollziehen.

Manchmal setzen wir den Babys einen Kopfhörer auf, der ihrem kleinen Schädel speziell angepaßt ist, und manchmal beschränken wir uns darauf, ihnen über kleine Lautsprecher, die wir neben sie stellen, gefilterte Musik zuzuspielen. Wenn sie die Stimme ihrer Mutter über das elektronische Ohr so hören, wie sie im Uterus zu vernehmen war, sind sie wie im siebten Himmel. Es ist paradiesisch für sie! Sehr schnell verbessert sich ihr Tonus, sie plappern und wollen sich aufsetzen. Die Fortschritte sind direkt sichtbar.

Wir behandeln auch Kinder, die bei der Geburt traumatisiert wurden, und solche, bei denen es bei der Entbindung zu Komplikationen kam. Je leichter die Störung ist und je früher die

Eltern uns ihr Kind bringen, desto schneller findet es zu einem normalen Leben zurück. In dieser ersten Lebensphase kommt es schon auf Stunden an.

Eine eigene kleine Gesellschaft

Bei schweren Erkrankungen versuchen wir, Ausweichmechanismen voranzutreiben oder die beschädigten Systeme so weit wie möglich zu nutzen. Bei Kindern, die als geistig behindert eingestuft werden, bin ich zunächst immer sehr vorsichtig. Bei allen Behinderten ist die Trennschärfe sehr begrenzt. Es fällt ihnen äußerst schwer, Klänge im Raum auseinanderzuhalten. Wenn wiederholte Tests ergeben, daß das Ohr sich nicht öffnen will, muß ich in Betracht ziehen, daß irgendwo eine »Debilität« vorliegt, aber sie kann affektiven Ursprungs sein.

Das Fehlen der Trennschärfe deutet darauf hin, daß das Individuum den Vorhang zugezogen hat, aber wir wissen nicht, wie dicht er ist. Wir wissen auch nicht, ob sich dahinter noch andere verbergen. Wenn der Widerstand sehr stark ist, kann man annehmen, daß dieses Kind oder dieser Erwachsene unfähig sind, eine bestimmte Dimension zu integrieren, und daß wahrscheinlich eine geistige Behinderung vorliegt. Dies ist der Fall beim Mongolismus, der neuerdings wegen der ihm zugrundeliegenden Chromosomenanomalie auch »Trisomie 21« genannt wird. Heutzutage werden mongoloide Kinder meist in behütenden Einrichtungen wie den »Papillons Blancs« untergebracht. Wir haben sie also aus dem Blick verloren. Aber als es noch keine Stellen gab, die sich ihrer annahmen, hatte ich sehr oft mit solchen Kindern zu tun.

Diese Kinder reagieren positiv auf auditive Stimulation, denn sie lieben Musik. Da sie aber keine guten Ohren haben, sind sie gezwungen, die Lautstärke bis zum Anschlag aufzudrehen, wenn sie Radio oder Platten hören. Sie sind auch sehr ängstlich und leiden an Hypotonie. Sie lernen erst spät zu sitzen, zu stehen und zu laufen. Wenn man Mongoloide an die Sprache heranführt, indem man ihre auditiven Fähigkeiten stimuliert, verliert ihr Gesicht ein wenig an Symmetrie – wie übrigens bei uns allen. Ihre Stimme verändert sich, sie ziehen die Zunge ein, halten sich besser und verlieren diese ständige Schaukelbewegung bei allem, was sie tun. Wenn man sie tonisiert, können sie genauso »im Gleichgewicht« sein wie andere. In Spanien habe ich sogar erlebt, daß viele in die »normale« Schule gingen.

Die Mongoloiden sind eine ganze Bevölkerungsgruppe. Man muß sie als eigene kleine Gesellschaft betrachten – von Menschen, die ein Chromosom mehr haben. Ihr durchschnittlicher Intelligenzquotient erreicht nie den der anderen, besser begabten Kinder, aber einige von ihnen lernen sogar zu lesen und zu schreiben. Ich erinnere mich an die Tochter eines Kollegen, die ich in Behandlung hatte, als sie dreizehn oder vierzehn war. Die Therapie dauerte lang, aber schließlich wurde das Mädchen Sekretärin bei seinem Vater und begann, Klavier zu spielen.

Orientierungsschwierigkeiten

Vom Vestibulum hängen die Statik und die Energieversorgung ab... die Steuerung der gesamten Motorik. Was geschieht, wenn dieses kleine Organ durch Viren oder Bakterien zerstört wird, wie zum Beispiel bei der Syphilis? Das Gehirn sucht dann mit fortschreitender Komplexität nach Ausweichmechanismen. Später haben wir dann Kinder oder Erwachsene vor uns, die ihre aufrechte Haltung besser oder weniger gut kontrollieren und ihren Körper mehr oder weniger geschickt bewegen. Das Auge und die Fähigkeiten der Eigenwahrnehmung, die damit verbunden sind, haben die Aufgabe des Vestibulums übernommen. Das Auge dient diesen Menschen als Krückstock. Sie werden nie Weltmeister im Langstreckenlauf werden, aber dieses System ermöglicht eine Kompensation – solange Licht da ist. Wenn das Vestibulum nicht mehr vorhanden ist, ist das vestibulo-spinale Bündel – dieser Königsweg der Informationsübertragung zum Körper – zu nichts mehr nutze. Es ist wie eine gesperrte Autobahn. Das Auge schickt seine Informationen über eine Umleitung: den tekto-spinalen Strang, der mit den vorderen Wurzeln in Verbindung steht. So gelingt es den motorischen Befehlen und Rückmeldungen, sich einen Weg zu bahnen. Bei Dunkelheit bricht aber alles zusammen, und die Unglücklichen stürzen oft, was beweist, daß der Vestibularapparat niemals wirklich ersetzt werden kann.

Der Romberg-Versuch läßt diese Behinderung deutlich zutage treten. Bei diesem Test schließt die zu untersuchende Person die Augen, und der Arzt bittet sie aufzustehen und beobachtet dabei ihre Reaktionen. Wer keine vestibulären Regulationsmechanismen besitzt, fällt unweigerlich um.

Umgekehrt erlangt ein Blinder die grundlegenden Funktionen des Organs, das ihm fehlt, und zwar die, die es möglich machen, Entfernungen und Dimensionen einzuschätzen. Er »sieht« dieselben Dinge wie wir. Aufgrund der Klangreflexion kann der Blinde einem sagen, wie das Zimmer, das er gerade betreten hat, beschaffen ist, wie hoch und wie breit es ist. In seiner Wahrnehmung von Raum und Volumen ist er uns überlegen.

Ein Tauber hingegen fühlt sich ausgeschlossen, weil er nicht mehr kommuniziert. Mit ihm zu sprechen, gleicht einem Kraftakt: Man muß oft wiederholen, laut sprechen… Seine Umgebung wird dessen überdrüssig, und der Austausch bleibt oberflächlich. Wie soll man einen auch nur annähernd feinsinnigen Gedanken zum Ausdruck bringen, wenn man brüllen muß wie ein Berserker? Es ist sehr schwierig, mit einem Tauben zu kommunizieren. Einem Blinden hingegen begegnet man mit großem Zuvorkommen. Seine überentwickelte auditive Wahrnehmung vermittelt ihm ein sehr genaues »Bild« von der Welt. Ihm entgeht nichts in einem Gespräch, er nimmt die kleinste Nuance wahr, erbebt beim geringsten Wort. Er spürt alles, und man empfindet ihn als sehr präsent.

Der Taube hat wegen seiner Behinderung eine ganz charakteristische psychische Struktur, die es schwer macht, mit ihm auszukommen. Er ist extrem mißtrauisch und leicht verletzlich, und in seiner Überempfindlichkeit interpretiert er alles falsch. Im allgemeinen betrifft die Schädigung nur die Cochlea, deren Aufgabe das Aufspüren der akustischen Bewegungen der Sprache ist. Wenn bei ihm zu allem Unglück aber auch das Vestibulum geschädigt ist, bekommt er Gleichgewichtsstörungen, sein Stabilitätszentrum verbreitert sich, er entwickelt einen breitbeinigen Gang – und befindet sich in aussichtsloser Lage. Leider können wir ihm nur wenig Hoffnung machen. Es gibt Ausweichmechanismen, aber sie decken nur Teilbereiche ab. Ein Tennischampion, der die Dynamik seines Vestibulums verliert, kann seine Karriere vergessen. Das gleiche gilt für einen Radrennfahrer, ganz zu schweigen von einem Musiker!
Je mehr Stimulation ein Kind im Uterus erfährt, desto schneller myelinisieren sich die Nerven und werden damit funktionstüchtig, und desto schneller weitet sich das Feld der Großhirnrinde aus. Hypotonische Kinder hatten das Pech, diese Stimulation nicht zu erhalten. Sie kommen wie ein weicher Käse auf die Welt, ihnen fehlt die richtige Rückmeldung über das Nervensystem, und sie sind ungeeignet für ein Leben, in dem sie noch weniger Stimulation bekommen als im Uterus. Deshalb werden sie immer müder, und es gelingt ihnen nicht, genügend Kräfte zu mobilisieren, um sich aufzusetzen. Ihre verschlossenen Ohren liefern ihnen keinerlei Energie. Elementare Lernprozesse (Laufen, Bewegungskoordination, Sprechen...) vollziehen sich unter größten Schwierigkeiten. Sie lernen erst sehr spät zu stehen und sind in vieler Hinsicht retardiert.
Wir haben diese Beeinträchtigungen unterschätzt und die von ihnen Betroffenen in die Kategorie der »Schwachsinnigen« gesteckt, an die sie in ihren Bewegungen und ihrem Verhalten oft erinnern. Wenn sie nicht zu stark beeinträchtigt sind und zu uns kommen, wenn sie noch relativ jung sind, genügt eine intensive auditive Stimulierung, um sie aufzuwecken und wieder auf den

richtigen Weg zu bringen. Ideal wäre es natürlich, wenn wir schon während der Schwangerschaft eingreifen könnten.

Andererseits gibt es Kinder, die während ihres intrauterinen Lebens gefährlich übererregt waren. Mit herannahendem Geburtstermin verstärken sich alle Stimuli um ein Vielfaches. Wenn das Kind auf sich warten läßt (und es so zu einer Übertragung kommt), kann ihm die Außenwelt nicht genauso starke Reize liefern. Ein Mißverhältnis tritt ein, das Kind ist untererregt. Seine Entwicklung leidet darunter. Im allgemeinen haben wir mit solchen Kindern größere Schwierigkeiten als mit Frühgeburten, die in der Außenwelt ein Stimulationsniveau erfahren, das im Mutterleib nie erreicht wurde.

Ein anderer Spezialfall sind die überreifen Kinder, also die, die zu spät zur Welt kommen. Wenn ihnen die Hülle des Uterus nach dem eigentlichen Geburtstermin nicht mehr genügend energetisierende Informationen liefert, befinden sie sich wie in eine Kiste eingesperrt in einem Zustand mangelnder Sinnesreize. Solche Kinder sind ebenfalls schwieriger zu behandeln als Frühgeburten.

15 Wenn der Faden zerrissen ist (Essay über den Autismus)

Ich will, ich will nicht...

»Es gibt ein untrügliches Zeichen dafür, daß ein autistisches Kind bald anfangen wird zu sprechen: Wenn es sich zum ersten Mal entschließt, ganz allein eine Treppe *hinunter*zugehen. Vorher steigt es, wie Sie selbst wissen, lediglich hinauf. Hinaufsteigen heißt, in den Bauch der Mutter zurückzukehren; hinuntergehen heißt, ihn zu verlassen.«

Diese Erläuterung gab ich den Eltern eines kleinen Autisten, der sich allem Anschein nach auf dem Weg der Besserung befand. Ich erwartete nicht, daß er uns gleich mit fertigen Sätzen überraschen würde, aber immerhin war es mir schon gelungen, seine Hörkurve wiederherzustellen. Wir hatten also allen Grund, optimistisch zu sein. Eine Woche später erzählten sie mir, daß sie nach der letzten Sitzung das Haus über die Treppe verlassen hätten, und da hatte der kleine Junge zu ihrem Erstaunen die letzten Stufen selbst genommen... um dann ganz schnell rückwärts wieder hinaufzusteigen!

»Was hat das denn zu bedeuten?« fragten sie mich.

Das war doch offensichtlich. Er wollte zur Welt kommen, und hoppla!... zog es ihn wieder zurück, als wollte er sein Reich noch nicht verlassen. Die Autisten schwanken permanent hin und her zwischen dem Wunsch, geboren zu werden, und dem, in die Höhle zurückzukehren. »Ich will, ich will nicht«, scheinen sie uns zu sagen.

Warten auf den Laennec des Autismus

Sicherlich werde ich so manche vor den Kopf stoßen und anderen wiederum Hoffnung machen, wenn ich sage, daß Autismus heilbar ist. Unglücklicherweise werden 35 völlig unterschiedliche Krankheiten mit diesem Begriff bezeichnet. In unseren Zentren stellen wir fest, daß von hundert Kindern, die uns als Autisten überwiesen werden, höchstens dreißig wirklich dieses Krankheitsbild aufweisen. Das ist nicht weiter erstaunlich. Vor Laennec wurden alle Lungenerkrankungen in denselben Hut gesteckt, und erst die Entdeckungen dieses großen Forschers ermöglichten, eine Tuberkulose oder Phthisis von einer Pneumonie (Lungenentzündung) oder Pleuritis (Brust-, Rippenfellentzündung) zu unterscheiden.

Zu viele Kinder werden als Autisten bezeichnet, weil sie nicht sprechen oder stark kommunikationsgestört sind. Ihre Schwierigkeiten rühren vielleicht von einer neurologischen Störung, mangelnder Reife des Nervensystems oder einer Verletzung her. Unser Verkennen des Autismus und unsere Unfähigkeit, die Fälle wirklich zu unterscheiden, zeigen, daß wir es in der Kinderpsychologie noch nicht sehr weit gebracht haben.

Aber den reinen Autisten gegenüber ist die Medizin absolut ratlos. Manche Neurologen prophezeien den Eltern die düstersten Aussichten. Aber die Befunde der Röntgenaufnahmen, der Enzephalogramme, der Scanneruntersuchungen und der kompliziertesten Tests sind allesamt negativ, das heißt, alles ist normal. So verlegt sich mancher auf die Erklärung: »Man sieht nichts, also muß es mikroskopisch klein sein.« Da die »Schnitte« zu keinem befriedigenden Ergebnis führen, behaupten sie, daß eine biologische Ursache vorliegen muß: eine genetische oder chromosomale. Und das Kind kann bis zum Sankt-Nimmerleins-Tag warten, bis die Wissenschaft hinter das Geheimnis seines Leidens kommt.

Eine Zeitlang waren psychoanalytische Erklärungen sehr in Mode, die im wesentlichen darin bestanden, den Müttern den schwarzen Peter zuzuschieben. In der Folge haben diese sich den Neurologen zugewandt, die sich daranmachten, endokrinologische Ursachen für diese Krankheit zu suchen. Und die Mütter hoffen, daß man ihnen eines Tages die gute Nachricht bringen wird, daß man nun endlich das beschädigte Neuron oder das fehlende Hormon gefunden habe. Bei einem echten Autisten kann man aber so viele Untersuchungen machen, wie man will, man wird nichts finden, denn der echte Autismus ist immer eine psychische Reaktion auf eine ganz bestimmte Situation.

Die Mutter als Sündenbock

Der Autismus geht auf eine Kommunikationsstörung mit der Mutter direkt nach der Entbindung zurück. Aber es führt zu nichts, ihr Schuldgefühle einzujagen, indem man ihr sagt, daß sie die »Wurzel des Übels« ihres Kindes sei. So einfach liegen die Dinge nicht. Die Mütter haben keinerlei Anlaß, sich schuldig zu fühlen und sich in eine minutiöse Selbstanalyse ihres Innenlebens zu stürzen, um herauszufinden, wann genau die Dinge auf die schiefe Bahn geraten sind.
Die psychologische Literatur hat sich sehr für die Mütter von autistischen Kindern interessiert. Manche Psychiater behaupten, daß sie ein charakteristisches Profil haben. Wenn eine Frau zu mir in die Sprechstunde kommt, weiß ich zwar auch sofort, ohne irgend etwas über sie zu wissen oder ihr Kind gesehen zu haben, ob dieses autistisch ist. Das liegt allerdings daran, daß das Kind seine Eltern macht. Ein Autist bringt die ganze Familie durcheinander und beeinträchtigt insbesondere die Mutter, die bemerkt, daß sie unfähig ist, mit ihm zu kommunizieren, und oft eine übersteigerte Aggressivität entwickelt.
Man glaubt immer, daß die Kinder den Eltern ähneln. Das Gegenteil ist der Fall. Die Tatsache, schwanger zu sein, macht die Frau zur Mutter. Die Umwälzung ist total: hormonell, physisch, psychisch... Für den Vater – wenn er einigermaßen ver-

antwortungsbewußt ist und zu seiner Frau steht – ergibt sich eine andere, durch das Bild der Vaterschaft bestimmte Dimension. Er trägt etwas Neues auf den Schultern und muß eine neue Rolle annehmen. Also verändert sich die Dynamik der ganzen Familie, noch lange bevor das Baby da ist.
Der Kindergarten, die Schule, das Fernsehen (das Kinder zu seinen großen Konsumenten zählt) usw. machen heute in viel stärkerem Maße als gestern aus dem Kind einen sozialen Kern, der die Familie mitreißt, transformiert und informiert, und sie hat große Schwierigkeiten zu »halten«. Gegen diese Entwicklung unserer Zeit kommt niemand an. Wenn man versucht, das Kind zu formen, lehnt es sich auf und flüchtet sich in Strukturen, die das soziale Umfeld ablehnt. Eltern haben heutzutage keine leichte Aufgabe.
Der echte Autist hat also die Gelegenheit zur Kommunikation mit seiner Mutter verpaßt. Was ist geschehen? Die Mutter hatte eine sehr schwere Geburt, die familiäre Umgebung stand der Ankunft des Kindes feindselig gegenüber, das Umfeld war ungünstig, der Vater lehnte es ab... Irgend etwas ist zerbrochen, und man weiß nicht, warum. Wenn die Mutter kurz vor der Geburt wegen eines Trauerfalls oder irgendeines anderen Ereignisses einen schweren psychischen Schock erlitt, war die Kommunikation mit ihrem werdenden Kind vielleicht eine Zeitlang abgerissen. Das Neugeborene wird wenige Tage nach der Entbindung krank. Es muß von seiner Mutter getrennt und ins Krankenhaus eingeliefert werden. Dafür kann es sie verantwortlich machen, es kann mit ihr brechen und sich weigern, den Faden des Dialogs wieder aufzunehmen.
Nun gibt es aber auch Kinder, die in Familien, in denen es keine Probleme gab, geboren wurden. Das Baby war ein Wunschkind, die Beziehung der Eltern gut... und pardauz! – ist die Katastrophe da! Ich hatte schon etliche Kinder in Behandlung, die an einem »unerklärlichen Autismus« litten. Wir glauben immer, daß Autismus nur durch ein einschneidendes Ereignis oder eine außergewöhnliche Situation ausgelöst werden kann.

Aber was wissen wir schon? Die Psychologie der ersten Augenblicke des Lebens entzieht sich unseren Analysen. Es kann sein, daß ein winziges Ereignis, das unseren Augen verborgen blieb, die Zukunft dieser Kinder zerstört hat, und sie sich danach nicht mehr regen wollten. Neugeborene sind sehr, sehr empfindlich, wie verschreckte kleine Tiere. Wie lächerlich muß in diesem Licht betrachtet eine Therapie erscheinen, die darin besteht, die Eltern mit analytischen Sitzungen zu überhäufen, in denen herausgefunden werden soll, welches Ereignis in ihrem Innenleben die psychische Erkrankung ihres Kindes hervorgerufen hat. Da ist es uns schon lieber, dem kleinen Autisten aus der Patsche zu helfen, vorausgesetzt, es ist wirklich einer.

Zusammenbruch der Kommunikation

Mit seiner Mutter zu brechen, heißt, eine Symbolik zu verlieren: das Bild von sich selbst und seinem eigenen Körper. Die Mutter und der Körper sind eines. Das Kind, dem eine solche Katastrophe widerfährt, weiß nicht mehr, woran es ist. Es bekommt keinen Zugang mehr zur vestibulären Dynamik, kann die Bewegungen nicht integrieren, rechts und links nicht unterscheiden oder der einen oder anderen dieser Richtungen folgen. Der Dialog zwischen den beiden Gehirnen bricht ab, die zwei Ichs kommunizieren nicht mehr. Der Autist ist zweigeteilt.

Die Mutter stellt nämlich die integrierte Bewegung dar, den sensorischen und motorischen Kontinent, auf dem wir uns alle befinden. Wenn wir am Morgen unseres Lebens mit ihr brechen, verlieren wir jegliche Koordination. Nichts steht mehr mit dem Rest in Beziehung, es gibt nur chaotische Bewegungen ohne Tiefe und Sinngehalt. Die unmittelbare Folge davon ist, daß das Kind nicht die Vertikalität anstrebt, es läuft nur schlecht und bekommt keinen Zugang zur Sprache. Bei Autisten sind Horchtests sinnlos, weil sie unfähig sind zu antworten. Anderererseits haben sie ein sehr gutes Gehör, sie leben nur von Musik und den vielfältigsten Empfindungen, aber es käme ihnen nicht in den Sinn, dieses fabelhafte Potential zum Horchen zu verwenden.

Zum Glück haben gleiche Ursachen nicht immer die gleichen Wirkungen. Zwei Kinder in identischer und gleich katastrophaler Lage können völlig gegensätzliche Haltungen entwickeln: Das eine versinkt im Autismus, das andere geht fröhlich seiner Wege. Der Autismus befällt Kinder mit einem ganz bestimmten Temperament. Sie sind nicht mit Schizophrenen zu verwechseln, die ihre Krankheit schon während des Lebens im Mutterleib entwickeln, wie Salk aufgezeigt hat. Diese sind übersensibel und vom Körperbau her langgliedrig wie ein Don Quichotte. Sie saugen alle psychischen Probleme der Mutter auf wie ein Schwamm und gleiten sehr schnell in einen unsicheren Bereich ab.

Autisten haben ein sehr paranoides Temperament. Sie sehen sich als Opfer ihrer Mutter und bestrafen sie für ein oft imaginäres Unrecht, das sie ihnen zugefügt hat, durch übertriebenes, dramatisches Beleidigtsein. Damit graben sie sich selbst die Grube, aus der sie dann nicht mehr herauskommen.

Der Vogel und der Affe

Bei einer Ultraschalluntersuchung erfährt eine Frau, daß sie ein Mädchen erwartet statt des so sehnlich erwünschten Sohnes. Sie fängt sofort an, das Kind zu hassen, und unterbricht den Liebesdialog, den sie mit ihm begonnen hatte. Sechs Jahre später sitzt die ratlose Mutter mit ihrem Töchterchen in meinem Sprechzimmer. Das Kind weist alle Zeichen einer Schizophrenie auf. Um im Mutterleib von einer solchen Krankheit befallen werden zu können, mußte das Baby schon das schizoide Temperament haben, das dieses Trauma zum Vorschein gebracht hat. Für das Mädchen war es unerträglich gewesen, der Liebe seiner Mutter beraubt zu werden. Wie alle kleinen Schizoiden, ist es von außergewöhnlicher Vitalität. Es stößt pausenlos Vogelschreie aus, um sein Ohr aufzuladen und sich Energie zuzuführen. Während wir uns unterhalten, klettert es von einem Möbelstück aufs andere, klammert sich oben fest und will nicht mehr herunterkommen.

Je mehr Aufmerksamkeit man solchen Kindern schenkt, je mehr sich ihre Eltern über sie aufregen, desto exzessiver wird ihr Verhalten. Als die Mutter vor der Geburt die Brücken zu dem kleinen Mädchen abbrach, reagierte dieses sofort. Im übrigen nimmt es eine physische Abwehrhaltung gegenüber der Mutter ein, läßt sich nicht in die Arme nehmen und richtet es immer so ein, daß sie ihr den Rücken zukehrt.

Während die Schizophrenie oft intrauterinen Ursprungs ist, wird der Autismus im allgemeinen erst im Augenblick der Geburt ausgelöst. Das Kind kann also während der Schwangerschaft durchaus richtig auditiv stimuliert worden sein. Das ist übrigens auch der Grund dafür, daß es uns manchmal gelingt, Autisten wieder zurückzuholen. Die beiden Krankheiten haben nichts miteinander zu tun. Das Verhalten dieser beiden Kindertypen ist auch gänzlich verschieden. Autisten halten sich so »schlecht« wie kleine Affen und geben keinen Ton von sich, während Schizoide sich gerade halten wie eine Eins und aktiv sind wie Vögel, da sie immer in den höchsten Regionen schweben.

Tausend Nichtigkeiten

Angenommen, die Mutter, von der wir gerade gesprochen haben, hätte das Geschlecht ihres Kindes erst bei der Geburt erfahren. Dann hätte ihre Enttäuschung zu einem Autismus bei dem kleinen Mädchen führen können, wenn es die entsprechende charakterliche Disposition gehabt hätte. Wie hätte sich das vollzogen? Wenn sie die »schlechte Nachricht« erfahren hätte, hätte sie dem Kind ihre Liebe verweigert oder sich doch zumindest sehr zurückgehalten. Ein »Paranoider« ist ein extrem empfindliches Mikrophon. Er merkt, wenn man ihn fallen läßt... und rappelt sich nicht mehr auf. Er geht rückwärts ins Leben und verfolgt nur den einen Weg, der in die Nacht des Autismus führt.

Eine junge Frau wird schwanger von einem Mann, der keine Kinder will. Sie weigert sich abzutreiben. Was wird bei der Geburt passieren? Was wird sie mit dem Neugeborenen machen? Es verstecken? Aber wo? Ein noch sehr junges Mädchen erwartet ein Kind von einem Mann, der von der Bildfläche verschwindet, nachdem er eine Nacht lang seinen Spaß gehabt hat. So etwas kommt alle Tage vor. Die Mutter ist sechzehn oder siebzehn Jahre alt und sozial noch abhängig. Zu Hause ist niemand sonderlich begeistert über den Neuankömmling. Wird er überhaupt einen Lebensraum haben? Wie soll man sich die Kommunikation zwischen dem Fetus und dieser niedergeschmetterten werdenden Mutter vorstellen, die Angst hat vor einer verbauten Zukunft? Für sie ist es kein Kind, das sie erwartet, sondern ein »Ding«, mit dem sie nicht weiß, wohin. Sie wird sich mit diesem Baby »befassen« wie mit einer Puppe, es wie ein Spielzeug behandeln. Sie wird es hätscheln, es herausstaffieren, aber sie wird nicht mit ihm sprechen wie mit einem Menschen und so seinen Eintritt in die Sprache blockieren. Die Beziehung ist zerbrochen, und das Kind wird der Mutter bald schwer zu schaffen machen.

Es kommt auch vor, daß ein Kind sich ein falsches Bild von der Haltung seiner Mutter macht. Es kann sie für einen ärztlichen »Kunstfehler« verantwortlich machen, für eine durch seine körperliche Verfassung notwendig gewordene Isolierung, für ein Gefühl der Einsamkeit während der Nacht... für tausend Sachen, die in seinen Augen für seine »Quarantäne« verantwortlich sind. Es entwickelt dann ein Verlassenheitssyndrom und zieht sich endgültig in den Schmollwinkel zurück, wobei es zu sagen scheint: »Du hast mir das angetan, das mußt du mir jetzt büßen.« Von da an sitzt es in der Falle, verschließt sich, kurz: Es wird autistisch.

16 Verschiedene Frustrationen

Noch eines oder eines zuviel?

Wenn eine Frau ihr zweites Kind erwartet, sagen die Erwachsenen oft zu dem Erstgeborenen: »Bestimmt freust du dich darauf, ein kleines Geschwisterchen zu bekommen.« Vonwegen! Ihm steht das erste große Drama seines Lebens bevor. Denn mit der Ankunft des Benjamins verliert es jäh die Frau, die ihn gebildet hat, die ihn gehegt und gepflegt hat, und die plötzlich mit etwas anderem beschäftigt ist. Diese Frau ist seine Mutter. Er wird bis ins Mark davon erschüttert. Diese Eifersuchtsreaktion ist regelmäßig zu beobachten. Sie nimmt besonders dramatische Formen an, wenn das Erstgeborene noch nicht sprechen kann und noch unselbständig ist.
Das Plappern und Lallen des Kleinkinds richtet sich im wesentlichen an die Mutter. Im Alter von vier oder fünf Jahren begegnet das Kind dem Bild des Vaters und erobert die Sprache. In diesem Alter wird es, wenn es nicht gerade überempfindlich ist, durch die Ankunft eines Geschwisterchens nicht allzusehr aus der Fassung gebracht. Aber wenn das zweite zur Welt kommt, bevor das erste eine gewisse Distanz entwickeln konnte, fängt dieses wieder zu plappern an und fällt in die Babysprache zurück, um seine Mutter zurückzugewinnen. Es nimmt also psychologisch wieder das Babyalter an, und sein ganzes Verhalten bestätigt diese Regression. Andererseits empfindet ein älteres Kind, das schon die psychische Struktur des Einzelkindes entwickelt hat, die Ankunft eines »Eindringlings« als schmerzlichen Angriff auf seine Privilegien. Interessanterweise warten die Frauen in bestimmten afrikanischen oder asiatischen Stämmen

vier Jahre lang, bevor sie wieder ein Kind zur Welt bringen. Das ist ein optimaler Abstand. Das selbständige Kind, das schon relativ gut sprechen kann, vergißt seine Mutter schon oder verläßt sie, um auf die Welt zuzugehen. Die Ankunft des Geschwisterchens wird es noch stärker zum Vater hinziehen, bei dem es einen gewissen Schutz findet. Aber wird der Vater auch wirklich zur Stelle sein? Wird er die richtigen Worte finden und die Nachfolge der Mutter antreten?
Als ich einmal von einer Fahrt in die Bretagne zurückkehrte, machte ich bei einer Klinik halt, die mich wegen der dort praktizierten Entbindungsmethoden sehr interessierte. Sie wurde von Augustinerinnern geleitet. Während ich auf die Schwester Oberin wartete, fuhr ein Auto vor, aus dem ein Mann ausstieg, und ein sechs- oder siebenjähriger Junge blieb auf der Rückbank sitzen. Offensichtlich war der Mann gekommen, um seine Frau und seinen neuen Sprößling abzuholen. Der große Bruder wartete im Auto und versuchte, glücklich zu sein. Man konnte ihm aber ansehen, daß er es nur halb war. Er hatte seine Mutter seit mehreren Tagen nicht mehr gesehen und wußte nicht so recht, was geschehen würde. Hatte man es ihm überhaupt erklärt?
Nach längerer Zeit kommt die Mutter. Der Junge hält ihr einen kleinen Blumenstrauß entgegen, den er für sie mitgebracht hat. Sie macht die Autotür auf und wirft ihm ohne einen Blick, ohne ein Lächeln etwas hin wie: »Geh weg, du stehst mir im Weg.« Die Blumen fallen zu Boden. Ich sehe, wie der Junge verstummt, den Kopf einzieht und in sich zusammensinkt. Sein Blick kreuzt den meinen, und ich sehe darin die ganze Verzweiflung und die ganze Traurigkeit der Welt. Der Vater, der das Neugeborene in einem Tragekorb bringt, schnauzt seinen Sohn an, weil er der Mutter nicht geholfen hat, stellt den Korb mit dem Baby auf die Rückbank, neben ihn, und braust mit der kleinen Familie davon. Entsetzlich. Der Junge wird sein Lebtag nicht mehr über dieses Erlebnis hinwegkommen. Daß man hinter seinem Rücken einen kleinen Bruder »macht«, daß seine

Mutter ihn mit einem anderen betrügt, das mag ja noch angehen, aber daß man ihn jetzt behandelt wie ein gewöhnliches, störendes Objekt, das ist der Gipfel. Davon wird er sich nie mehr erholen, und wie die fallengelassenen Blumen wird er unbeachtet verwelken.

Gott sei Dank verhalten sich nicht alle Eltern so. Aber die Ankunft eines zweiten Kindes wird oft als weltbewegendes Ereignis erlebt. Man erwartet es wie den Messias. Das ältere Kind tritt in den Hintergrund. Das ist selbst unter günstigsten Bedingungen nur schwer zu ertragen. Was kann man dagegen tun? Zunächst einmal sollte man das Ereignis nicht übersteigern, nicht pausenlos davon reden und es wie ein »großes Glück für die ganze Familie« präsentieren. Des weiteren sollte man das ältere Kind aufwerten und ihm helfen, seinen Platz in der durch den Neuankömmling durcheinandergebrachten Familie wiederzufinden. Man wird ihm die Vorteile des Großwerdens aufzeigen, ihm sagen, wie sehr seine Mama es braucht, und ihm seine neue Verantwortung gegenüber dem Geschwisterchen deutlich machen. Wenn es sich »ausgebootet« fühlt, wird man alles tun, um es wieder an Bord zu holen und ihm zu helfen, diese Minirevolution zu verdauen.

Verraten von der eigenen Mutter!

Wir haben vergessen, daß eine Schwangere eine Aura um sich hat, die aus ihr ein anderes Wesen macht. Für eine Frau, die schwanger wird, beginnt eine vollkommen neue Dynamik: Sie wird Mutter. Um die Diagnose zu stellen, braucht der Arzt drei Wochen. Er kann sich erst mit Gewißheit äußern, wenn die Regelblutung nach der Befruchtung ausgeblieben ist. Aber wenn die werdende Mutter schon ein Kind hat – vor allem, wenn es jünger als zwei Jahre ist –, kann sie bei diesem eine sehr starke Reaktion beobachten, die sie sich im ersten Augenblick vielleicht gar nicht erklären kann. Sobald seine Mutter eine befruchtete Eizelle in ihrem Bauch hat, wird es weinerlich, zeigt seine Emotionen, hat Alpträume, steht nachts auf... Das ist der sicherste Schwangerschaftstest!

Das ältere Kind empfindet die Ankunft des zweiten wie einen Verrat seiner Liebe zur Mutter. Bislang war es der König in der Familie, mit einem Reich, das keiner ihm streitig machte. Auch wenn es größer wurde, so war der Platz auf dem Schoß seiner Mutter doch immer ihm vorbehalten. Auch wenn sie ihre Berufstätigkeit wiederaufgenommen hatte, so war sie doch immer für es da, zur Befriedigung des geringsten seiner Bedürfnisse. Und plötzlich ist da so ein kleiner Wicht, der sie von früh bis spät mit Beschlag belegt, den ganzen Tag an ihrer Brust nuckelt und ihre ganze Aufmerksamkeit in Anspruch nimmt. Das ist empörend und nur schwer zu schlucken. Seine Mutter ist die Mutter eines anderen geworden, und das Kind ist noch zu klein um zu begreifen, daß man sie auch teilen kann und die Liebe ein Geschenk ist.

Wir haben viele solcher Kinder, die »Verdauungsprobleme« mit dem zweiten haben, in Behandlung, denn für viele hat das schlimme Auswirkungen, insbesondere im Bereich der Sprache. Wenn ich sie frage: »Wie ist das denn mit deinem kleinen Bruder? Geht er dir nicht zu sehr auf die Nerven?«, antworten sie ausnahmslos: »Er nimmt mir all meine Spielsachen weg.« Ich antworte dann: »Bist du sicher, daß er dir nicht etwas anderes wegnimmt? Nimmt er dir nicht ein wenig deine Mama weg?« »Doch.« Sie wollen nicht damit herausrücken, aber das ist die Wurzel allen Übels. Ihre Spielsachen könnten sie an den Erstbesten abtreten, aber die Liebe ihrer Mutter wollen sie nicht teilen.

Wenn ein Kind Angst hat, weist es Zeichen der Regression auf. Selbst wenn es das älteste von sechs Kindern ist, möchte es seltsamerweise immer den Platz des kleinsten einnehmen. Es weigert sich, groß zu werden, es will seine Mutter wiederhaben, auf ihrem Schoß sitzen...

Alle Mütter, die ein zweites Kind erwarten, kennen diese Art von Problemen. Sie wissen nicht, wie sie sich dem älteren gegenüber, das plötzlich wie verwandelt ist, verhalten sollen: Es näßt wieder ein, lutscht am Daumen, wird nervös oder aggressiv, läßt in der Schule nach… Das ist kein Grund zur Beunruhigung. Dieses Problem ist so alt wie die Menschheit.

Oft entsteht es dadurch, daß die Schwangerschaft dem ersten Kind nicht rechtzeitig mitgeteilt wurde, während es schon wußte, daß seine Mutter jemand anderen erwartete. Es fühlte sich betrogen. Was es braucht, ist, daß die Eltern ihm erklären, was geschehen wird, ohne eine große Affäre daraus zu machen und die zweite Geburt zu einem weltbewegenden Ereignis hochzustilisieren. Wenn der Benjamin da ist, entdeckt das Kind seine Rolle als Ältester und alle Vorteile des Großwerdens, solange die Eltern ihm die nötige Aufmerksamkeit schenken und das Kleine nicht zu sehr in den Vordergrund rücken.

Wenn einer für zwei zählt

Für den Älteren beginnt also mit der Ankunft des Benjamins oft eine schmerzliche Einsamkeit. Diese Gefahr wird um so größer, wenn das Brüderchen behindert zur Welt kommt oder besondere Pflege braucht. Der Erste tritt vollkommen hinter dem Zweiten zurück. Oft kommen Familien zu mir, deren zweites Kind nicht »normal« ist. Aber oft bringen sie den Ältesten zu mir, der vollkommen hilflos und jeglicher Lebenslust beraubt ist, so sehr hat er das Gefühl, bestraft zu werden, angesichts des Benjamins, der wegen seiner Krankheit die ganze Aufmerksamkeit der Eltern beansprucht. Ich rate den Eltern dann, den Älteren an der Versorgung des Zweiten zu beteiligen, ihm kleine Aufgaben zuzuweisen, die allerdings immer Spielcharakter haben sollten, um die Bruderrolle deutlich von der des Vaters getrennt zu halten. Im allgemeinen ist er gerne dazu bereit.
Die Amerikaner haben eine Technik (das sogenannte »Paterning«) entwickelt, bei der das behinderte Kind von der ganzen Familie versorgt wird. Es handelt sich um Jungen und Mädchen,

die sehr schwere Erkrankungen haben (Lähmungen, unkontrolliertes Gliederzucken... verschiedene andere Folgen einer Hirnverletzung) und normalerweise in speziellen Einrichtungen untergebracht werden müßten. Der wesentliche Gedanke, der dieser Technik zugrundeliegt, ist die Bewerkstelligung einer fortschreitenden, engagierten und dosierten Rehabilitation. Oft nimmt die Betreuung mehrere Stunden pro Tag in Anspruch, je nach Schwere des Falls können das leicht sechs, sieben, acht oder neun Stunden sein. Eine solche Inanspruchnahme stellt natürlich für die gesunden Kinder der Familie eine folgenschwere Belastung dar. Sie fühlen sich mehr oder weniger vergessen, vernachlässigt oder frustriert. Sie kommen zu der Ansicht, daß man offensichtlich krank sein muß, damit sich die anderen um einen kümmern.

Die Betreuungsmaßnahmen in Spezialeinrichtungen gehen selten über zwei oder drei Stunden pro Tag hinaus. Bei einem linksseitig gelähmten Kind würde man zum Beispiel darauf abzielen, die Fähigkeiten der rechten Seite zu verstärken und auszubauen, um die Behinderung zu kompensieren. Die Anhänger des Paterning wehren sich energisch gegen diese traditionelle Behandlung der Behinderten. Sie halten dagegen, daß diese andauernd ihren Wunsch zu leben manifestieren und deshalb ständiger Zuwendung (ja sogar Therapie) bedürfen. Die Verfechter dieser neuen Praxis würden also im Fall einer einseitigen Lähmung alles unternehmen, um die kranke Seite wieder zu aktivieren, anstatt sie einfach verkümmern zu lassen. Sie lassen den ganzen Körper arbeiten, wobei sie dem kranken Teil besonderes Augenmerk schenken. Diese Technik ist nicht ohne Erfolg. Manche, die zur Bettlägerigkeit verdammt wären, fangen wieder zu laufen an, bei anderen kommt es zu einer Wiederbelebung tot geglaubter Gliedmaßen. Leider hat diese Methode einen großen Nachteil: Da sie die permanente Anwesenheit der Eltern bei dem behinderten Kind erfordert, führt sie zu einer regelrechten Herauslösung aus der Familie, worunter alle leiden. Das Paterning wird schnell zum Zwang

und überschattet die anderen Kinder. Deshalb erscheint es uns vernünftig, sie an dieser ganz besonderen therapeutischen Dynamik teilhaben zu lassen. Ihre Hilfe ist wichtig und genauso wertvoll – wenn nicht wertvoller – wie die der Erwachsenen. Ihre Mithilfe hat einen symbolischen Wert ihnen selbst gegenüber, aber auch gegenüber dem behinderten Bruder oder der behinderten Schwester.
Das Paterning erfährt heute eine Entwicklung in die richtige Richtung. Verbände haben sich gegründet, die die Eltern täglich für einige Stunden entlasten. Freiwillige lösen sich gegenseitig dabei ab. Aber wenn man nicht die ganze Familie in dieses Abenteuer einbezieht, schleichen sich andere, weniger sichtbare, aber ebenso gefährliche Krankheiten ein, die großen Schaden anrichten.

Wenn zwei nur eines sind

Zwillingskinder – ich spreche hier nur von den »echten«, den eineiigen Zwillingen – stellen einen besonders interessanten Fall dar, weil sie gegenüber der Umgebung als geschlossener Block auftreten. Wie viele Mütter haben es nicht aufgegeben, sie zu verstehen, und fühlen sich in ihrer Liebe frustriert angesichts dieser beiden Wesen, die im Leben genauso vereint sind, wie sie es im Uterus waren, in ihrer biologischen und psychologischen Dynamik und auch im Fall einer Erkrankung. Wenn das eine krank ist, ist es das andere auch. Das erste hat eine Ohrenentzündung, das zweite auch. Wenn man sie trennt, entwickeln sie dasselbe Verhalten. Sie denken, sprechen, spielen, leben und sterben manchmal sogar gleich.
Der letzte internationale Kongreß der Zwillingsforschung, der im September 1989 in Rom stattfand (*Libération* 29.8.89), hat auf eine wahre »Zwillingsepidemie« aufmerksam gemacht, um den Begriff von Professor Emile Papiernick zu verwenden. Die Zahlen sind beeindruckend: In Frankreich sind nach Angaben

des INSEE (des Nationalen Instituts für Statistik und Wirtschaftsstudien) die Zwillingsgeburten von 9,4 Promille im Jahre 1970 auf 10,5 im Jahre 1986 angestiegen. Im gleichen Zeitraum stieg der Prozentsatz der Drillingsgeburten von 1 auf 3. Als Hauptursache wird die In-vitro-Befruchtung gesehen. In einer Brüsseler Klinik sind ein Viertel der Geburten nach Befruchtung im Reagenzglas Mehrlingsgeburten. In 22 % der Fälle handelt es sich um Zwillinge.

Professor Papiernick schlägt Alarm, denn diese Geburten schaffen oft unüberwindliche medizinische Probleme. Zudem sind sie für die betroffenen Familien sehr schwer zu bewältigen, denn die Probleme der Erziehung und Versorgung verdoppeln oder verdreifachen sich nicht nur, sondern nehmen exponentiell zu.

Diese Kinder sind so autonom, daß die Außenwelt nur schlecht an sie herankommt. Bei Zwillingen ist der eine dominant, der andere läßt sich dominieren. Es ist vorstellbar, daß der eine im Uterus – aufgrund seiner Lage, einer besseren Gefäßversorgung oder irgendeines anderen Umstands – die von der Mutter kommenden Botschaften intensiver erhalten und verarbeitet hat. Der Wunsch zu horchen ist der gleiche, aber der eine hatte das Glück, dem anderen gegenüber im Vorteil zu sein. Zwillinge sind oft wie ein Spiegelbild. Wenn der dominierende eine Bewegung mit der rechten Hand macht, reproduziert sie sein Alter ego mit der linken, um der Linie besser folgen zu können.

Wenn man echte Zwillinge in getrennte Zimmer setzt und sie auffordert zu malen, was ihnen gerade in den Sinn kommt, wird man analoge Motive wiederfinden, bei dem dominanten allerdings mit größerem Ausdrucksreichtum. Wenn ihr Lebensweg getrennt verläuft, werden sie doch einem analogen Schicksal folgen, in dem Berufliches und Familiäres durchaus vergleichbar sind.

Das Zentrum für Zwillings- und Adoptionsforschung der Universität von Minnesota hat den Fall der Zwillingsbrüder Jim Lewis und Jim Springer dokumentiert, die kurz nach ihrer Geburt im Jahre 1940 getrennt wurden und sich erst vierzig Jahre später wieder begegneten. Sie fuhren den gleichen Chevrolet, selbst die Farbe war identisch. Beide hatten einen Hund namens Toy, sie rauchten dieselbe Zigarettenmarke, kauten Fingernägel und hatten ihre Ferien, ohne es zu wissen, in Florida an demselben Strand verbracht! Bei Persönlichkeits- und Soziabilitätstests lieferten sie dieselben Antworten. Ich erinnere mich, einen anderen Artikel über ebenfalls amerikanische Zwillingsbrüder gelesen zu haben, die sich auch seit langem nicht mehr gesehen hatten. Wenn sich ihre Wege am Anfang auch getrennt hatten, so waren sie doch an denselben Punkt im Leben gelangt, mit sehr ähnlichen Berufen, demselben Typ von Frau (mit demselben Vornamen) und derselben Zahl von Kindern!

Unter meinen Patienten befand sich eine »Barmherzige Schwester« (vom Orden von Saint-Vincent-de-Paul), die ein etwas seltsames Verhalten aufwies. Sie war wegen einer Ohrenentzündung oder einer einfachen Erkältung zu mir gekommen, und ich hatte ihr Medikamente verschrieben. Doch einige Tage oder Wochen später kam sie in unverändertem Zustand wieder zu mir, als wenn die Behandlung keinerlei Wirkung gehabt hätte. Ihre Beschwerden waren harmlos, ihre Besuche sporadisch... Ich machte mir also keine weiteren Gedanken.

Eines Tages verschrieb ich ihr gegen eine ziemlich hartnäckige Rachen- und Kehlkopfentzündung starke Aerosole, um die Infektion zu bannen. Eine Woche später kam sie in beklagenswertem Zustand wieder. Da merkte ich erst, daß ich es mit zwei »Schwestern« zu tun hatte – im wahrsten Sinn des Wortes! Diese Zwillingsschwestern waren so schüchtern, daß sie nie versucht hatten, ein richtiges Gespräch mit mir zu führen.

Die Geschichte ihrer Berufung ist außergewöhnlich. Eine der beiden war dominant, ergriff immer die Initiative und sprach immer als erste.

Eines Tages sagt sie zu ihrer Schwester: »Ich muß mit dir sprechen.«

»Das trifft sich gut«, erwidert die andere, »ich auch«.

Sie gehen in ihr Zimmer, und die dominante sagt: »Ich habe beschlossen, ins Kloster zu gehen.«
»Genau das wollte ich dir auch sagen«, antwortet die andere, nicht im geringsten überrascht.
Sie wurden in verschiedenen Häusern untergebracht (was bei Schwestern üblicherweise so gehandhabt wird), und doch verlief ihr Leben auch weiterhin genau parallel. Wenn die eine krank wurde, wurde es die andere auch und suchte, wie man sieht, sogar denselben Arzt auf. Das führte oft zu ulkigen Situationen. Wenn sie sich anriefen, war die Leitung oft besetzt, weil die andere im gleichen Augenblick die gleiche Idee gehabt hatte!
Das Leben von Zwillingen scheint durch eine genetische Programmierung auf sehr hohem Niveau gesteuert zu sein. Die Macht des Schicksals sieht man bei ihnen besonders deutlich, weil wir ein Vergleichsmoment haben –, aber gilt für uns nicht das gleiche? Sind wir so frei, wie wir immer annehmen? Bei Zwillingen wird unser gemeinsames Los vielleicht nur stärker sichtbar.

Familie im Dreivierteltakt

Wenn die Kinder in einer Familie wie die Orgelpfeifen ankommen, dann erhält jedes seinen ganz besonderen Platz, was mit einer »chronologischen« psychischen Struktur einhergeht. Es stimmt zwar, so viele Kinder es gibt, so viele unterschiedliche Charaktere gibt es, aber ob man das älteste oder das dritte ist, spielt eine erhebliche Rolle.
Die Nummer eins ist der erste, der dem Bild des Vaters gegenübersteht. Er identifiziert sich mit ihm. Wenn der Vater nicht da ist, spielt er den »kleinen Mann« und versucht, bei der Mutter den Platz des Vaters einzunehmen. Dieser Platz ist von größter Wichtigkeit, und es käme ihm nie in den Sinn, ihn aufzugeben. Der Nummer zwei steht diese Rolle nicht mehr offen, der Platz

ist schon besetzt, und der Älteste – der den »Anschlag« seiner Mutter noch nicht vergessen hat – läßt keine Gelegenheit aus, es den Zweiten spüren zu lassen. Von daher ist er frustriert. Und wenn ein Dritter kommt, der ihm die Mutter abspenstig macht, kann er sich an nichts mehr festhalten, er ist eingeklemmt wie in ein Sandwich und wird zum Griesgram. Der Älteste befindet sich immer im Konflikt mit dem Zweiten und oft auch mit dem Dritten.

Viele dieser »ungeliebten« Kinder kommen zu uns in Behandlung. Die Eltern sind oft außer sich und beklagen sich über die permanente Unzufriedenheit ihres Kindes. Wenn sie ihm etwas schenken, das es sich gewünscht hat, findet es immer etwas daran auszusetzen. Entweder stimmt die Farbe nicht, oder es ist nicht das Richtige, oder der Zeitpunkt ist falsch. Das Kind sitzt in der Klemme.

Manche Fälle sind ein bißchen komplizierter. Wenn das erste Kind ein Mädchen ist, folgt es der natürlichen Neigung, die aus seiner Position erwächst, und lehnt sich an den Vater an. Das zweite ist ein Junge. Was er auch sagen mag, das Erstgeburtsrecht schlägt zugunsten seiner Schwester zu Buche. Er hingegen versteht sich als »Macho des Systems«. Das Mädchen will nicht nachgeben und verstärkt seine Identifikation mit dem Vater. Für den Jüngeren wird dies absolut unhaltbar. Die einzige Lösung ist zu versuchen, den Vater zu übertrumpfen. Doch dann besteht die Gefahr des Widerstands von dessen Seite, wie ich weiter unten noch erläutern werde. Unter diesen Bedingungen hat der als zweites Kind nach einer Tochter geborene Sohn den schlechtesten Platz in der Familienkonstellation.

Der Dritte schert sich nicht um den Vater, sein älterer Bruder ist ihm völlig schnuppe, und er interessiert sich nur für die Mutter. Das ist das Nesthäkchen, bei dem alles gutgeht. Mit ihm schließt sich das System, und wenn ein Vierter ankommt, fängt alles wieder bei Null an. Er ist in derselben Situation wie das Erstgeborene, und wenn die Mutter noch weitere Kinder bekommt, wiederholt sich der ganze Takt.

Besser als der Papa... nie ohne die Mama

Sind die Kinder dazu bestimmt, ihre Eltern zu überflügeln? Damit die Maschinerie vorankommt, müßte der Sohn »mehr« werden als der Vater. Aber kann der sich mit dieser Vorstellung anfreunden? In der Tat besteht seine Rolle darin, als Abschußrampe zu dienen, als erste Stufe auf der Treppe des Lebens. Wenn ich solche Ansichten äußere, sehe ich, wie sich die Mienen verfinstern. Wer möchte schon gerne, daß ein anderer ihn als »Sprungbrett« benutzt? Protestgeschrei erhebt sich: »Das Kind wird die Stufenleiter emporklettern, abheben wie eine Rakete, und ich soll wie angenagelt stehenbleiben?«

Der Vater ist ein recht seltsames Tier. Er zeigt ein lobenswertes Interesse für die Zukunft seiner Kinder, aber links überholt werden möchte er nicht. Diese Tiefenstruktur treibt ihn dazu, seinen Kindern die Flügel zu stutzen, nachdem er sie dazu »gezwungen« hat, hochfliegende Studien zu betreiben.

Einmal kümmerte ich mich um einen sehr begabten Jungen, den der Vater dazu trieb, ins Polytechnikum einzutreten, weil ihm selbst dieser Traum durch den Kriegsausbruch vereitelt worden war. Dennoch hatte es dieser Mann im Leben zu etwas gebracht und bekleidete eine Führungsposition. Der Junge war als das älteste von sechs Kindern die Projektion dieses ehrgeizigen Vaters und begann also, sich mit großem Eifer auf die Aufnahmeprüfung für diese prestigeträchtige Bildungsstätte vorzubereiten. Nachdem er das Schriftliche mit Bravour bestanden hatte, wurde er das Opfer einer regelrechten Aggression von seiten des Vaters, der die Aussicht seines Erfolges nicht mehr ertrug. Er machte so einen Zinnober, daß der junge Mann nicht zum Mündlichen erschien und in eine tiefe Depression verfiel, die zu zwei Selbstmordversuchen führte.

Sein Onkel, den ich gut kannte, bat mich, mich der Sache anzunehmen. Der Vater war gegen die Behandlung und saß mir ständig im Nacken. Ich beschloß also, den Jungen zu mir zu nehmen, wo er mehr als sieben Jahre blieb. Die Mutter gab mir wertvolle Unterstützung. Das war nicht leicht für sie, denn sie war ständig eingezwängt zwischen ihre anderen Kinder und ihren Mann, der, wie man sich vorstellen kann, vor Wut kochte. Ich glaube diesem Jungen die Lebenslust wiedergegeben zu haben. Heute ist er Krankenhausarzt und – es kommt noch besser – Gynäkologe und Geburtshelfer. Die Wogen haben sich wieder geglättet, so daß der Vater acht Jahre später zu mir kam, um mir zu danken, daß ich seinem Sohn aus der Klemme geholfen und wieder eine normale Beziehung zwischen den beiden hergestellt hatte. Nach langen Umwegen haben diese zwei Männer wieder zueinandergefunden.

Allen Vätern widerfährt solches Mißgeschick, wenn auch in unterschiedlichen Ausformungen. Mein dritter Sohn hatte gerade sein Abitur gemacht und beschloß, sich vor dem Beginn des Studiums erst einmal ausgedehnte Ferien zu genehmigen und auf große Fahrt zu gehen, denn die Universität nahm erst im November ihren Betrieb wieder auf.

Eines Tages klingelt es. Ich öffnete, und als mein wackerer Christian vor mir stand, wurde mir ganz komisch. Ich war glücklich, ihn zu sehen, aber irgend etwas stimmte nicht. Es war ganz einfach: Er war während seiner langen Abwesenheit um acht Zentimeter gewachsen und somit einen halben Kopf größer als ich. Irgend etwas in mir sagte mir, daß er mich überholt hatte. Wenn ich diese Reaktion nicht sofort hätte analysieren können, hätte unsere Beziehung darunter gelitten. Etwas Unerklärliches hätte sich zwischen uns geschlichen, und ich wäre mit ihm nicht mehr glücklich geworden. Das Schicksal eines Vaters besteht aus solchen Nichtigkeiten – die so wichtig sind.

Der Vater ist das Symbol des lebenden Wortes, das er lehrt, weitergibt und wie eine Saat ausstreut. Doch zu Hause ist er seltsamerweise der Schweigsamste der Familie. »Geh zu Mama, Papa muß arbeiten«, ist ein Satz, den wir alle aus seinem Mund vernommen haben, wenn wir ihn als Kinder hinter seiner Zeitung hervorlocken wollten. Dieser Widerspruch hat mich schon

immer verwundert. Trotzdem, und entgegen meinen ursprünglichen Annahmen, verschließen sich die Väter nicht freiwillig der Dynamik, die die Beziehung über Worte bieten kann.
Sie tragen vielmehr die absolute Sicherheit in sich, daß sie die Inkarnation der Sprache und deren spontaner Ausfluß sind. Wozu sollen sie obendrein noch sprechen? – scheinen sie durch ihr Schweigen auszudrücken.
Die bloße Osmose zwischen Vater und Kind schafft keine ausreichende Strömung zur Weitergabe von Informationen! Nur sehr wenige werden übermittelt, wenn der Vater sich hinter diese angeborene Schweigsamkeit verschanzt und sich damit begnügt, neben seinem Sohn oder seiner Tochter dahinzuleben. Nur sehr wenige Informationen werden verteilt und geteilt, wenn der Vater auf Kommunikation verzichtet. Aber welch eine Schwelle hat er da zu überwinden, wo er doch selbst als kleiner Junge das feindselige Schweigen seines eigenen Vaters erdulden mußte.
Wenn ich einen Jungen frage, was seine Mutter macht, und er mir mit »nichts« antwortet, lasse ich ihn aufzählen, wie viele Geschwister er hat und wer sonst noch in der Familie lebt. Oft kommt er auf fünf, sechs, sieben Personen! Diese Vorstellung, daß die Frau zu Hause nichts macht, ist im Denken fest verankert, während sie oft mehr arbeitet als der Mann, der hinter seinem Schreibtisch irgendeiner stumpfsinnigen Routinetätigkeit nachgeht. Wenn er abends nach Hause kommt, ist er für die Frau kein Erwachsener, sondern ein Mund mehr, den es zu stopfen gilt, und ein Verursacher zusätzlicher Arbeit!
Durch den technischen Fortschritt ist die Hausarbeit erheblich leichter geworden. Die Frauen haben sich befreit und fordern das Recht auf Arbeit in der Gesellschaft. Der Mann hat diesen Schritt nicht mitvollzogen und fühlt sich immer noch in seiner Macho-Ehre gekränkt, wenn er einmal das Geschirr abspülen soll! Müssen die Frauen bald alles übernehmen? Die Väter geben ein klägliches Bild ab. Sie fordern Unterordnung, ohne mit gutem Beispiel voranzugehen!

Ein Freudscher Gemeinplatz besagt, daß das Kind schließlich »den Vater tötet«. Wenn alle auf derselben Wellenlänge wären, würden die Söhne sich damit begnügen, groß zu werden und die Dimension zu entdecken, in der sie sich wohl fühlen. »Flügge werden«, »sich abnabeln« – dies sind gängige Ausdrücke, die so in unsere Vorstellung von den Beziehungen in der Familie eingegangen sind, daß es uns schwerfällt, sie aus unserem Wortschatz und unserem Kopf zu verbannen. Das Kind muß werden. Punkt.
Und wenn ein Kind nicht den gesellschaftlichen Rang seines Vaters erreicht, – was macht das schon, wenn es glücklich ist? Warum sollte ein Arzt entsetzt sein, wenn sein Sohn Klempner wird, und das mit Begeisterung? Ich erlebe heute Väter, die am Boden zerstört sind, weil ihr Sohn nicht die Aufnahmeprüfung für das Polytechnikum geschafft hat, während sie doch Ingenieur sind. Sie sind verzweifelt, wenn ihr Kind nicht die prestigeträchtige soziale Stufenleiter erklimmt. Aber wehe, wenn es zu hoch hinaus will. Dann fühlt sich der Vater paradoxerweise überflügelt und setzt alles daran, diesen gefährlichen Rivalen auszuschalten. In jedem Mann steckt ein Bär, der seinen Sohn verschlingt. Der Anspruch, »der Größte« sein zu wollen, ist entsetzlich. Das Gegenteil sollte der Fall sein: Wenn die Eltern glücklich sind, müssen sie die Bedingungen für das Glück ihrer Kinder schaffen und dürfen nicht in die Entfaltung ihres individuellen Werdegangs eingreifen. Warum sollte man jemanden angreifen, der einen ihm entsprechenden Beruf gefunden hat und darin seine Erfüllung findet?
Die Mutterliebe ist einer anderen, aber ebenso gefährlichen Veränderung unterworfen, denn sie ist mit Besitzstreben verbunden. Wenn Mütter mich um Rat fragen, sage ich immer: »Dieses Kind ist nicht Ihr Besitz, Sie müssen es freilassen, lieben Sie es, um es der Menschheit zu schenken.« Das ist ein schreckliches Drama. Manche fangen vor meinen Augen zu schluchzen an und protestieren: »Es gehört mir, ich gebe es nicht her.«

Dieser nur schwer zu vermittelnde Gedanke liegt, wie wir gesehen haben, dem Ausspruch »unter Schmerzen sollst du gebären« zugrunde, der nie eine Verdammung der Frau zum Gebären unter schlimmsten Qualen bedeutet hat, sondern sich darauf bezieht, das Kind zum Manne werden zu lassen.

Vater oder Mutter zu sein, sind kulturelle Phänomene, in denen es Unterricht geben müßte. Bei bestimmten afrikanischen Völkern läßt man den Kindern vom zartesten Alter an solche Freiheit, daß sie innerhalb des Stamms von Familie zu Familie spazieren können. Die Mütter machen sich keine Sorgen, und wer würde wagen zu behaupten, daß sie ihre Kinder weniger lieben als wir? Sie sind der Ansicht, daß die »Früchte ihres Leibes« der Gruppe gehören. Die Kinder kommen und gehen, und jede Mutter nimmt gerne auch den Sohn oder die Tochter der Nachbarn auf. Die Mütter unseres Kulturkreises nehmen sich oft alle Rechte…, wo sie doch nur Pflichten haben. Ein in die Familie, ihren Stammbaum und ihr Erbe eingesperrtes Kind wird nie wirklich glücklich sein. Ein Kind zu lieben, heißt, es zu lehren, in seiner gesellschaftlichen Dimension voranzuschreiten, seinen Nächsten zu entdecken und zu lieben, anderen zu helfen, Mensch zu sein. Lieben heißt, frei zu machen.

17 Kinder auf Leasing

Eines Tages kam eine Frau mit ihrem zwölfjährigen Jungen zu mir, der unter einer leichten Rechenschwäche litt. Sie hatte ihn einige Jahre vorher bei sich aufgenommen, ohne die komplizierten Schritte eines Adoptionsverfahrens auf sich zu nehmen. Dieser Sachverhalt (der in Frankreich relativ selten ist) quälte sie, denn sie fragte sich, ob sie diesem kleinen Waisen nicht wegen der fehlenden offiziellen Anerkennung seelische Probleme bereitete.

»Ganz im Gegenteil«, antwortete ich ihr und riet ihr, diese Art von Verhältnis beizubehalten.

Dieser kleine Junge lebte trotz seines ursprünglichen Unglücks unter idealen Bedingungen. Er trug weiterhin seinen richtigen Namen und war rundum zufrieden, von Menschen aufgenommen worden zu sein, die ihn liebten und nie sein Vertrauen enttäuschen würden. Und vor allem bedrückte es ihn nicht, das Wunderheilmittel gegen die Unfruchtbarkeit einer Frau zu sein. Es wird allgemein angenommen, daß Kinder, die »ihre richtige Mutter nicht gekannt haben«, sich nichts sehnlicher wünschen, als von einer anderen adoptiert zu werden. Doch sie haben während ihres intrauterinen Werdegangs einen ebenso starken Einfluß erfahren wie jeder andere von uns auch. Warum ist sie weggegangen? Welche Probleme hat sie gehabt? Was soll man von einer Frau halten, die einen im Stich läßt? Sie wälzen tausend Fragen, mit dem einzigen Ergebnis, daß sie das Verlassenheitssyndrom, das tief in sie eingegraben ist und zur ersten Prägung ihres Lebens gehört, noch verstärken. Eine Frau, die in ihr Leben tritt und sich damit begnügt, sie herzlich bei sich aufzunehmen – ohne zu versuchen, die wahre Mutter zu ersetzen –, kann vieles wiedergutmachen.

Zwei Kissen unter dem Pullover

Vor einigen Jahren wurden in Venezuela fast 50 % aller Kinder ausgesetzt. Überall auf der Welt sind die Kinder die ersten Opfer des menschlichen Wahnsinns und der Ungerechtigkeiten der Natur. Von den Trottoirs von Manila bis zu den Favelas von Rio, von den bombenverwüsteten Straßen im Libanon bis zu den Wüsten Afrikas... Mit bewundernswerter Großherzigkeit beschließen Familien, den Kindern in Not zu helfen und denen, die die Zufälle des Lebens jedes natürlichen Beistands beraubt haben, ihr Heim zu öffnen. Männer und Frauen machen sich auf die langsame und oft mühsame Suche nach einem zu adoptierenden Kind.

Früher war Adoption eine eher heimliche Angelegenheit. Ich erinnere mich an eine Ärztin, die Zwillinge »erwartete«. Um den Eindruck zu erwecken, daß sie wirklich schwanger sei, steckte sie sich mit Herannahen des vermeintlichen Geburtstermins immer dickere Kissen unter den Pullover. Ihr Bauch war riesig, und jedem, der es hören wollte, erklärte sie ihren Zustand. Unglücklicherweise kam von den beiden Kindern, die sie aus Kanada erwartete, nur eines. Ich will auf die abstrusen Erklärungen, die sie ihrer Umgebung abgab, nicht näher eingehen. Das arme Kind wurde zum Gegenstand einer Lüge, die es von Anfang an in eine schiefe Lage brachte. Weder das Kind noch die Adoptivmutter konnten sich irgendeinen Nutzen aus dieser von Beginn an verlogenen Beziehung erhoffen.

Wozu soll man Adoptivkindern irgendwelche Geschichten erzählen? Diese Kinder können Gedanken lesen. Vor allem die, die suchen oder sich Fragen nach ihrer Herkunft stellen. In zartestem Alter ausgesetzt, von einer Mutter getrennt, die ebenfalls unglücklich gewesen sein muß, machen sie Schreckliches durch. Wenn ihre Adoptivmutter dann obendrein noch künstliche Probleme schafft, haben sie keine Chance mehr. Heute ist Adoption zum Glück etwas ganz Normales geworden, so daß man sich nicht einmal mehr wundert, Familien mit farbigen

Kindern zu sehen –, was noch vor wenigen Jahren als absurd betrachtet worden wäre.

Kann man ein Kind besitzen?

In manchen Ländern, wie den Vereinigten Staaten, Kanada und der Schweiz, ist es möglich, daß eine Familie, die schon das Glück hat, Kinder zu haben, andere aufnehmen kann (Waisenkinder, ausgesetzte Kinder), ohne die beschwerliche Prozedur der Adoption durchlaufen zu müssen, die zu immer neuen Dramen führt, wie wir täglich in den Massenblättern nachlesen können. Diese Form der Hilfe für Kinder in Not durch einfache Integration ist sehr beruhigend. Die Erwachsenen geben sich damit zufrieden zu helfen, ohne den Titel »Adoptiveltern« für sich zu beanspruchen.

Wer im Kind einen Stammhalter, einen Erben sucht, huldigt oft nur seinem Besitzwahn und beschwört große Beziehungsprobleme mit dem, den er »sein eigen« nennt, herauf. Das Adoptivkind wird oft zu einem therapeutischen Mittel, zu einem Ersatz für ausbleibende eigene Kinder. Das ist sehr schlecht. Solchen Kindern den eigenen Namen zu geben, ihnen eine neue Mutter, einen neuen Vater aufzuzwingen –, all das sind Zeichen großer Eitelkeit. Sie haben ihren eigenen Stammbaum – niemand wird sie vom Gegenteil überzeugen können – und gehören in erster Linie der Welt und der Menschheit. Jede andere Vorstellung wäre illusorisch und gefährlich.

Diese im Stich gelassenen Kinder brauchen vor allem die Liebe, die ihnen bisher gefehlt hat – also ein Zuhause – und die Sprache, die sie nicht bekommen haben. Wenn sie einfach aufgenommen würden, mit der Sicherheit, einen Ort zum Leben gefunden zu haben, würden sie keine Anti-Mama-, Anti-Papa-Projektion gegenüber den Erwachsenen entwickeln, die die Stelle ihrer leiblichen Eltern einnehmen wollen und schließlich damit enden, die ganzen Ressentiments, die diese Kinder gegenüber den ihnen unbekannten eigenen Eltern entwickelt haben, auf sich zu ziehen.

Das »Verlassenheitssyndrom« ist eine Grunderfahrung, eine mächtige Konstante, derer man sich nicht so leicht entledigen kann und die nun auf diesen Mann und diese Frau, die sich eigenmächtig zu den »neuen Eltern« ernannt haben und immer dazu neigen, des Guten zuviel zu tun, übertragen wird. Sie werden zu »Supereltern«, ohne daran zu denken, daß in einer natürlichen Familie die Eltern ihren Kindern gleichzeitig sehr nah und sehr fern sind. Eine gewisse Distanz bildet sich heraus, widersprüchliche Gefühle entwickeln sich ganz natürlich. Uns allen fällt es schwer, den Zwang, den das Familienleben darstellt, zu ertragen. Und wenn es noch nicht einmal die eigene Familie ist – und das weiß das Adoptivkind immer, auch wenn man es ihm nicht gesagt hat –, ist die Reaktion noch viel heftiger.

Wenn die Eltern Opfer eines Unfalls, eines Krieges oder einer Katastrophe wurden, ist die Lage völlig anders. Ein Waisenkind ist etwas anderes als ein verstoßenes Kind. Die beiden weisen eine ganz andere Dynamik und eine ganz unterschiedliche Entwicklung auf. Für Kinder, die von ihren Eltern gleich nach der Geburt verlassen wurden, finde ich die Pflegschaft am besten, denn diese Konstellation macht von vornherein die wahre Verpflichtung der Familie deutlich: diesen Kindern ein Zuhause zu geben. Unfruchtbaren Frauen, die meine Einstellung nicht verstehen können, erkläre ich, daß die Mutterschaft nicht darin besteht, Kinder zu »haben«.

Adoptivkinder haben eine gemeinsame psychische Struktur. Sie sind oft erstaunlich aggressiv und lassen ihre Eltern »aus zweiter Hand« die Rechnung bezahlen, die sie ihren leiblichen Eltern niemals auch nur präsentiert hätten. Sie sind ratlos. Aber wer trägt die Schuld daran? Es ist schon schwer genug, leibliche Eltern zu haben. Und jetzt noch obendrein zwei Erwachsene, die nicht genug davon bekommen, sich als »Supereltern« zu gebärden –, das wird schnell unerträglich. Zweifellos gehen viele Adoptionsgeschichten gut aus, doch wir bekommen in unseren Zentren immer nur die schwierigen Fälle zu Gesicht. In Kanada führten wir vor einigen Jahren eine breit angelegte Untersuchung über die soziologischen Charakteristika von Legasthenikern durch. Auch wenn man berücksichtigt, daß in diesem Land die Adoption viel stärker verbreitet ist als bei uns, gibt einem der Anteil der Adoptivkinder unter den Kindern mit Schulschwierigkeiten zu denken: fast 27 Promille.

Zu vierundzwanzigst an einem Tisch

Soll man diese Männer und Frauen frustrieren, die sich, um endlich ans Ziel ihrer Träume zu gelangen, in guter Absicht und geprägt von dem aufrichtigen Wunsch, einem Wesen in Not zu helfen, in eine regelrechte Schlacht stürzen und ein Gesellschaftsspiel mit komplizierten Regeln auf sich nehmen? Natürlich nicht. Aber ich wäre dafür, den Status der Adoption zu verändern und ihn durch eine Art flexibler Patenschaft zu ersetzen, wie ich sie selbst während mehr als fünfzehn Jahren erfahren konnte.

Meine Großmutter hatte vierundzwanzig Kinder mit ihrem Mann. Diese lustige Sippschaft lebte in einem kleinen Geschäft in Nizza, denn mein Großvater handelte mit Flaschen, die er von überallher zusammenlas. Jeden Abend verwandelte sich unser Zuhause in eine Art Volksküche, jeder war herzlich willkommen. Die Kinder aus dem ganzen Viertel kamen und bedienten sich aus dem riesigen Kupferkessel. Meine Großmutter fand, wenn genug da ist für sechsundzwanzig, dann reicht es auch für vierzig! Ich fühlte mich immer pudelwohl in dieser Atmosphäre.

So kam es, daß auch meine Frau und ich immer ein Haus der offenen Tür hatten. Wir haben fünf leibliche Kinder, aber an unserem Tisch saßen immer noch siebzehn weitere. Zweiundzwanzig Menschen lebten unter unserem Dach. Wir brachten sie, wie es gerade ging, in dieser geräumigen Wohnung im 17.

Arrondissement von Paris unter, die ich heute noch bewohne. Abends zogen wir so viele Matratzen aus den Schränken, wie wir jeweils brauchten. Wir gingen sehr früh zu Bett. Um Mitternacht weckte ich sie und ließ sie alle bis vier Uhr in der Früh arbeiten: abspülen, aufräumen, sauber machen –, was eben im Haushalt so anfiel. Dann gingen alle wieder zu Bett, bis sieben Uhr, und um acht Uhr, wenn alle Matratzen wieder verstaut waren, öffnete das Zentrum seine Türen. Die Jungen und Mädchen akzeptierten das spartanische Leben, das wir ihnen auferlegten (und das sie freiwillig auf sich genommen hatten), weil sie sahen, daß wir genauso lebten wie sie. Manche wußten nichts von ihren Eltern, andere hatten mit ihrer Familie gebrochen oder waren mit unüberwindlichen Beziehungsschwierigkeiten konfrontiert (zwei Kinder insbesondere), und wieder andere – die zum Großteil nach dem Mai 68 zu uns gekommen waren – waren verlorene Kinder, hilflos, ohne Rückhalt, sich selbst und der Gesellschaft überlassen aufgrund von Illusionen, die sich schnell in nichts aufgelöst hatten... Nach und nach lebten sie sich in diesem Hafen ein, sie kamen und gingen, wie sie wollten. Zwanzig Jahre später sind sie alle »etwas geworden«, haben sie in einem Beruf, der ihnen gefällt, Selbstverwirklichung gefunden, und interessanterweise haben sie, sofern dies möglich war, wieder den Kontakt zu ihrem eigentlichen Zuhause, ihrer Familie und ihrem ursprünglichen Gefüge hergestellt.

Ich bin so vermessen zu glauben, daß ich auf diese Weise bestimmt mehr für all die Kinder, die ich bei mir aufgenommen hatte, getan habe als ihre wahren Väter. Dafür habe ich ihnen dieselben Vorteile geboten wie meinen leiblichen Kindern. Allerdings waren diese oft ein wenig frustriert, weil sie nicht so recht verstehen konnten, daß ich alle gleich liebte. Heute sind sie vierzig Jahre alt, und dieses Mißverständnis ist ausgeräumt.

Das letzte Kind, das wir bei uns aufnahmen, war ein Mädchen mit einer sehr schmerzlichen Vergangenheit. Sie hat an unserer Seite einen wirklich ungewöhnlichen Weg zurückgelegt, der sie schließlich dazu führte, sich einer religiösen Gemeinschaft anzuschließen. Meine Kinder schlagen sich fast darum, sie bei sich zu haben, und sie wollen den Kontakt mit ihr nicht abreißen lassen. Ich glaube, daß sie sich gegenseitig anerkennen. Sie bilden eine Art brüderlicher Einheit. Diese Situation ist um so erstaunlicher, als ich nie das Bestreben hatte, eine große Familie zu gründen, um darin meine Fortsetzung zu finden. Das Leben ist eine Durchgangsstation, das Weiterleben in den Nachkommen und das Erbe sind eine Illusion. Die Aufgabe des Vaters besteht darin, einem Kind die Möglichkeit zu eröffnen, sich in einem Beruf zu verwirklichen, und nicht darin, ihm Besitztümer oder ein Vermögen zu hinterlassen, die in Wirklichkeit Bestandteil des nationalen Erbes sind.

Sollte ich morgen sterben, was würden meine Kinder dann mit meinen elektronischen Ohren und meinem Labor machen? Vielleicht kiloweise versteigern? Meine wahren »Erben« werden die sein, die meine Arbeit fortführen. Darin liegt die wahre Nachfolge.

Mutterschaft oder Fruchtbarkeit?

Jede Frau ist, unabhängig von ihrer tatsächlichen Fruchtbarkeit, eine potentielle Mutter. Das sage ich immer den Frauen, die verzweifelt und deprimiert zu mir kommen, weil die Ärzte ihnen bescheinigt haben, daß sie biologisch nicht in der Lage sind, Kinder zu bekommen. Vielleicht sind ihre Eierstöcke steril, aber ansonsten ist hormonell alles in Ordnung. Diese Frauen sind, genau wie andere, ganze Mütter. Sie können in entsprechender Situation einem Kind in Not gegenüber sehr gut diese Rolle übernehmen, ohne den Platz der Frau einnehmen zu wollen, die es tatsächlich zur Welt gebracht hat. Manche helfen ihren Neffen und Nichten, engagieren sich in wohltätigen Organisationen, nehmen Pflegekinder an... Für die Gesellschaft erfüllen sie ihre Mutterrolle.

Es gibt aber auch Frauen, die keine Kinder haben wollen. Aus den verschiedensten Beweggründen. Eine Frau produziert im Laufe ihres Lebens etwa 400 Eier. Natürlich kann nicht jedes ein Kind werden! Es gibt demographische Probleme, die Probleme der Dritten Welt... Aber seltsamerweise liegt die Entscheidungsgewalt in dieser Angelegenheit immer bei der Frau. Niemand denkt ernsthaft darüber nach, die Männer zu erziehen. Die Pille gibt es auch für sie, aber nicht einer wäre bereit, sie zu nehmen, um seine Gefährtin zu entlasten. Gar nicht dumm: Sie überlassen den Frauen alle Risiken.

Eine Frau ist also, unabhängig von ihren Möglichkeiten oder ihrem Wunsch, sich fortzupflanzen, mit dem gleichen Recht zur Mutterschaft fähig wie die, die befruchtbar ist. Aber warum versucht sie, die individuelle Mutter dieses oder jenen Kindes, das sein ursprüngliches Zuhause verloren hat, zu werden? Mutter zu sein – Elternschaft zu haben –, das heißt nicht, einen Namen, ein Erbe zu geben, und es heißt auch nicht, in einem anderen Menschen »weiterzuleben« oder sich in ihm zu »verewigen«. Bei den ganzen Erbgeschichten geht es doch eher um ein Festhalten als um ein Geben! Und haben kinderlose Paare (noch mehr als andere?) solche Angst vor dem Tod, daß sie sich nicht vorstellen können, daß die einzige Nachfolge, auf die es ankommt, die der Menschheit ist? In einer Radiosendung hörte ich, wie ein berühmter Werbefachmann, der noch spät zu Vaterfreuden gekommen war, seelenruhig erklärte, daß seine Kinder die schönste »Message« und die schönste »Kampagne« seines Lebens seien!

Die Wurzeln des Baumes

Vom Gesetz her haben Adoptivkinder die Möglichkeit, ihr Personenstandsregister einzusehen und so ihre wahren Erzeuger ausfindig zu machen. Alle Adoptiveltern kennen den schwierigen Augenblick, wenn es das Kind »wissen« will. Neuerdings ist

man nicht mehr dafür, die Dinge zu verschleiern, sondern will »die Wahrheit sagen«. Was das Kind braucht, ist jemand, der ihm die Sinnlosigkeit seines Vorhabens erklärt.
Wer in der Vergangenheit wühlt, geht durch eine Hölle. Viele begreifen das und lassen den Gedanken wieder fallen. Die, die sich nicht davon abbringen lassen oder keine guten Ratgeber haben, geraten in eine schmerzliche, schwierige und zutiefst destabilisierende Situation. Was werden sie entdecken? Ideale Eltern? Können sie das sein, wo sie das Kind doch verlassen haben? Welche Gefühle werden hochkommen? Werden sie ihre Ressentiments überwinden können? Ich habe Adoptivkinder zurückkommen sehen, die einen armen Schlucker, einen verheirateten Mann, einen ehrenwerten Familienvater... aufgespürt hatten. So eine Situation ist unangenehm für alle Beteiligten. Ein Mann hat ein Abenteuer mit einer Frau, sie wird schwanger und behält das Kind. Er verläßt sie. So etwas kommt alle Tage vor. Zwanzig Jahre später klingelt ein kräftiger Bursche an seiner Tür und fragt ihn, warum er sich so einfach davongemacht hat. Wem sollte eine solche Situation nützen? Weder dem Sohn, der jetzt den Mann aufgespürt hat, der ihn verlassen hat, noch dem Mann, der an eine »alte Geschichte« erinnert wird, und schon gar nicht den ehelichen Kindern, für die das Bild des Vaters zusammenbricht. Ein Kind, das es »um jeden Preis« wissen will und Himmel und Erde in Bewegung setzt, um sein Vorhaben auszuführen, sät und erntet oft nur Unglück.
Man braucht nicht weit zu gehen, um seinen Vater und seine Mutter zu finden: Sie sind immer in uns aufgrund der Gesetze der Vererbung. Worauf es ankommt, ist, etwas aus diesem genetischen Kapital zu machen, das Glück zu vermehren, und nicht zu versuchen, die Fäden einer vom Scheitern geprägten Vergangenheit wieder aufzunehmen. Das ist der eigentliche Sinn einer durch die Liebe motivierten Suche nach den eigenen Erzeugern. Denn unserem Vater und unserer Mutter gegenüber sind wir alle in derselben Lage, selbst wenn wir sie nicht kennen:

Wir müssen ihnen dankbar dafür sein, daß sie uns das Leben geschenkt haben, und uns von ihnen lösen, um zu leben. Das ist die große Lektion, die es zu lernen gilt. Solange man von Papa und Mama abhängt, egal ob es die leiblichen oder die Adoptiveltern sind, existiert man, aber man ist nicht. Eigentlich wird man nie geboren.

Eine Brücke schlagen

Mit etwa zwölf Jahren wird das Kind flügge. Früher bereitete die Gesellschaft es mit einer ganzen Reihe von Initiationsriten auf diesen Start vor. Wir haben diese große Mission der Erziehung verloren, denn die Welt ist kompliziert geworden, und die Entwicklung schreitet schnell voran, während die Erwachsenen im Abseits bleiben.

Oft hat der leibliche Vater nichts getan, als eine schöne Nacht mit seiner Frau zu verbringen. Wenn sein Sohn oder seine Tochter größer werden und ihn im Alter von sieben oder acht Jahren brauchen, ist er oft nicht da und genauso nutzlos, als wenn er seine Familie ganz verlassen hätte. Das Wichtigste für jeden von uns ist, in diesem Schlüsselmoment unseres Lebens einen wahren Dialog mit einem Mann zu haben, der uns hilft, uns auf die Gesellschaft und die Menschheit hinzubewegen. Mit einem Wort: der uns hilft zu werden. Der wahre Vater ist das Symbol, das er verkörpert, und die Sprache, die daraus hervortritt: eine Stimme, die eine Brücke schlägt zwischen der Gesellschaft, dem Universum und uns. Ein anderes Familienmitglied oder sogar ein Außenstehender können diese Rolle genausogut übernehmen wie der leibliche Vater.

18 Perverse Liebe

Väter im Schmollwinkel

Kinder und Erwachsene, die unter den verschiedensten Kommunikationsstörungen leiden, zu behandeln, indem man ihnen die in einem Laboratorium gefilterte Stimme ihrer Mutter vorspielt, ist zugegebenermaßen eine ungewöhnliche Idee. Ich erinnere mich an meine ersten Patienten, denen ich meine Methode erklärte. Die Verblüffung, ja manchmal sogar das Entsetzen stand ihnen ins Gesicht geschrieben. Die Mütter haben schnell verstanden, was ich machen wollte. Die Vorstellung, daß ihre Stimme eine günstige Wirkung auf ihr Kind haben würde, entsprach ihrer täglichen Erfahrung. Sie waren begeistert, etwas tun zu können, das von ihnen nicht mehr verlangte, als liebevoll zu sprechen. Sie unterstützten mich bereitwillig.
Anfangs dachte ich, daß ich auch die präparierte Stimme des Vaters für die Therapie brauchen würde. Die Väter zeigten sich allerdings weniger begeistert. Als ich dann aber meinen Irrtum bemerkte und ihnen erklärte, daß ich sie nun doch nicht brauchte, ganz und gar nicht, protestierten sie um so lauter! Viele verstehen nicht, wie man sie so aufs Abstellgleis schieben kann. Zuerst schmollen sie, doch wenn ich ihnen erkläre, welch verantwortungsvolle Aufgabe einem Vater zukommt, beruhigen sie sich schnell wieder.
Wenn wir aus der väterlichen Stimme die tiefen Frequenzen herausfiltern würden, bestünde die Gefahr, daß sie die Stimme der Mutter herausschält und ihre Prägung auslöscht. Wir würden damit das Kind großen Gefahren aussetzen, denn wenn es die Stimme seiner Mutter verliert, verliert es das Bild seines eigenen Körpers.

Die Mutter wird nur in den hohen Frequenzen wahrgenommen, aus dem, was sie sagt, sprechen Empathie und Liebe. In dem, was der Vater sagt, zählt vor allem die Semantik (Bedeutung sprachlicher Zeichen). Er ist der Samen beim Start und die Semantik am Ziel. Diese beiden Wörter gehen interessanterweise auf dieselbe Wurzel zurück, und in der Semiologie werden die bedeutungstragenden Einheiten sogar in »Seme« zerlegt! Samen, Semantik, Sem…, all diese Begriffe haben mit Geburt zu tun, ob im Leben oder in der Sprache.

Wie wir gesagt haben, schenkt der Vater die Sprache und die Semantik. Doch die Mutter bereitet den Untergrund vor, schafft die Grundlage, auf der die ausgeformte Rede vibrieren kann. Sie schafft eine Art Stille im Innenohr, eine modulierte, sehr feine Stille, in die sich die Sprache implantieren kann. Sie hat den Boden vorbereitet. Sie hat den Wunsch zu kommunizieren geweckt: zuerst mit ihr, dann mit dem anderen, das durch den Vater repräsentiert wird; wie eine Pflanze zum Licht wächst.

Manchmal (allerdings nur ganz selten) verwende ich die Stimme des Vaters im elektronischen Ohr. Wenn ich zum Beispiel einem »widerspenstigen« Autisten zeigen will, wie die Sprache über die Stimme eines Mannes vermittelt wird, dann nehme ich die Stimme seines Vaters, filtere alle hohen Töne heraus und spiele sie (mäßig laut) ab. Aber wie schon gesagt, bleibt dies die Ausnahme.

Hans im Glück

Wie die Dinge liegen, scheint der Vater eine recht undankbare Rolle zu spielen. Betritt er die Bühne denn erst, wenn das Kind fünf oder sechs Jahre alt ist? Manch einer wird das sehr beruhigend finden und begeistert sein über diesen Glücksfall, der ihm erlaubt, seine Verantwortung abzugeben, während seine Frau sich mit Windeln und Fläschchen herumschlägt.

Der Vater hält das Mutter-Kind-Paar in der Reichweite und dem Zielbereich seiner Sprache. Seine Gegenwart ist von großer Bedeutung. Indem er sich dieses Kind wünschte, ließ er sich an der Seite seiner Frau auf ein Abenteuer ein, bei dem seine Beteiligung vom bewußten Liebesakt an bis hin zum Kreißsaal und darüber hinaus bei der Erziehung seines Sohnes oder seiner Tochter erforderlich ist. In irgendwelchen Winkeln der Erde, so will es die Legende, durchlebt der Mann die Geburtswehen. Wenn er an der Schwangerschaft seiner Frau oder Gefährtin intensiv teilhat, erscheint diese Vorstellung nicht so absurd. Das Bild hat eine tiefe Bedeutung. Je mehr der Mann oder Freund der werdenden Mutter beisteht, desto näher steht er ihr, und desto entspannter und heiterer erlebt sie diese Zeit. Durch die Mutter nimmt er direkt am Leben des Fetus teil. Weil er liebt und das Bild der Sonne repräsentiert, strahlt die Mutter noch stärker die Kraft der Liebe aus, die sie ihrem werdenden Kind entgegenbringt.

Frischzellentherapie für die Stimme und andere Sonderfälle

Manche Mütter von Autisten weigern sich kategorisch, ihre Stimme für die Behandlung ihres Kindes unter dem elektronischen Ohr zur Verfügung zu stellen. Ich habe versucht, die Stimme anderer Frauen zu verwenden – mit deren Einwilligung –, aber von einer Ausnahme abgesehen, waren all diese Versuche zum Scheitern verurteilt! Es ist eine Frage der Hinwendung, der Intention... Inzwischen verwende ich gefilterte klassische Musik (hauptsächlich Mozart) und erziele damit viel bessere Ergebnisse.
Manchmal werden wir mit unerwarteten Situationen konfrontiert. Wenn die Mutter eines Kindes während der Schwangerschaft viel gereist ist, wenn sie in polyglotter Umgebung lebt, bitten wir sie, sich in all den Sprachen, in denen sie sprach,

während sie es erwartete, an ihr Kind zu wenden. Diese privilegierte Lage ist der Ursprung einer unbestreitbaren »Sprachbegabung« bei den betreffenden Kindern. Die Behandlung unter dem elektronischen Ohr verstärkt sie noch. Diese Kinder sind nicht weit davon entfernt, diese anderen Muttersprachen, auf die sie ganz schnell lauschen, unmittelbar zu verstehen.

Die Verwendung der mütterlichen Stimme ist nicht nur bei der Therapie von Kindern von großem Wert. Auch wenn der Patient schon erwachsen ist, kann man sie in Betracht ziehen. Allerdings besteht der Nachteil, daß in diesem Fall die Stimme der Mutter – wenn sie überhaupt noch lebt – ebenfalls gealtert ist. Sie so zu verwenden, wie sie ist, würde ihre therapeutische Wirkung erheblich schmälern. Zum Glück haben wir im Labor die Möglichkeit, sie zu verjüngen, wobei wir sorgfältig erstellten Meßwerten folgen, die uns genauen Aufschluß darüber geben, welche Schwingungen verlorengegangen sind. Wir können sie im Labor ausfindig machen und wiederherstellen.

Es leuchtet ein, daß ein Kind für die Stimme seiner Mutter sensibel ist, aber ein Erwachsener, ein reifer Mann? Diese Argumentation ist nicht haltbar. Es ist, als wenn wir behaupten wollten, daß die oberste Etage des Eiffelturms nichts mit seinen Füßen zu tun hat. Wenn oben der Blitz einschlägt, dann wird das Fundament in die gleiche Schwingung versetzt wie die Spitze und bestimmt sogar das Ausmaß der Erschütterung. Wenn uns ein Ereignis aufwühlt, schlägt es Wellen bis in unser Innerstes, und wir erleben es durch das Prisma der ersten Eindrücke unseres Lebens. Die Erschütterung erfaßt das gesamte Gebäude, egal, wie hoch oder wie alt es ist.

Das von der mütterlichen Stimme modellierte Leben im Uterus ist die ursprüngliche Note, die wir beibehalten, und die nie vollkommen »verdrängt« oder »vergessen« wird. Wir werden nie darüber »hinauswachsen«, selbst wenn wir die höchsten Stufen des Lebens erklimmen. Es ist die eigentliche Grundlage unseres psychischen Universums, unseres späteren Werdegangs. Wir durchlaufen eine spiralförmige Entwicklung. Die Basis der mütterlichen Informationen wächst mit uns, verbreitert sich mit uns. Sie ist ein emotionales Bett, das uns ermöglicht hat, uns zu entfalten, und wie bei einem Baum bleiben auch bei uns die Wurzeln immer dieselben.

Giftschlangen und Rabenmütter

Manche Söhne oder Töchter haben ein für allemal die Brükken zu ihrer Mutter abgebrochen. Manchmal zu Recht, denn es gibt schreckliche Mütter und Kindheiten, die sich unter grauenhaften Bedingungen abspielten. Jeden Tag finden wir Beispiele dafür in den Zeitungen. Warum sollte man also durch die Therapie mit der Stimme der verhaßten Mutter Augenblicke noch einmal durchleben müssen, die man eigentlich vergessen will?
Wir berühren hier einen ganz wichtigen Punkt der Psychologie, die ich einzuführen versuche. Jeder von uns kann mit der einen oder anderen individuellen Mutter Probleme gehabt haben, aber niemals mit *der Mutter* als solcher. Unsere ganze Arbeit besteht darin zu erklären, daß eine bestimmte Frau das Opfer einer Familie, einer Vergangenheit, einer sozialen Umgebung, dramatischer Umstände und all der Dinge, die sie dorthin gebracht haben, wo sie jetzt ist, gewesen sein mag..., aber auch wenn sie viele Fehler hat und die Vorwürfe, die ihr gemacht werden, nur allzu berechtigt sind, bleibt sie doch *die Mutter*.
Ich bringe meinen Patienten bei, hier zu differenzieren und einen Unterschied zu machen. Sie verstehen sehr schnell. Bei Extremfällen (mißhandelten, geschlagenen, sexuell mißbrauchten Kindern...) verabreichen wir die Stimme der Mutter in kleinen Dosen, bis wir ihre Wirkung kontrollieren können. Ich behaupte aber, daß selbst in der Mutter, die uns als die »letzte aller Mütter« dargestellt wird, noch ein Kern von Liebe vorhanden ist, der Platon um Längen schlägt und dem Kind helfen wird, wiederzuwerden.

Weil sie potentielle Mutter ist, kann eine Frau einem verstoßenen Kind oder einem Waisen die Liebe geben, die es nicht bekommen hat. Widerspricht das nicht dem, was wir in dieser Abhandlung über die so enge Beziehung gesagt haben, die eine Mutter und ihr im Uterus befindliches Kind vereint? Nein, denn unabhängig von aller Individualität schafft eine Frau als Mutter mit ihrer Stimme einen Liebeskern. Diesen universellen Faktor, der allen Frauen gemeinsam ist, können wir noch nicht messen und quantifizieren, doch wir wissen, daß es ihn gibt, und er verbirgt sich auch in der häßlichsten Stimme und der abweisendsten Frau.

Wir müssen allerdings feststellen, daß manche Frauen diese Situation nicht ertragen, sich ihrem werdenden Kind verschließen und eine feindselige und von Widersprüchen geprägte Haltung ihm gegenüber einnehmen. Zum Glück hat das aufgrund der großen Zahl der möglichen Gegenreaktionen, die je nach Temperament verschieden sind, nicht zwangsläufig katastrophale Auswirkungen auf das Kind. Aber »uterin« und »endokrinisch« gesehen, gibt eine Schwangere immer Liebe.

Ein geheimnisvoller Quell

Das Ohr hat – abgesehen von seinen Fähigkeiten, die wir bereits ausführlich besprochen haben – die erstaunliche Fähigkeit, sich selbst zu kontrollieren, sich leben und in einer inneren Modulation vibrieren zu hören, die ich »das Lebensgeräusch« nenne. Die Kommunikation in den Corti-Zellen, die das Ohr auskleiden, ist dermaßen konzentriert, daß die Tausende winziger Zilien, die sie in Erregung versetzen, selbst für minimale Vibrationen empfänglich sind, darunter auch die, die die kleinsten Teile unseres Körpers aktivieren. Diese unglaubliche Wahrnehmung vollzieht sich auf besonders kurzen Wellenlängen, die hohen Frequenzen entsprechen, welche eine Art hohes, knisterndes Rauschen erzeugen. Unsere gefilterten Töne (elektronisches

Ohr) bewegen sich in demselbem Frequenzbereich (8.000 Hertz und darüber).
Handelt es sich dabei nicht tatsächlich um eine Selbstzündung, die permanent aufrechterhalten bleibt, um die Anwesenheit des Lebens zu bezeugen? Das Ohr erfaßt diese Schwingungsbewegung und fusioniert all seine Möglichkeiten, indem es sie auf sich selbst zurückwirft. Dieser »unhörbare Klang«, der im wesentlichen aus hohen Frequenzen besteht, wird in eigenartiger Weise von der mütterlichen Stimme überlagert, wenn diese mit Liebe und Wohlwollen aufgeladen ist. Sie wird so zu einem Transplantat des Lebensgeräusches, eine Modulation dieser unterschwelligen, geheimnisvollen, permanenten Stille, die singt und schwingt. Die Mutter prägt sich darin ein und wird so zu einem Ausdruck des Lebens.
Werden wir eines Tages herausfinden, was in der Stimme der Mutter so unmittelbar zu dem Baby »spricht«? Wie diese Botschaft übermittelt wird? Wie dieser so mächtige Rhythmus beschaffen ist? Vielleicht werden wir Aufschluß darüber erhalten, wenn wir ultrasensible Empfänger am Schädel des Fetus anbringen...
Das elektronische Ohr läßt die Stimme der Mutter erklingen, aus der die tiefen Frequenzen herausgefiltert wurden. Die Kraft der hohen Töne ist bemerkenswert. Diese Klangverhältnisse entsprechen denen im Uterus. Vor einigen Jahren brauchten wir noch sehr viel Personal, um die Bänder mit unendlich vielen Stunden von Aufnahmen und Filtraten herzustellen. Heute läßt sich dank der Fortschritte in der Elektronik viel Zeit einsparen, die Computer werden immer leistungsstärker. Durch Programmierung können wir automatische Filtrate erzeugen. Aber wäre das Ideal nicht, eine Art Prototyp der mütterlichen Stimme herzustellen, in dem die wesentlichen Bestandteile dieses Liebeskerns enthalten wären? Sollte das möglich sein?

Das Ende des Programms

Wann hört diese immense Anziehungskraft der mütterlichen Stimme auf? Wir wissen es nicht. Tag für Tag können wir erleben, daß sie ihre Kraft auch noch bei Menschen, die längst erwachsen sind, nicht eingebüßt hat. Das Kind bricht mit ihr in dem Moment, in dem es die Sprache erwirbt. Es stellt dann eine gewisse Distanz her. Es braucht sie weniger, hängt weniger an ihr. Aber hat es nicht, wenn es die Sprache erworben hat, die Stimme der Mutter in seinen Körper integriert und wiederholt sie unendlich? Die Mutter und ihre Stimme sind in gewisser Weise in das Kind implantiert. Eine innere Sprache hat ihre Wurzeln immer außerhalb. Alle Untersuchungen zeigen, daß diese Verinnerlichung von außen nach innen verläuft.

Mutterliebe und neue Vaterfreuden

Die Mutterliebe ist ein »zufälliges« Phänomen, ein »ungeheuerliches gesellschaftliches Druckmittel, damit die Frau nur in der Mutterschaft ihre Erfüllung findet«, ein »Vorwand zur Entfremdung und Versklavung der Frau« – so und ähnlich tönte es auf dem Höhepunkt des feministischen Überschwangs. Inzwischen wurde der Ton etwas gemäßigter. Selbst diejenigen, die uns versicherten, daß die Mutterliebe etwas »Aufgesetztes« sei, eine lächerliche, »mythische« Dreingabe, erklären heute, daß der Kampf für die sexuelle Gleichberechtigung in gewisser Weise das Lager gewechselt habe, und daß die Männer noch eine Bastion zu nehmen hätten: das Recht auf Schwangerschaft. Liegt die Zeit, in der die Frauen die Möglichkeit haben werden, sich der Last der Schwangerschaft zu entledigen und sie ihren Gefährten aufzubürden, wirklich noch in weiter Ferne?
Jacques Testart, der zusammen mit René Frydman als der »Vater« des ersten französischen Retortenbabys gilt, hat seinen langen Forschungsweg in *L'Oeuf transparent* (dt.: *Das transparente*

Ei, Frankfurt: Schweitzer 1988) beschrieben. In einem der letzten Kapitel spricht er die – wie er es nennt – »Perversionen« an, zu denen diese neue wissenschaftliche Errungenschaft (die In-vitro-Befruchtung mit anschließender Einpflanzung des Embryos) führen könnte, wenn sie von ihrem ursprünglichen Zweck entfremdet oder ohne medizinische Rechtfertigung angewandt würde. Zu diesen Perversionen zählt die Schwangerschaft von Männern. Der Forscher verwehrt sich dagegen, als »Experte« für die männliche Schwangerschaft zu gelten, ein Titel, der ihm ein wenig voreilig zugesprochen wurde. Er wendet sich »aufs entschiedenste« gegen jeden Versuch, »gefährliche und nutzlose Techniken auszuprobieren«. Allerdings läßt er nicht unerwähnt, daß die männliche Schwangerschaft bei Medizinerkongressen »ein beliebtes Pausenthema« darstellt – als guter Witz, das ist wahr. Er sagt auch, daß sie »mehr als nur ein Hirngespinst« sei, sie könne durch entsprechende Hormongaben bis zur Geburtsreife des Kindes aufrechterhalten werden, denn »der menschliche Embryo [kann sich] außerhalb der Gebärmutter bis zur Geburtsreife entwickeln«.

Jacques Testart schlägt vor, den Embryo im Hodensack des Mannes unterzubringen, denn dieses Organ »ist schier nach Belieben expansionsfähig und steht ziemlich frei vom Unterleib ab, der die wesentlichen Funktionen zu schützen hat«. Er fügt hinzu, daß der Schwangere gegen Ende der Schwangerschaft den Kauf einer »Schubkarre« in Erwägung ziehen sollte, damit er sich auch weiterhin noch fortbewegen kann!

Prophezeiungen

Weit weniger humorvoll kündigt uns Elisabeth Badinter in *L'un est l'autre* (dt.: *Ich bin Du*, München: Piper 1987) die Ankunft des »neuen Mannes« an. Wie sieht dieser neue Messias aus? Ausgehend von der Feststellung, daß die Welt immer weniger »in eine männliche und eine weibliche Sphäre aufgespalten« ist,

häuft die Autorin von Seite zu Seite ihres Werks Beweise und Beispiele für eine Art Bisexualität an, die angeblich Männer und Frauen immer ähnlicher macht. Sie behauptet, daß die Männer sich heute als Opfer einer »fundamentalen Ungleichheit« sehen und sich benachteiligt fühlen angesichts des alleinigen Rechts der Frauen auf das Gebären von Kindern. Das Kind wäre übrigens in dieser futuristischen Weltsicht ein Ding, dessen man sich um jeden Preis entledigen muß, denn die Autorin schlägt ohne mit der Wimper zu zucken vor, daß der Brutkasten neun Monate lang als künstliche Mutter dienen soll. »Wenn sich aber die Wünsche der Menschen gegen die Angst vor dem Unbekannten durchsetzen sollten«, so schreibt sie, »so ist es nicht ausgeschlossen, daß die Frauen eines Tages ihr Vorrecht mit der Maschine teilen werden«.
Aber das höchste der Gefühle, das Nonplusultra der Befreiung wäre die Möglichkeit, endlich die schwere Last der Schwangerschaft den Männern aufzubürden..., die im Grunde ja nichts anderes wollen. Elisabeth Badinter erinnert daran, daß ein solches Abenteuer biologisch durchaus im Bereich des Möglichen liegt, und fügt hinzu: »Indessen kann sich hinter dem Abscheu von gestern der Wunsch von morgen verbergen.« Die Autorin schätzt den Sachverhalt vollkommen richtig ein, wenn sie erläutert, daß solch eine widerliche Vorstellung, das Überschreiten dieser »letzten Grenze« »die notwendige Bindung, welche die Natur zwischen dem säugenden Weibchen und seinem Jungen geknüpft hat« abbricht. Sind wir nicht am Ende eines Weges angelangt, der von einer Epoche eingeleitet wurde, die »der Frau das Recht zugestand, sich ihres Fetus zu entledigen« und zuließ, »daß der Wunsch des Erwachsenen stärker ist als jede andere Erwägung und daß das Leben eines vollendeten Wesens wichtiger ist als das Leben eines potentiellen Wesens«? Ich teile Elisabeth Badinters Urteil über diese Entwicklung: »absoluter Egoismus«.
Wahnsinn? Utopie? Vielleicht nicht, denn der Wunsch, ein Kind unter Männern zu haben, ist bei manchen homosexuellen

Paaren und auch bei manchen Transsexuellen so stark (Jacques Testart will schon einmal eine Schwangerschaftsanfrage von einem Transsexuellen erhalten haben), daß es eines Tages irgendeinem Forscher in irgendeinem Labor gelingen wird, die gegenwärtigen genetischen Hindernisse zu bewältigen. Sie sind nicht so unüberwindlich, wie man hoffen könnte. Es ist vorstellbar, daß ein in die Bauchhöhle eines Mannes implantiertes befruchtetes Ei sich wie bei einer extrauterinen Schwangerschaft verhält. Nichts beweist, daß der Embryo nicht heranreifen sollte. Da wären noch ein paar technische Fragen zu regeln, zum Beispiel, was die Ernährung des werdenden Kindes und die Entnahme und Einpflanzung einer Plazenta anbelangt. Ist der Mann hormonell in der Lage, die unabdingbaren Vitalstoffe zu liefern? Eines Tages wird die Biologie in der Lage sein, dem Schwangeren die nötigen Hormone zu liefern, um den entsprechenden Stoffwechsel zu gewährleisten.

Wir leben in einem Zeitalter, in dem der Mißbrauch der Gentechnik und der Machtrausch der Laboratorien jeglichen Begriff von »Normalität« verwischt und die letzten moralischen Prinzipien über Bord geworfen haben. Ich persönlich würde nicht einmal akzeptieren, daß man solche Experimente mit Tieren macht –, und sei es, um den Nobelpreis zu gewinnen.

Uterus auf Leasing

Himmler, eine der rechten Hände von Adolf Hitler, wollte, daß Deutschland im Jahre 1980 von 120 Millionen nordischer Germanen besiedelt sei, dem Inbegriff jener als überlegen betrachteten arischen Rasse. Die Nazis befanden sich auf der Höhe der damaligen Wissenschaft, und sie waren fasziniert vom Fortschritt in der Eugenik (Erbgesundheitslehre). Diese Disziplin, die heute wegen ihrer düsteren Vergangenheit in Verruf geraten ist, war 1883 von dem Physiologen Francis Galton als »die Untersuchung der sozial kontrollierbaren Faktoren, die die rassi-

schen Qualitäten der zukünftigen Generationen steigern oder mindern können« (zitiert nach Marc Maillet, *Des bébés éprouvettes... à la biologie du futur*, Hachette) beschrieben worden.
Die Nazis richteten die sogenannten »Lebensborne« ein, regelrechte Zuchtanstalten für Menschen, in denen die schönsten und blondesten SS-Männer den hübschesten Arierinnen, die von willfährigen »Ärzten« ausgewählt worden waren, ihren Samen spendeten. Auf die Weise sollten »Übermenschen« fabriziert werden –, doch leider waren 60 % dieser Kunstprodukte von Kindern stumm. Sie waren unfähig zu sprechen. Offensichtlich waren sie alle Autisten. Wie man sich leicht vorstellen kann, führten diese zu menschlichen Retorten umfunktionierten Frauen fast keinen Dialog mit ihren Kindern. Sie ließen dies zum Ruhme des Führers mit sich geschehen, an den sie sicherlich mehr dachten als an ihre Kinder. Wie sollte jemals ein Kind unbeschadet aus so einem Experiment hervorgehen?
Diese Methode hat nichts mit den Retortenbabys zu tun, die – zumindest während des Großteils ihres vorgeburtlichen Lebens – im Bauch einer Mutter Aufnahme finden, wo sie all die mütterliche Zuwendung erfahren, von der wir in diesem Buch gesprochen haben. Die Leihmütter, die ihren Uterus vermieten oder ihr Kind verkaufen, stellen ebenfalls eine gewisse Kommunikation mit ihrem Baby her, aber warum und für wen? Für »Kundinnen«, die nicht mit ihrer Unfruchtbarkeit fertig werden und die Kinder als therapeutisches Mittel einsetzen. All das ist sehr betrüblich. Ganz zu schweigen von den Folgen für den Mann oder die Frau, die auf so seltsame Weise zur Welt kommen und für die wir noch keinerlei psychologisches Feedback haben. Und was wird aus den Babys, die von Männern ausgetragen werden, oder aus denen, die eines Tages vielleicht ganz und gar in der Retorte entstehen werden, ohne akustische Stimulation, ohne die Segnung der mütterlichen Stimme? Das frage ich mich.

Stanislav Grof / Hal Zina Bennett
Die Welt der Psyche
Neue Erkenntnisse
aus Psychologie und Bewußtseinsforschung

318 Seiten. Gebunden mit Schutzumschlag

Seit Freud und Jung hat kein anderer Tiefenpsychologe zu einem so weitreichenden Umdenken in der Psychologie und Bewußtseinsforschung herausgefordert wie Stanislav Grof, der Begründer der Transpersonalen Psychologie.

Stanislav Grof gibt in diesem Buch einen populären Überblick über seine langjährge Arbeit mit veränderten Bewußtseinszuständen. Seine Ergebnisse zwingen zu einer revolutionären, neuen Sichtweise vom Bewußtsein und der menschlichen Psyche und zeigen neue Wege in der Psychotherapie.

KÖSEL

Eine faszinierende, abenteuerliche Reise in unerforschte Gebiete der menschlichen Psyche.